차이나 개론

이인택 지음

UUP

차이나 개론

■

- 2022년 03월 02일 1판 2쇄 발행
- 2020년 12월 07일 초판 발행
- 지은이 이인택
- 펴낸이 오연천
- 펴낸곳 UUP(울산대학교출판부) 44610 울산광역시 남구 대학로 93(무거동) 울산대학교 출판부
- 전화 (052)259-2488 팩스 (052)277-3011 ▪ 홈페이지 http://uup.ulsan.ac.kr
- 출판등록 제370-1996-000001호(1996.3.13)
- ₩ 18,000

ISBN 978.89.7868.980.9 (93910)

들어가면서……

필자는 10년 전만 해도 중국이 빠르게 변화할 것이라는 말을 들으면서 그 말이 맞기는 하지만, 사회 전반에 걸친 변화가 이루어지기까지는 좀 더 시간이 걸릴 것으로 예측했다.

하지만 최근 중국은 그 변화 추이를 따라잡기에 힘이 부칠 정도로 전방위적으로 발전하고 있다. 우리나라를 방문한 중국 손님이나 유학생은 중국이 지금은 거의 모든 분야에서 급속도로 변화하고 있고 외관상으로도 한국과 별 차이를 못 느낀다는 말을 이구동성으로 한다. 중국을 방문하면 '계획이 변화의 속도만큼 빠르지 않다.(計劃不如變化快.)'는 문구를 그대로 실감하게 된다.

중국 사회는 우선 인구 관리 면에서 그동안의 다자녀 허용 정책에서 한 자녀 정책(1980)으로, 그리고 다시 노령화 사회 극복을 위한 두 자녀 허용 정책(2015)으로 바뀌며 큰 전환점을 맞고 있다.

침대칸 열차를 타고 하루나 이틀을 달려가야만 목적지에 도착하곤 했던 여행이 이제는 거미줄같이 깔린 고속철로 인해 당일 여행이 가능해지는 등 고속철로 인한 인적, 물적 수송 혁명이 급속도로 이루어지고 있다. 생활 수준 향상으로 고속철 승객은 중국인 일반 승객으로 가득 차고, 외국 관광객으로 붐볐던 중국 내 주요 관광지도 중국인 여행객으로 바뀌고 있다.

스마트폰 대중화로 스마트폰 쇼핑과 결제가 급속도로 보편화 되면서 얼마 전까지 시장에서 쇼핑 때마다 구겨진 지폐를 받아 일일이 펴야 했던 수고로움은 먼 과거의 일이 되었다. QR코드 결제방식이 보편화 되면서 대부분의 노점도 스마트폰 결제를 하고 있다. 즈푸바오(支付寶) 등의 결제방식이 상용화된 이후에서야 우리나라에서 카카오 페이가 실행될 정도로 중국은 이 분야에서 앞서가고 있다.

우리나라 유명 통신업체 대리점에서의 적극적인 화웨이 스마트폰 판매나 중국 내에서 AI의 일상화 모습은 바로 중국의 빠른 변화의 일단을 보여준다. AI 기술의 발전과 대중화로 인한 무인점포 운영과 사물인터넷 대중화, 역이나 공항에서의 홍채인식, 카카오 택시에 해당하는 중국의 택시 앱 디디추싱 활용 등은 이제 일상의 모습이 되었다. 중국에서는 거의 볼 수 없었던 배달문화가 이제는 급속도로 확장하였고, 낮은 수준의 위생관념과 공중도덕심 역시 경제발전과 교양 수준의 제고로 인해 대도시에서는 상당히 개선되었다.

중국은 1978년 덩샤오핑의 개혁개방정책 실시 후 30여 년간은 외국의 기술과 자본을 끌어들여 국내 산업을 육성하기 위해 스스로 몸을 낮추며 때를 기다리는 도광양회(韜光養晦)의 자세를 취해왔다. 하지만 시진핑 정부 들어서면서 '중국의 꿈(中國夢)'이라는 구호 아래, 민족부흥, 강국, 강군이라는 목표를 견지하며 막대한 자본을 바탕으로 공격적인 해외 투자 정책을 실시하는 중국굴기(中國崛起)의 태도를 보이기 시작했다. 이제는 G2 중 하나인 미국과 거의 모든 영역에서 대적하고 있는 형국이다.

개혁개방정책 실시를 기점으로 중국은 그동안의 폐쇄된 상태에서 벗어나 세계를 향해 기지개를 켜기 시작했다. 값싼 노동력과 토지 제공, 그리고 우호적인 세제 정책으로 외국의 선진기술과 자본을 끌어들이면서 수십 년간 고속성장을 이루어왔다.

세계의 공장 명명, WTO 가입, 유인우주선 선저우(神舟) 발사, 탐사선 창어(姮娥)의 달 착륙, 2008년 베이징올림픽과 2010년 상하이 세계엑스포 개최, 2022년 베이징 동계올림픽 유치, 유엔 안보리 상임이사국 가입, 세계 5대 핵보유국, GDP 세계 2위, 외환보유액 세계 2위라는 경이로운 수식어를 달며 어느새 우리에게 이웃 협력자이자 강력한 경쟁자로 성큼 다가왔다.

2015년 항일 전승절 70주년을 기념하여 톈안먼광장에서 열린 열병식에서 중국은 막강한 화력을 대내외에 과시했고, 2020년 국방비 예산으로 약 200조 원을 배정하기도 했다. 2013년 시진핑 정부 출범 이후 정치, 경제, 외교, 문화 등 각 영역에서 중국의 주변 국가에 대한 직간접적인 영향력은 막강해지고 있다. 아시아 인프라 투자은행(AIIB)을 주도하고 육상과 해상 실크로드인 일대일로(一帶一路, one belt one road) 전략을 통해 아시아와 세계를 중국 중심으로 이어가고 있다.

하지만 2018년 이후 환율조작과 미국의 대중 무역적자, 지적 재산권 침해, 기술 강제이전 등으로 인한 미국의 중국에 대한 불만이 가중되면서 미·중 간 무역 분쟁과 관세 전쟁이 시작되었다. 남중국해 영유권 쟁탈전과 화웨이의 정보수집으로 인한 국방, 사법, 외교 등에서의 갈등이 전방위적으로 확산되었다. 아울러 신장위구르자치구 인권, 홍콩 민주화, 타이완 독립 문제 등으로 중국은 직간접적인 압박을 받고 있다. 미국에 대한 거센 항의와 함께 장기전에 대비하여 다소 낮은 자세로 시간을 벌며 숨을 고르는 모습을 보이고도 있다.

그동안 공산당 내부의 집단지도체제 유지와 후계자 사전 낙점 원칙, 연임까지만 허락된 국가주석제도가 시진핑 단일 집권체제 속에서 임기 제한이 철폐되고 후계자 계승 부분도 안개 속에 가려지며 권력의 집중화 현상이 나타나고 있다.

헌법보다 우위인 중국 공산당 당정 총강에는 "마르크스레닌주의는 국가와 당의 이념이고, 마오이즘(Maoism)은 사상이며, 덩샤오핑의 개혁·개방노선은 이론이다."라고 되어있지만, 이후 장쩌민, 후진타오, 시진핑으로 권력이 이양되면서 사회주의 3단계 이데올로기 행동지침 체계에 삼개대표 중요사상, 과학발전관, 시진핑신시대중국특색사회주의사상이 첨가되었다.

한중 간에는 1992년 수교 이후 수십 년간 지속적인 교류 확산으로 상호 우호 관계가 획기적으로 확장되었지만, 동시에 첨예한 무역 분쟁, 역사 왜곡 문제, 탈북자 처리 문제, 서해 불법 조어 문제 등이 간단없이 일어났고, 2017년 초부터는 사드(THAAD) 갈등으로 인한 보복과 교류 축소라는 부정적 상황이 이어졌으며, 최근에는 한복 및 김치와 관련된 문화공정으로 양국 간에 상처를 남기기도 하였다. 현재는 양국 간 교류가 단계적으로 정상화가 이루어지고 있지만 새로운 시각으로 상대국에 대한 전략을 세워야 하는 과제도 남겼다.

이웃 중국과의 관계는 밀접해질수록 그 긍정적 효과도 크고 부정적 효과 역시 크다. 그러기에 서로 윈윈하는 전략과 협조가 필요하다. 따라서 우리로서는 이제 이웃 중국을 심층적으로 이해하는 일이 필수적인 작업이 되었다.

우선 거대 강국으로 성장한 중국의 변화하는 양태와 함께 그 사회를 이끌어가는 본질을 파악하는 것이 중요하다. 중국의 현실과 중국 사회시스템, 중국을 움직이는 중국인의 사유방식 그리고 그들이 형성한 독특한 문화양식을 파악하는 것이 중요하다. 이웃 중국의 시스템을 이해하지 않고는 향후 중국에 대한 오해로 인한 불이익을 당할 수도 있기 때문이다.

필자는 『차이나 신드롬 속의 진짜 중국』(2000, 해냄), 『큰 중국 작은 중국인』(2006, UUP), 『차이나로드』(2011, UUP), 『중국문화의 이해』(2013, UUP), 『현대중국의 이해』(2015, UUP), 등 중국 현황이나 역사문화에 관한 책을 출간해왔다. 하지만 앞서 언급했듯이 빠르게 변화하고 성장하고 있는 중국이기에 새로운 변화상을 추적하면서 새로운 각도에서의 탐색이 필요하게 되었다.

이에 현재의 변화하는 중국의 모습을 지켜보면서, 중국 내부의 상황 변화 추이와 함께 중국이 안고 있는 문제점을 분석하고, 향후 한중관계가 발전적으로 나갈 수 있도록 방향을 제시하고자 한다. 이에 기 출간된 졸저들을 기반자료로 활용하면서, 현재 변화된 모습을 대폭 보충 소개하고 문화 부분도 일부 보강하여 『차이나개론』이라는 책을 출간하게 되었다.

중국 그리고 중국인, 중국의 정치외교, 중국의 경제와 사회 부분 중 일부 내용은 졸저 『현대중국의 이해』(UUP, 2015)를 기초로, 중국문화 중 일부 내용은 졸저 『현대중국의 이해』(UUP, 2013)를 기초로 수정 및 보완하였음을 밝힌다.

이 책이 독자들에게 현대 중국과 중국인, 중국사회와 중국문화를 전반적으로 이해하는 데 도움이 되기를 희망한다. 또한 출간을 위해 다방면으로 지원을 아끼지 않은 울산대학교와 출판부에 감사를 드린다.

2020. 11. 11.
이 인 택

목 차

제4부 중국문화

1 중국 그리고 중국인

|1| 중국 현황

|2| 중국 역사

|3| 근 · 현대화와 문혁 & 톈안먼사건

|4| 중국인의 사유방식

| 1 |

중국 현황

1) 국명(國名), 국기(國旗), 국가(國歌)

춘추시대 『시경· 대아편』, 전국시대 『맹자· 맹순열전』에 '중국(中國)'이라는 단어가 등장하는데, 당시 중국이라는 단어는 중앙에 위치한 성이나 지역을 의미하였다. 중국이라는 단어는 국가(nation) 개념이 아니라, 지역의 중심 또는 문화의 중심권이라는 의미였다.

중국이라는 명칭이 국가 개념으로 쓰인 것은 청나라가 러시아와 네르친스크조약(1689)을 체결할 때와 영국과 아편전쟁 후 난징조약(1842)을 체결할 때다. 이후 1912년 중화민국(R.O.C., Republic of China)을 건국하면서 나라 이름을 중국이라고 약칭하였고, 1949년 중화인민공화국(P.R.C., People's Republic of China)을 건국하면서도 중국을 국호의 약칭으로 사용하였다. 그 이전에는 '대당(大唐)', '대원(大元)' 등 왕조 국가의 명칭을 사용하였다.

한편 중국 국기는 붉은 바탕에 노란색 별 다섯 개가 그려져 있는데, 큰 별 주위로 네 개의 작은 별이 감싸고 있어서 오성홍기(五星紅旗)라 불린다. 붉은 바탕은 혁명과 길상을 상징하고, 노란 별은 황색인종과 황하문명을 상징한다. 큰 별은 중국 공산당을 상징하고, 네 개의 작은 별은 노동자, 농민, 도시소자산계급 및 민족자산계급이 연안 해안을 따라 모여 있는 형상을 나타낸다. 큰 별은 한족, 작은 별은 소수민족을 상징하기도 한다.

오성홍기

국장

중국 국장은 중앙에 오성이 있는 톈안먼을 곡식과 톱니가 둘러싸고 있는 형상으로 노동자와 농민이 주인이라는 점을 강조하고 있다.

중국 국가는 톈한(田漢)이 작사하고, 녜얼(聶耳)이 작곡한 의용군행진곡(義勇軍行進曲)이다. 이 곡은 신중국 건립 후에 임시 국가로 지정되었다가, 1982년 전국인민대표대회 제5차 회의에서 정식 국가로 확정된다. 국가 내용은 다음과 같다: "일어나! 노예 되길 원치 않는 사람들! 우리의 피땀으로. 새 장성을 건설하자! 중화민족은 가장 위험한 시기에 모두 억압에 못 이겨 최후의 외침을 한다. 일어나! 일어나! 일어나! 우리는 한마음, 적의 포화를 뚫고 전진! 적의 포화를 뚫고 전진! 전진! 전진! 전진!(起來! 不願做奴隷的人們! 把我們的血肉, 築成我們新的長城! 中華民族到了最危險的時候, 每個人被迫着發出最後的吼聲 起來! 起來! 起來! 我們萬衆一心, 冒着敵人的炮火 前進! 冒着敵人的炮火 前進! 前進! 前進! 進!)"

청천백일기

한편 중화민국 타이완에서는 청천백일기(青天白日旗)를 국기로 정하고 있고, "三民主義, 吾黨所宗…"으로 시작하는 국민당가를 "三民主義, 吾國所宗…"으로 바꾸어 국가로 삼고 있다. 중국은 하나의 중국이라는 원칙 아래 IOC에 압력을 행사함으로써 타이완은 올림픽에서 Chinese Taipei라는 이름으로 출전하고 청천백일기 대신 올림픽기를 사용하고 있다.

중국의 공식 국화(國花)는 현재까지 정해지지 않았지만 대다수 중국인들은 모란(牧丹)을 국화로 여기고 있으며, 타이완에서는 매화를 국화로 삼고 있다.

2) 중국의 헌법

중국의 헌법 서언에는 다음과 같이 쓰여 있다.

"중국 각 민족 인민들은 중국 공산당의 영도 아래, 그리고 마르크스레닌주의, 마오쩌둥사상, 덩샤오핑이론, 삼개대표 중요사상, 과학적 발전관, 시진핑신시대중국특색사회주의사상의 지도하에, 계속적으로 인민민주전정, 사회주의의 길, 개혁개방을 견지할 것이며, 사회주의의 각 제도를 부단히 개선하고, 사회주의시장경제를 발전시키고, 사회주의민주를 발전시키며, 사회주의법치를 완비하고, 신발전이념을 관철하며, 자력갱생하고, 힘들어도 분투하며, 점차 공업, 농업, 국방과학기술의 현대화를 실현하고, 물질문명, 정치문명, 정신문명, 사회문명, 생태문명의 조화로운 발전을 추진하여, 우리나라를 부강한 민주문명과 조화롭고 아름다운 사회주의 현대화 강국이 되도록 건설하고, 중화민족의 위대한 부흥을 실현시킬 것이다. (中國各族人民將繼續在中國共產黨領導下, 在馬克思列寧主義、毛澤東思想、鄧小平理論、"三個代表"重要思想、科學發展觀、習近平新時代中國特色社會主義思想指引下, 堅持人民民主專政, 堅持社會主義道路, 堅持改革開放, 不斷完善社會主義的各項制度, 發展社會主義市場經濟, 發展社會主義民主, 健全社會主義法治, 貫徹新發展理念, 自力更生, 艱苦奮鬥, 逐步實現工業、農業、國防和科學技術的現代化, 推動物質文明、政治文明、精神文明、社會文明、生態文明協調發展, 把我國建設成爲富強民主文明和諧美麗的社會主義現代化強國, 實現中華民族偉大複興.)

제1장 총강 제1조에는 중국인민공화국은 공인계급(노동자계급)이 영도하고 공농연맹(노동자와 농민에 의한 연맹)을 기초로 하는 인민민주주의전정 사회주의 국가이며, 사회주의 제도는 중화인민공화국의 기본적 제도이고, 어떤 조직이나 개인도 사회주의 제도를

손상하여서는 안 된다고 규정하고 있다. 중국이 사회주의 국가임을 확인할 수 있다는 대목이다.

중국은 중화인민공화국 수립 무렵인 1949년 9월 중화인민정치협상회의(정협) 강령을 채택하여 임시헌법으로 사용하다가, 1954년 9월 중국 최초의 사회주의 헌법(4장 106조)을 제정하고, 1975년 1차 헌법 개정을 통해 전 인민 소유제를 추가하였다.

1978년 2차 개정을 통해 주석제를 폐지하였다가, 1982년 12월 제5기 전국인민대표대회에서 경제개발 중심의 신헌법(4장 30조)을 제정하고 주석제도를 부활하였으며, 당과 국가의 기능 분리, 중앙군사위원회 신설, 타이완과 홍콩 특별행정구역 규정 등을 삽입하였다.

1988년과 1993년에도 각각 헌법을 개정하여 토지사용권의 양도허가, 사영경제 인정과 합법적 권익 보호, 사회주의 시장경제실행 등을 규정하였다. 1999년 3월 전국인민대표대회에서 상당히 큰 폭의 3차 헌법 개정을 단행하였다. 여기서 개체경제와 사영경제 등 비공유경제가 사회주의 시장경제의 중요한 구성 부분으로 격상되었다. 그리고 2004년 4차 헌법 개정이 이루어진다.

현재 중국의 헌법은 서언(序言), 총강(總綱), 공민의 기본 권리 및 의무, 국가기구(國家機構)(전국인민대표대회, 중화인민공화국주석, 국무원, 중앙군사위원회, 지방 각급 인민대표대회 및 지방 각급 인민정부, 민족자치지방의 자치기관, 인민법원 및 인민검찰원) 그리고 국기(國旗), 국가(國歌), 국휘(國徽) 및 수도(首都) 등으로 구성되어 있다.

3) 인구 구성

중국 인구는 약 14억 1,260만 명(2021년 국가통계국 발표 기준)으로서, 세계 총인구의 약 19%를 차지한다.[1] 2020년 중국 남부지역 홍수로 약 6,000만 명의 이재민이 발생하고, 1998년 홍수 때 약 2억 명의 이재민이 발생한 것으로 보아도 중국 인구가 얼마나 많은지 짐작할 수 있을 것이다.

1949년 신중국 건립 시 5억 4천만 명의 인구가 30년이 지난 1978년 9억 7천만 명으로 늘면서 평균 2%의 증가율을 보이자, 중국 정부는 1980년 인구 과밀을 막기 위해 한 가구에 한 자녀만 둘 수 있는 강력한 인구계획생육법(人口計劃生育法)이라는 산아제한과 만혼만육(晩婚晩育) 정책을 제창하면서 1.8% - 2.2%까지 치솟았던 인구 증가율은 평균 1.4% 정도로 낮아졌다. 이후 2012년을 기점으로 인구가 매년 300만 -500만 명씩 감소하며 젊은 층 인구가 줄기 시작하고 급격하게 노령화가 진행되면서 노동인구 감소, 생산성 저하, 양

1 이 수치는 중국 국가통계국 기준이며, UN의 2019년 세계인구전망(World Population Prospects) 보고서에 따르면 14억 3,378만 명이다. UN은 2027년 인도(14억 6,934만)가 중국(14억 6,180만) 인구를 역전할 것으로 전망하고 있다.

육비 부담 증가라는 상황에 직면한다. 런민대(人民大) 분석에 따르면 9억 2,500만 명의 생산가능 인구는 2050년 7억 3,000만 명으로 줄고, 60세 이상 인구는 2억 5,000만 명에서 4억 7,900만 명으로 늘어날 것으로 전망하고 있다.

2015년 중국 공산당 18기 5중전회에서 인구절벽 문제를 해결하고 성장 동력의 훼손을 막기 위해 35년 만에 한 자녀 정책을 포기하고 1가구 2자녀 정책(두 자녀 허용 정책) 실시를 승인하여 2016년 1월부터 시행하였다. 하지만 출산율은 여전히 낮은 편이다.

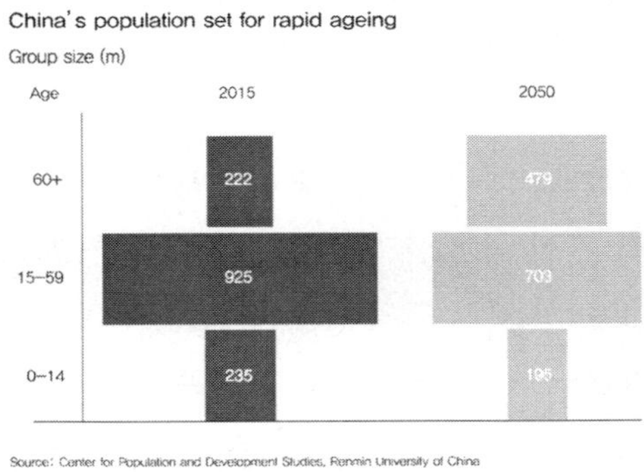

중국 인구는 지역에 따라 불균형으로 분포되어 있다는 특징이 있다. 국토의 57%를 차지하고 있는 서북지역에는 6%만이 거주하고 있고, 국토의 43%를 차지하고 있는 동남쪽에는 94%의 인구가 살고 있다. 인구밀도 차이로 인해 서북지역 인구가 동남지역으로 일을 찾아 무작정 몰려드는 맹류(盲流) 현상도 나타나고, 인구자원의 비효율적 이용 및 인구 밀집으로 인해 각종 사회문제가 발생하기도 한다. 남성이 여성보다 많은 심각한 성비 불균형으로 인해 배우자를 찾지 못하는 결혼 적령기 남성의 수가 급증할 것으로도 예측된다.

윈난 쿤밍 이족

구이저우 먀오족

중국은 현재 56개 민족이 다양한 다원문화 시스템을 유지하며 살아가고 있다. 중국 인구 구성은 92%의 한족(漢族)과 8%의 55개 소수민족으로 이루어져 있다. 55개 소수민족 중에서 좡족(壯族) 인구가 1,500만 명으로 가장 많고, 이어서 980만 명의 만저우족(滿洲族), 860만 명의 후이족(回族), 740만 명의 먀오족(苗族), 720만 명의 위구르족(維吾爾族), 650만 명의 이족(彝族) 순으로 많다.

이밖에 화인(華人) 또는 당인(唐人) 등으로 불리는 해외 거주 화교가 있는데 3,000만 명이 넘는 것으로 추산된다. 동남아시아에 2,800만 명이 거주하고 있고, 나머지는 미국, 유럽, 호주, 중남미 등에 거주하고 있다. 한국에는 산둥성 출신 화교 2만여 명이 살고 있다.

화교 중에서는 동남아 화교의 경제력이 막강한데, 이들은 푸젠성과 광둥성 출신이 많다. 개혁개방 후 이들 화교 자본이 본토에 대거 투자되면서 경제발전의 견인 역할을 하였다. 매년 세계화상대회(世界華商大會)를 개최하면서 그들은 경제력과 영향력을 과시하고 있다.

4) 중국의 성씨(姓氏)

성씨는 원래 성(姓)과 씨(氏)가 결합한 용어로서 전자는 모계사회,

후자는 부계사회에서 기원한 글자다. 서주(西周) 시기만 해도 성씨가 그다지 많지 않았지만 한(漢) 나라 초기에 성씨가 통합되고 평민들이 공유하면서 성씨는 크게 증가하였다.

『성씨전고(姓氏典故)』에 수집된 자료에 따르면 현재 약 1,436개의 성씨가 존재한다. 그 중 왕(王)이 가장 많이 차지하고 있는데, 빈도수가 1%가 넘는 성씨 20개가 전체의 55%를 차지한다. 순서는 王(약 7.6%),[2] 李(약 7.3%), 張(약 6.5%), 劉(약 5.5%), 陳(약 4.9%), 楊(약 2.9%), 周(약 2.3%), 黃(약 2.2%), 趙(약 2.1%), 吳(약 2%), 孫(약 1.5%), 徐(약 1.4%), 林(약 1.3%), 胡(약 1.3%), 朱(약 1.3%), 郭(약 1.1%), 梁(약 1.1%), 馬(약 1.1%), 高(약 1.1%), 何(약 1.1%)이다.

5) 행정구획

1949년 신중국 건립 후 행정구획은 여러 차례 변화를 거듭해왔다. 1988년 하이난다오(海南島)를 성으로 지정하고, 1997년 충칭시를 쓰촨성에서 분리하여 직할시로 승격시키면서 현재 22개 성(省), 5개 자치구(自治區), 4개 직할시, 홍콩과 마카오라는 2개 특별행정구로 구성되어 있다. 행정단위 하위 구획으로는 시, 현, 자치주, 진, 향이 있다.

자치구는 소수민족 거주 지역 중 500만 명 이상이 거주하는 성(省)급 자치지역을 말한다. 지린성 옌볜의 조선족은 192만 명으로서 이 조건에 맞지 않아 한 단계 낮은 자치주로 지정되어 있다. 중국에 자치주는 30개, 자치현은 120개가 있다. 수도는 베이징으로, 인구 2,154만 명(2019)이 거주하고 있으며 800여 년의 역사를 지닌 역사도시이자 정치 중심 도시이기도 하다.

2 여기에서 성씨 왕(王)은 왕에 봉해지면서 나온 성이라서 실제 성씨로는 이(李)가 가장 많다고 할 수 있다.

중국의 행정구획

명칭	약칭	소재지	면적(만㎢)
베이징시(北京市)	징(京)	베이징(北京)	1.68
톈진시(天津市)	진(津)	톈진(天津)	1.10
상하이시(上海市)	후(滬)	상하이(上海)	0.58
충칭시(重慶市)	위(渝)	충칭(重慶)	8.20
헤이룽장성(黑龍江省)	헤이(黑)	하얼빈(哈爾濱)	46.00
지린성(吉林省)	지(吉)	창춘(長春)	18.00
랴오닝성(遼寧省)	랴오(遼)	선양(瀋陽)	15.00
허베이성(河北省)	지(冀)	스자좡(石家莊)	19.00
허난성(河南省)	위(豫)	정저우(鄭州)	16.00
산둥성(山東省)	루(魯)	지난(濟南)	15.00
산시성(山西省)	진(晋)	타이위안(太原)	15.00
산시성(陝西省)	산(陝)	시안(西安)	19.00
간쑤성(甘肅省)	간(甘)	란저우(蘭州)	39.00
칭하이성(青海省)	칭(靑)	시닝(西寧)	72.00
안후이성(安徽省)	완(晥)	허페이(合肥)	13.00
장쑤성(江蘇省)	쑤(蘇)	난징(南京)	10.00
후베이성(湖北省)	어(鄂)	우한(武漢)	18.00
후난성(湖南省)	샹(湘)	창사(長沙)	21.00
저장성(浙江省)	저(浙)	항저우(杭州)	10.00
장시성(江西省)	간(贛)	난창(南昌)	16.00
푸젠성(福建省)	민(閩)	푸저우(福州)	12.00
쓰촨성(四川省)	촨(川)	청두(成都)	47.80
구이저우성(貴州省)	구이(貴)	구이양(貴陽)	17.00
윈난성(雲南省)	윈(雲)	쿤밍(昆明)	38.00
광둥성(廣東省)	웨(粵)	광저우(廣州)	22.00
하이난성(海南省)	충(瓊)	하이커우(海口)	3.22

명칭	약칭	소재지	면적(만㎢)
광시좡족자치구(廣西壯族自治區)	구이(桂)	난닝(南寧)	23.00
네이멍구자치구(內蒙古自治區)	네이멍구(內蒙古)	후허하오터(呼和浩特)	110.00
닝샤후이족자치구(寧夏回族自治區)	닝(寧)	인촨((銀川)	6.60
신장웨이우얼자치구(新疆維吾爾自治區) (신장위구르)	신(新)	우루무치(烏魯木齊)	160.00
시짱자치구(西藏自治區)(티베트)	짱(藏)	라싸(拉薩)	120.00
샹강(香港特別行政區)(홍콩)	강(港)	샹강(香港)	0.10
아오먼(澳門特別行政區)(마카오)	아오(澳)	아오먼(澳門)	0.002

이상의 표에서 보듯이 각 성이나 자치구 또는 시마다 고유의 약칭이 있다. 이러한 지역 약칭은 지역의 도로명이나 음식명에도 사용되고, 자동차 번호판에도 출차 연도, 기관, 택시 등을 나타내는 영어 알파벳과 함께 표기되어 있다.

6) 지리환경

중국은 면적이 9,632,922㎢로서, 러시아, 캐나다, 미국 다음으로 넓다. 한반도의 44배(남한의 100배)에 해당하며, 전 세계 육지면적 중 약 6.7%를 차지하고 있다. 중국인은 한자를 다 알지 못하고 죽는 것, 중국요리를 다 먹어보지 못하고 죽는 것, 중국의 지역을 다 돌아보지 못하고 죽는 것이 한(恨)이라고 할 정도로 광대한 지역을 보유하고 있다.

북쪽 헤이룽장성 모허(漠河)에서 남쪽의 남해 쩡무안사(曾母暗沙)까지 5,500km, 서쪽 신장위구르자치구 파미르 고원에서 동쪽 헤이룽장까지 5,200km의 간격이 있다. 실제로 동과 서 끝이 4시간 정도의 시간 차이가 나지만, 전 지역을 편의상 베이징 시간으로 통일하고 있다.

중국 접경지역 동쪽으로는 북한, 북쪽으로 러시아, 몽골, 서북쪽으로 카자흐스탄, 키르기스스탄, 서쪽으로는 타지키스탄, 아프가니스탄, 파키스탄, 서남쪽으로는 인도, 네팔, 부탄, 남쪽으로는 미얀마, 라오스, 베트남과 마주하고 있다.

지형상 서고동저의 형태라서 서부는 해발 4,000m가 넘는 칭짱고원(青藏高原)을 위시하여 산이 많고 동부는 평원과 구릉이 많다. 산지와 고원 및 구릉이 2/3 이상을 차지하고, 평원과 분지는 1/3이 채 되지 않아서 넓은 영토에도 불구하고 활용면적은 국토의 1/10인 957,220㎢밖에 되지 않는다. 인구가 동쪽 평원지역에 몰려있어서 광활한 대륙임에도 인구가 과밀하다는 느낌을 준다.

대륙에는 대표적인 강 세 개가 있다. 우선 설산(雪山)에서 발원하여 황토고원을 지나 발해만으로 흘러 들어가는 5,464km의 황하(黃河)가 있는데, 이 강을 중심으로 북방 중원문화가 형성되었다. 다음으로 칭짱고원에서 발원하여 윈난성 진사강으로 불리는 상류를 거쳐 동해로 흘러드는 6,300km의 양자강 즉 창장(長江)이 있다. 이 강은 농업을 발달시키고 풍부한 물자를 이동시키면서 강남문화를 형성하였다. 2,197km의 주강 즉 주장(珠江)은 광저우와 홍콩 등 남방의 상업문화를 형성하였다.

기후 면에서 보면 광활한 영토로 인해 대륙성 냉대, 온대, 아열대, 열대 기후가 골고루 갖추어져 있다. 남쪽 하이난다오가 겨울 평균 영상 18도인 반면 북쪽 국경 지역은 영하 30도로서 기온 차가 심하다. 서북 내륙은 강수량이 적고 건조한 기후가 특징이다.

7) 언어와 문자

한장어 계열에 속하는 중국어 중 북방 특히 베이징 지역에서 중등교육 이상을 받은 사람들의 일상 언어를 표준어 즉 푸퉁화(普通

話)로 삼고 있다. 베이징 방언은 청나라 옹정제 시절 조정에서 사용하던 관화(Mandarin)에서 유래하는데, 각 글자마다 고유의 발음과 4개의 성조 중 하나를 가지고 있다.

베이징 방언 외에 오(Wu 상하이), 상(Xiang 후난), 감(Gan 장시), 객가(Hakka 客家), 민(Min 푸젠, 타이완), 월(Cantonese 광둥+홍콩) 방언이 있다. 방언 간에는 발음 차이가 크기도 하고, 어휘나 성조 운용도 조금씩 다른 편이다. 예를 들어, 1-10까지의 숫자의 푸통화 발음은 '이, 얼, 싼, 쓰, 우, 류, 치, 바, 주, 스'이고, 광둥 월 발음은 '얏, 이, 삼, 세이, 응, 록, 찻, 밧, 가우, 삽'이며, 푸젠 민 발음은 '제, 노, 사, 시, 고, 락, 칫, 베, 카우, 잡'이다.

어휘 면에서 보면, 빵은 푸통화 '麵包', 월 방언 '多士'로 표기하고, 택시는 푸통화 '出租車', 월 방언 '的士'로 표기하며, 공은 푸통화 '球', 월 방언 '波'로 표기하는 등 차이가 있다. 중국인은 대부분 푸통화를 잘 구사하기 때문에 지역간 의사소통에 별 어려움이 없다. 소수민족 지역에서는 그들만의 독특한 체계를 지닌 언어가 사용되기도 하다.

발음표기에 있어서는 영어알파벳을 활용한 한어병음방식을 채용하고 있다. 대륙과는 달리 타이완은 주음부호 표기를 사용하고 있다. 수 천 년 역사를 지닌 한자의 기원은 기원전 1,300년 전 갑골문(oracle bone)으로 거슬러 올라간다. 1899년 허난성 안양현 은허에서 발굴된 최초의 한자 형태인 갑골문은 종정문(鐘鼎文), 금문(金文), 전문(篆文), 예서(隸書) 등으로 서체 변화를 꾀하며 현재에 이르고 있다. 현재 갑골문보다 천년 이상 앞선 글자 형태인 골각문(骨刻文)이 산둥지역에서 발굴되었는데, 학계의 공인을 받을 경우 한자의 기원은 더욱 거슬러 올라갈 것으로 보인다. 한자를 만든 그룹에 대한 학설은 다양한데, 그중 동이계가 주도적 역할을 했다는 설이 주목을 끌고 있다.

중국은 그동안 번체자(정자체) 형태를 유지해왔지만, 한자의 복잡함 때문에 문맹률이 높아지자, 중국 정부는 1964년에 2,238자의 간화자총표(簡化字總表)를 발표하고, 그 후 현재까지 간체자를 사용해오고 있다. 대륙과는 달리 타이완과 홍콩 등에서는 여전히 번체자를 사용하고 있다.

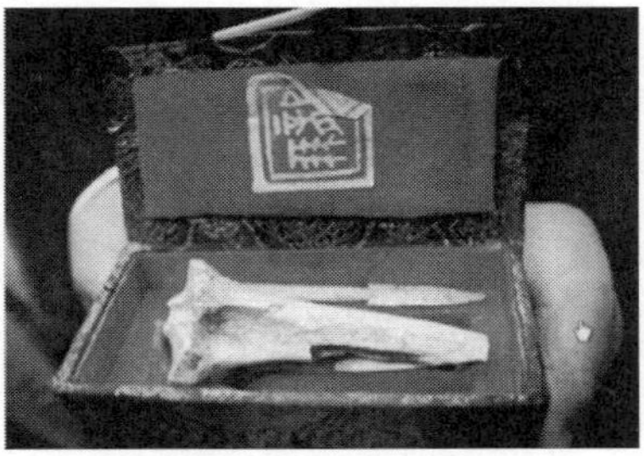

산둥에서 발견된 골각문

갑골문(oracle bone)

종정문

나시족의 동파문자

| 2 |

중국 역사

중국의 역사시대 첫 왕조인 은(殷)[3]은 약 3,700년 전부터 시작된다. 그 이전 선사시대에는 동이계, 화하계, 묘만계 등 여러 민족들이 황하, 양자강, 요하 문명 등의 신석기시대 문화를 꽃피우고 축적해왔던 것이다.

은에 이어 서방 황제를 수반으로 하는 화하계가 중원으로 진출하면서 봉건국가 주나라가 건립된다. 이 기간 후반에는 춘추와 전국시대로 나뉘다가 진시황이 천하를 통일하며 진(秦)이라는 강력한 중앙집권체제 국가를 만든다.

이후 유방의 한(漢)을 거쳐, 삼국시대, 위진 남북조, 수, 당으로 이어진다. 비단길로 개방적인 정책을 펼쳤던 당에 이어 송이 등장하였지만 거란의 요와 여진의 금의 침략을 받아 남쪽 항저우로 천도하였고, 이후 이민족 몽고족의 원나라 지배체제로 들어간다. 명나라 때는 한족이 지배권을 찾아오지만 멸망 후에 다시 만주족 청의 지배를 받게 된다. 이후 수천 년간의 왕조 체제가 무너지고 민주공

3 탕왕이 은나라를 건립하여 왕조를 세웠을 때 국가의 정식명칭은 은이 아닌 상(商)이었다. 이후 B.C. 13세기경 허난성 안양현에 도읍을 옮기면서 은으로 명칭이 바뀌었다. 그래서 은상 또는 상은이라고 병기하기도 한다.

화체제인 중화민국과 중화인민공화국이 건립된다. 중국사를 좀 더 구체적으로 정리하면 다음과 같다.

1) 선사시대

170만 년 전 윈난성 원모인이, 이후 50만 년 전 북경원인이 스웨덴 앤더슨에 의해 발굴되었지만, 당시 인류문화가 중국의 역사문화에 속한다고 말할 수는 없다. 중국 문명의 실질적인 원천은 기원전 5,000-2,500년경까지의 신석기 채도문화로 대표되는 황하 중류 허난성 승지현 앙소촌의 앙소문화(Yangshao Culture)와 이 문화를 이어 기원전 2,300-1,800년경까지의 흑도문화를 꽃피운 황하 하류 산둥성 용산진의 용산문화(Longshan Culture)라고 말할 수 있다.

용산문화 시기에는 농경이 확대되고 남성 권력이 점차 강화되었으며 사유재산의 개념이 출현하고 일부일처제의 혼인제도가 성립하였다. 당시 문화권 판도에 대해서 타이완대학 총장을 지낸 푸쓰넨(傅斯年)이 '이하동서설(夷夏東西說)'을 주장하며 다원문화였음을 밝힌 바 있다.[4] 황하문명 외에 양자강문명의 양저문화 등과 랴오닝성 및 네이멍구 지역 요하문명의 홍산문화 등이 꽃피웠다는 사실은 중국문화가 다민족의 다원문화 구조였음을 말해준다.

이후 역사시대 전 단계인 전설상의 왕조 하(夏)가 기록에 남아있다. 사마천의 『사기(史記)』에는 17대 472년간 존속했다고 하는 기록이 있고, 전설에는 순(舜) 임금 뒤를 이어 홍수를 다스린 우왕(禹王)이 개국했다고 전해진다. 하지만 하 왕조의 실체는 아직도 베일에 싸인 전설상의 왕조로 남아있다.

---

4 동이계가 동쪽 지역을, 화하계가 서쪽 지역을 차지하고 있는 상황이었음을 말하는 것으로, 당시 중국 대륙은 여러 민족이 이합집산하면서 일군 다원적 무대로서 누구나 들어가 상연할 수 있는 곳과 같았다.

2) 은상(殷商, 기원전 17세기–기원전 1112년)

은나라는 동이계 또는 동방 알타이계 민족의 성읍국가로서 발해만 일대에서 일어나 주변 성읍국가들과 연합하여 중원을 중심으로 동으로는 황해까지의 영역을 확보한다. 반경 때 도읍을 은허로 옮긴 후에는 서쪽 산시성(陝西省), 허베이성(河北省), 산시성(山西省), 남쪽 양자강 중하류, 북쪽 주(周)의 근거지 위수(渭水)까지 세력을 확장한다.

은나라가 처음 확인된 것은 1928년 후기 도읍지인 허난성 안양현 소둔촌 마을에서 발견된 은허(殷墟) 갑골문[5] 기록에 의해서다. 은은 청동기 주조와 전차 제작 등의 기술을 지니며 우수한 청동기문화를 꽃피웠다. 제정일치 정치 형태를 지녔고, 조상숭배와 제사를 게을리 하지 않았고 중요한 일은 점복으로 결정하였다. 술을 좋아한 민족답게 다양한 술잔이 유물로 남아있고, 백색 숭배와 순장 풍습이 특징적이다.

3) 주(周, 기원전 1111년–기원전 221년)

주 민족은 산시성 시안 부근의 비옥한 평원을 배경으로 성장하면서 은의 주(紂)를 물리치고 중원의 새로운 지배자가 된다.[6] 개국

---

5 갑골은 점복에 사용되던 거북이 등과 동물의 뼈를 줄인 말이다. 은 왕실은 국가의 중대사를 결정할 때 갑골로서 점을 치는데, 갑골의 뒷면에 구멍을 뚫고 제사를 지낸 뒤 불로 지진 후 나타난 균열과 색깔로 신의 뜻을 판단하였다. 갑골문은 자연현상, 전쟁, 수렵, 질병, 농사 등에 관한 기록을 담고 있어서 문화연구와 함께 한자 800자의 원형연구에 있어서 귀한 자료로 평가받고 있다.

6 주(紂)왕이 달기와 사랑에 빠져 국정을 소홀히 하자 주 무왕이 아버지 문왕의 계획을 실천하여 은을 멸했다는 고사는 후에 소설『무왕벌주평화(武王伐紂平話)』,『봉신연의(封神演義)』의 소재가 된다.

후 무왕의 동생 주공 단은 3년간의 동방원정을 통해 주를 중원의 지배자로 부상시켰지만, 광활한 중국 전체를 통치하기에는 역부족을 느끼고 역사상 최초의 통치제도인 봉건제도로서 영토를 간접 통치한다.

주나라 800여 년 중에 도읍을 한 번 옮기는데, 첫 도읍지 호경(鎬京, 시안) 시기를 서주(기원전 1111년-기원전 722년), 두 번째 도읍지 뤄양(洛陽) 시기를 동주라고 부른다. 유왕이 여산에서 유목민 견융에게 피살되자 도읍을 동쪽 뤄양으로 옮기면서 명맥을 유지하는데 이를 주의 동천이라고 한다. 동주는 다시 춘추(春秋, 기원전 722년-기원전 481년)와 전국(戰國, 기원전 403년-기원전 221년)으로 나뉜다.7

춘추시대는 나라 간 치열한 생존경쟁의 시기라고 말할 수 있다. 초기에 형성된 100여 개 정도의 도시국가가 말기에는 10여 개국으로 줄고 그간의 전쟁만도 1,200회가 넘는다. 그 중 다섯 나라인 제(齊), 진(晉), 초(楚), 오(吳), 월(越)을 합쳐 춘추오패(春秋五霸)라고 부른다. 신흥강국 오와 월의 싸움 관련 고사는 지금까지도 인구에 회자되고 있다.8 이 시기에는 각 군주들이 평민 출신 인재를 등용하고 부국강병에 힘써 과학기술이 발달하였고, 제자백가(諸子百家)시대라고 부를 만큼 훌륭한 사상가들이 많이 출현하며 사상의 황금시대를 맞는다.9

전국시대에는 진(晉)이 한(韓), 위(魏), 조(趙)로 분열되면서 진(秦),

---

7 춘추(春秋)는 공자의 저서 『춘추경(春秋經)』에서, 전국(戰國)은 서한의 역사서 『전국책(戰國策)』에서 따온 말이다.

8 오왕 합려와 그의 아들 부차, 그리고 월왕 구천이 서로 원수를 갚기 위해 땔나무 위에서 잠자고 쓸개를 맛보며 굴욕을 상기시켰다는 와신상담(臥薪嘗膽) 고사가 유명하다. 관중과 포숙의 아름다운 우정을 묘사한 고사성어 관포지교가 보여주듯 각 패자들의 뒤에는 훌륭한 재상들이 있었음도 알 수 있다.

9 유가 시조 공자(孔子), 도가 시조 노자(老子)와 장자(莊子), 반전론을 주장한 묵자(墨子), 법가의 한비자 그리고 음양오행가와 종횡가 등이 출현했다.

초(楚), 제(齊), 연(燕), 한(韓), 위(魏), 조(趙)라는 전국칠웅으로 재편된다. 철기가 보급되면서 각국 간 경쟁은 더욱 치열해졌고 이에 따라 『손자병법(孫子兵法)』과 같은 병법이 발전하기도 한다.

4) 진(秦, 기원전 221년–기원전 207년)

중국 최초의 통일은 진(秦)에 의해 이루어진다. 진시황(First Emperor of Qin)은 한(韓) 정복을 시작으로 조(趙), 위(魏), 초(楚), 연(燕), 제(齊)를 멸한 후 기원전 221년 통일 대업을 완수한다. 그는 북방 흉노족 침입을 막기 위해 만리장성을 축조하고, 봉건제 대신 중앙집권제인 군현제(郡縣制)를 실시하였으며, 문자, 도량형, 화폐를 통일하여 사회발전에 기여하였다. 사후에는 병마용갱(兵馬俑坑)과 자신의 무덤인 시황릉을 남기지만, 분서갱유(焚書坑儒)라는 세계 최초의 언론탄압 사건도 일으켰기에, 그는 통일을 이룬 왕인 동시에 폭군이라는 이미지를 함께 가지고 있다.

진시황의 황동마차

5) 한(漢, 기원전 206년–서기 220년)

진승과 오광의 농민봉기를 계기로 진(秦) 타도의 물결이 일면서, 초(楚)의 귀족출신 항우와 한(漢)의 농민출신 유방이 한판 승부를 펼친다. 한신 등의 도움을 받은 유방이 사면초가(四面楚歌) 고사로 유명했던 해하 전투에서 승리하자 항우는 애인 우미인을 슬피 그리는 시를 남긴 채 자결하고 만다.

한 고조에 등극한 유방은 400년간에 걸쳐 장구한 통치 기반을 마련한다. 군현제와 봉건제를 절충한 군국제(郡國制)를 실시하였고, 안정기에 접어들면서부터는 주변의 제후들을 제거해가기 시작하였다. 명장이자 충신이었던 한신도 죽임을 당했는데, 이와 관련한 토사구팽(兎死狗烹)10 고사는 지금도 회자되고 있다.

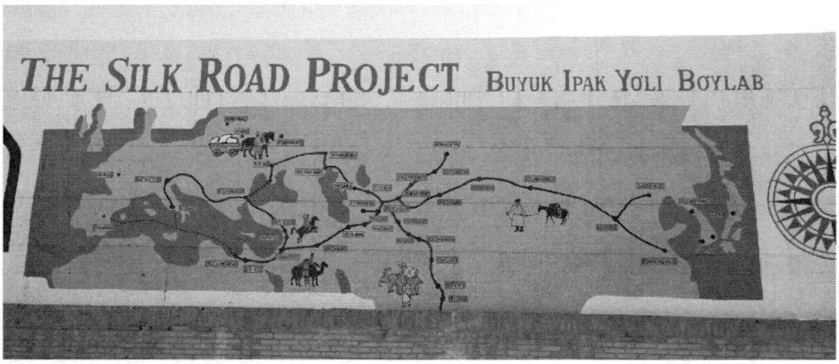

실크로드

이후 한 무제11 때는 현재의 중국 영토와 흡사한 판도를 형성하며 화려한 시기를 구가한다. 흉노의 정벌, 베트남 정복, 고조선 멸망, 한사군 설치 등 그 세력은 확대일로를 걷는다. 그는 지배이념으로 유교를 국교로 채택하고, 국립대학인 태학을 설치하여 교육에도 힘을 쏟았다.

이 기간 중, 중국의 콜럼버스인 장건의 비단길을 통한 서역 개척

---

10 유방을 위해 헌신했던 한신은 누명을 쓰고 죽게 되자 "재빠른 토끼가 죽으면 날랜 사냥개는 삶아 없어지고(狡兎死, 走狗烹), 높이 나는 새가 떨어지면 좋은 활은 구석에 처박히게 되며, 적국이 패하면 지모 있는 신하는 필요 없게 되는구나…"라는 말을 남긴 채 최후를 맞이한다.

11 한 무제와 관련된 『한무제고사(漢武帝故事)』, 『한무내전(漢武內傳)』이 지금까지 전해지고 있다.

으로 중국과 중앙아시아 간 교류가 시작되면서, 당나라가 동서 교류를 활짝 열 수 있는 계기를 마련한다. 이 시기에 중국 최초의 정사인 사마천의 『사기(史記)』이 완성된다. 사마천은 아버지 사마담의 유지를 이어 궁형이라는 극형을 당하면서도 기전체 불후작을 완성함으로써 중국 역사의 새 장을 열었다.

서기 8년부터 23년까지의 15년은 왕망의 신(新)나라가 건립되면서, 한(漢)은 이전의 장안을 수도로 한 서한(전한)과 뤄양을 수도로 한 동한(후한)으로 나뉜다. 유수 즉 광무제의 동한은 자영농민의 감소와 함께 기울어지며 농민반란으로 멸망한다.

6) 위진남북조(魏晉南北朝, 220년-580년)

한(漢) 말 부패 정권에 좌절하여 실의에 빠진 농민들은 184년 태평도라는 신흥종교 조직을 결성하고 대규모 반란인 황건적의 난을 일으킨다. 이 반란을 계기로 조조의 아들 조비가 한을 멸하고 위(魏)나라를 세운다. 한편 강남에는 손권의 오(吳)나라가 들어서고, 삼고초려(三顧草廬) 고사로 유명한 제갈공명(제갈량)의 도움을 받은 유비는 형주를 중심으로 촉(蜀)을 세우면서 삼국시대 체제가 들어선다. 적벽대전 같은 삼국 간의 치열한 전쟁은 소설 『삼국지연의(三國志演義)』에 잘 묘사되어 있다.[12] 치열한 경쟁 속에서도 둔전이라는 토지제도, 관리추천제인 구품관인법(九品官人法) 제도가 확립되기도 하였다.

265년에는 사마의의 손자 사마염이 위를 멸하고 진(晉)을 세움으로써 삼국분열 이후 37년간의 짧은 통일 시기를 맞는다. 하지만

12 『삼국지연의』는 명(明) 나관중의 작품으로, 정사 25사 중 하나인 진수의 『삼국지』를 근거로 쓴 역사장편소설이다. 사실이 70% 허구가 30%로 이루어졌기 때문에 『삼국지연의』를 실제 역사로 혼동해서는 안 된다.

관우의 충정이 담긴 관제시죽도

589년 수(隋)가 재통일하기까지 분열을 계속하였는데, 이 기간은 통틀어 위진남북조(魏晉南北朝) 시대라고 불린다.

북쪽에는 진의 전반부 시기인 서진(西晉)이 망하면서 유목민족 정권들이 들어섰는데, 이들은 5호16국을 형성하다가 북위(北魏)의 통일 후 북제(北齊), 북주(北周)로 이어진다. 남쪽은 서진을 이은 동진(東晉)이 건립되었다가 송(宋), 제(齊), 양(梁), 진(陳) 왕조로 이어진다. 이 시기를 육조(六朝)라고 부르기도 하는데, 이는 남쪽 오, 동진, 송, 제, 량, 진이라는 여섯 왕조에 초점을 둔 명칭이다. 사상적으로는 당시 전란으로 인해 회색적이고 형이상학적인 현학(玄學)이 크게 홍성하면서, 문학 중 지괴소설의 출현에 상당한 영향을 끼치기도 한다.

북쪽은 500년부터 23년간 조성된 용문석굴사원 조성에 80만의 인력이 동원되는 등 왕조의 적극적 지원을 받으며 불교가 융성한다. 북방 왕조를 세운 유목민족들이 중국적 편견이 없었고 거듭되는 전란과 정치적 분열 속에서 이미 제국의 학문으로 뿌리 내린 유교가 힘을 잃고 사상 공백을 보이면서 불교가 자연스레 홍성하게 된다.

7) 수(隋, 581년-618년)와 당(唐, 618년-907년)

뤄양 용문석굴

양견이 581년 북주의 왕위를 찬탈하고 수(隋)를 세우고, 문제가 589년 진(陳)을 멸함으로써 중국은 재통일을 맞는다. 문제는 당(唐)의 기초가 된 각종 제도들을 정비하는데, 균전제에 기초한 부병제와 조용조의 세제, 문벌에 의한 구품관인법을 대신한 중소 지주층의 관계 진출의 길을 연 과거제, 3성 6부의 중앙관제, 주현제의 지방행정 조직, 인보제의 실시를 예로 들 수 있다. 이어서 양제는 대운하 건설과 남북 문물교환 활성화의 업적을 이루지만, 고구려 정벌 실패로 결국 패망한다.

수가 몰락하자 유목민족 혈통의 고조는 618년 당 왕조를 수립한다. 이어서 태종 이세민은 제국의 기틀을 확립하고 동아시아를 제압하기 시작한다. 돌궐과 위구르를 복속하고 비단길을 장악하였으며 주변국과 군신관계를 맺는 책봉체제를 강요하였다. 반기를 든 고구려를 정벌하고자 여러 차례 출정하였지만 실패한 이세민은 51세로 생을 마친다.

당 왕조의 특징 중 하나는 바로 중국 최초이자 최후의 여황제 측천무후의 등장과 통치다.13 고종은 아버지 태종이 죽자(649) 그의

---

13 현종(玄宗)의 조모 측천무후는 중국에서는 무측천(武則天)으로 불린다. 고종 서거 후 측천무후는 자신의 아들인 중종과 예종을 즉위시켰으나 폐위시키

처인 측천무후를 비구니로 만들었다가 다시 불러들이지만, 간질병 악화로 서거하자(684) 측천무후는 그를 대신하여 정치에 손을 대기 시작한다. 다채로운 이성편력과 두 아들의 폐위 등 추악한 모습을 보였지만, 곡량 비축에 힘쓰고 국력 강화에 한몫을 하기도 한다.

유목민 혈통의 당 왕조는 개방적인 사회로서 장안(현재의 시안)을 기점으로 둔황(敦煌)을 거치는 비단길을 통해 서역과 교류했고, 당삼채(唐三彩) 등 이국적 문화를 융합한 작품을 만들어내기도 하였다. 문인들의 작품 활동도 활발하여, 성당 시기의 이백과 두보는 각각 시선(詩仙)과 시성(詩聖)으로 불리며 시의 경애를 한 차원 끌어올렸다. 이 시기에 당명황 즉 현종과 양귀비의 아름답지만 비극적인 사랑 이야기를 반영한 작품들은 지금도 인구에 회자되고 있다.

현종과 양귀비가 거주한 장생전

국립중앙박물관 소장 당삼채

한편 755년부터 763년까지 간신 양국충을 토벌한다는 명분으로 일어난 안록산과 사사명의 반란 이후에 당 왕조는 비록 150년간 이어졌지만, 이전의 번화했던 풍모는 찾아볼 수 없게 된다. 황소의 난(875년-884년) 이후 주전충은 907년 당 애제의 선양을 받는 형식으로 제위를 물려받아 후량을 세운다. 이어 후당, 후진, 후한, 후주 등

고 스스로 권력을 휘둘렀다. 705년 측천무후가 서거하자 예종이 다시 복권되었고, 이후 측천무후의 손자인 현종이 즉위한다.

다섯 왕조가 이어지고 기타 지역에서는 10국이 할거한다. 이 50여 년의 시기를 5대10국 또는 당말오대(唐末五代)라고 부른다.

8) 송(宋, 960년-1279년)

960년 금군의 사령관 조광윤이 쿠데타로 정권을 잡고, 979년 태종이 북한을 물리치며 중국을 재통일한다. 태조 조광윤은 집권 후 군벌을 제거하고 관리의 권한을 분산함으로써 황제의 독재 권력을 강화하였고, 문신관료를 과거로 선발함에 따라 과거제도는 수나라 이후 처음으로 공고하게 정착되었으며, 학자관료가 사회를 주도하는 문치주의 전통이 확립된다. 사대부 계층이 사회를 주도하게 되고, 주자가 정리한 성리학(Neo-Confucianism)이 지배 이념으로 자리 잡는다.

북송(北宋)의 수도 변경(卞京, 현재의 카이펑)은 경제가 활성화되면서 상업도시로 변모하였고, 전국의 많은 중소도시도 상업도시로 바뀌면서 다양한 계층의 시민들이 출현한다. 화약, 나침반, 인쇄술 등 3대 발명도 이 시기에 이루어지고, 문인화 그림도 황금기를 맞는다. 이 시기의 변화 모습은 '청명상하도(淸明上河圖)' 그림에 잘 나타나있다.

카이펑의 송 고궁

한편 북방에서는 거란의 요(遼)에 이어 만주 퉁구스계 여진족 추장 아골타가 1115년 여진족 최초의 국가인 금(金)을 세우고, 1127년 향락생활에 빠져 있던 휘종을 공격하고 북송을 멸망시킨다. 송 왕조는 강남 임안(臨安, 현재의 항저우)에 피난정권을 수립하고 남송(南宋) 왕조를 유지해나간다. 당시 악비(岳飛) 같은 애국 명장이 출현하기도 하였지만, 주전파와 강화파의 대립 속에서 남송은 결국 금에 무릎을 꿇고 신하의 절개를 지킨다는 굴욕적 화의를 맺는다.

청명상하도

9) 원(元, 1279년-1368년)

금(金)이 세력을 확대하던 시기에 북쪽 몽골에서는 1161년 테무진이 태어난다. '강력한 군주'라는 의미의 칭기스칸(Chinggis Khaan) 칭호를 얻은 그는 1215년부터 유럽과 아시아를 정복해 나갔고, 1225년에는 남러시아에 이르는 중앙아시아를 점령한다. 그의 정복 사업을 이어 아들들이 1239년 금을 멸하고, 손자인 쿠빌라이는 1279년 남송을 멸망시키면서 세계 최대의 대국이 된다. 몽골군의 말발굽 소리만 들어도 공포에 떨었을 정도로 그 위세는 대단했는데, 그들의 승리는 기마전술 및 성벽을 공격할 수 있는 투석기와 특수수레의 이용에 있었다. 몽골은 고려도 침공하였지만 고려인들은 30년간에 걸쳐 끈질기게 항쟁하였고, 고려를 통한 일본 원정도 실패로 끝나고 만다.

일찍이 벼슬을 포기한 지식인들이 재야에서 문학 활동에 전념하면서 문학사에서 주목할 만한 장르인 원곡(元曲, drama)이 발전한다. 원말 명초에는 사대기서인 『삼국지연의』, 『수호전』, 『서유기』, 『금병매』 등 장편소설의 토대가 이루어진다.

칭기스칸과 하라호름

행정기구는 주현제를 그대로 두되 몽골인 감독관을 파견하여 관리하였고, 몽골인 제일주의에 의거하여 백성들의 신분을 몽골인, 색목인(서역 계통의 종족), 한족, 남인 등 네 종류로 나누어 차별하였다. 원 제국 역시 시간이 지나면서 왕실 계승권 다툼과 황실의 라마교 신봉 등 요인으로 몰락의 길을 걷는다.

10) 명(明, 1368년-1644년)

한족에 대한 차별로 백련교를 중심으로 한 홍건적이 허난성을 중심으로 1351년 난을 일으키는 등 강력한 저항을 하였다. 비록 실패로 끝났지만, 가난한 집안 출신의 떠돌이 승려 주원장(朱元璋)이 세력을 규합하여 난징을 장악하고 1364년 오나라 왕이 된다. 이어서 1368년 명(明)나라를 세우고 베이징을 공략, 대륙은 다시 한족 손에 들어온다.

태조 주원장을 이은 영락제 주체는 문물정비에 힘쓰고 편찬사업을 진행한다. 2천 명의 학자들이 3년간의 작업으로 만든 백과사전 『영락대전(永樂大典)』은 그의 대표적 업적으로 역사, 지리, 천문, 사상 등 중국 문화를 총정리한 사전이다. 또한 정화를 통해 동남아시아에 원정하여 조공관계를 수립하고 교류를 하는 등 그 영역을 확대하였는데, 이는 현재 화교들이 동남아 경제를 장악할 수 있는 토대가 되었다.

이 시기에 사상가 왕양명이 그 동안 핵심 사상이었던 주자의 성리학에 반대하며 '심즉리(心卽理)'의 양명학을 주창하였고, 이탁오가 이를 발전시킴으로써 지행합일(知行合一)의 양명학이 융성하게 된다.

11) 청(淸, 1644년-1911년)

명 건국 후 200년이 지나면서 환관의 횡포와 민란, 그리고 왜구와 몽고족의 침략으로 어려움에 빠지게 되었고, 이 와중에 농민을 규합한 이자성이 1643년 베이징을 점령한다. 밖으로는 명의 지배하에 놓여 있던 여진족(숙신말갈)으로 불렸던 만주족의 누르하치가 등장하여 1616년 후금을 세우고 1625년에 수도를 심양으로 옮긴다. 1644년에 그의 아들 태종은 후금에서 청으로 바꾸고 드디어 중국 대륙을 장악한다.

명의 패망 후 정성공은 1661년 타이완으로 이동하여 그곳을 항쟁 거점으로 삼아 명 왕조 부흥운동을 하며 저항하였으나, 1683년 청의 공격에 굴복하여 투항한다. 윈난(雲南), 구이저우(貴州), 광둥(廣東) 즉 삼번이 청조에 대항하였지만 그들 역시 1673년 청에 의해 멸망한다.

청조의 최대 번영기는 강희(1662-1722), 옹정(1723-1735), 건륭(1736-1795)년간이다. 강희제는 한족을 무마하기 위해 그들을 통치체제에 끌어들이고 『강희자전』, 『고금도서집성』 등의 서적을 편찬하였으며, 건륭제 역시 중국사상을 집대성한 『사고전서』를 편찬한다. 학술적으로는 객관적 사실에 근거하여 진실을 밝히려는 고증학이 고염무를 중심으로 확산되기도 하였다.

랴오닝성 선양의 청 고궁

19세기 이후 관료의 무능과 부패, 외세의 침입에 대한 무기력한 대응 등으로 힘을 잃어 가다가, 1911년 신해혁명이라는 민중혁명에 의해 왕조 체제는 종말을 고하고 1912년 공화체제인 중화민국이 들어선다.

길고 긴 역사를 거쳐 온 중국은 그만큼 고적과 유물이 많은데, 특히 역대 왕조의 수도였던 베이징(北京), 시안(西安), 뤄양(洛陽), 카이펑(開封), 안양(安陽), 난징(南京), 항저우(杭州) 등 7대고도(七大古都)에 그 역사와 문명의 흔적들이 잘 간직되어있다.

왕조 명칭	수도	기간
은	뤄양, 안양	기원전 17세기 –기원전 1112
서주	호경(시안)	기원전 1111 –기원전 771
동주(춘추)	뤄양	기원전 770–기원전 476
동주(전국)	뤄양	기원전 475–기원전 221
진	센양(시안)	기원전 221–기원전 206
서한	장안(시안)	기원전 206–서기 25
동한	뤄양	서기 25–220
위	뤄양	220–265 촉(221–2633), 오(222–280)
서진	뤄양	265–316

동진	난징	317–420
남조(송, 제, 양, 진)	난징	420–589
북조 (북위, 북제, 북주)	뤄양, 장안(시안)	5호16국(304–439), 북위(386–534), 동위(534–550), 서위(536–557), 북제(550–557), 북주(557–581)
수	장안(시안), 수양제 때 뤄양	581–618
당	장안(시안), 측천무후 때 뤄양	618–906
오대십국	변경(카이펑), 후당 때 뤄양	907–960
북송	변경(카이펑)	960–1127
남송	임안(항저우)	1127–1279
요	베이징	907–1125
금	중도(베이징)	1115–1234
원	대도(베이징)	1271–1368
명	연경(베이징), 주원장 시 난징	1368–1644
청	연경(베이징)	1644–1911
중화민국	난징, 타이베이	1912–현재
중화인민공화국	베이징	1949–현재

| 3 |

근 · 현대화와 문혁 & 톈안먼사건

1) 근대화 과정

일반적으로 1840년 영국이 청 왕조에 대해 일으킨 아편전쟁(Opium War)이 중국 근대화의 시발점이라는 견해가 지배적이다. 이 전쟁은 역사상 가장 부도덕했지만 옛 질서를 파괴하고 새로운 질서를 만드는데 일조했다는 인식 때문이다. 한편 '서양의 충격(western impact)'을 강조하는 것은 중국의 자체 발전과정을 무시하고 외적 요인만을 지나치게 부각하는 편견이며, 아편전쟁은 단지 이전부터 자체적으로 있어온 변화를 가속화하는 계기일 뿐이라는 견해도 있다.14

---

14 서구 지배론의 이론 근거는 바로 헤겔(F. Hegel)에서 출발한다. 백색신화학(White Mythology)의 주창자인 그는 『역사철학강의』와 『철학강요』에서 기본적으로 중국 문자에 대해 경멸감을 표시한다. 즉 그의 주장에 따르면 인간의 표현체계는 3단계 즉 감상적표상체계의 상형문자, 기호체계의 표음문자, 로고스적 사유체계의 정신으로 중국 문자는 가장 열등한 수준의 단계로, 그리고 서구인의 알파벳을 그 상위 수준으로 설정하였다. 이러한 편집증적인 확신과 종족주의적 편견은 마르크스(K. Marx)의 서구중심 문명사관으로 이어지면서 서구의 동아시아에 대한 식민지배를 정당화했다. 충격(Impact) - 반응(Response) - 근대화(Modernization) 즉 서양문명의 전근대적 동양문명에 대한 충격과 동양의 반응 및 근대화라는 지배의 합리화 근거를 마련한 것이다.

이 두 가지 시각을 종합하면 중국의 전통사회가 중국인들의 아래로부터의 변혁요구와 국가에 의해 추진된 일련의 자강운동을 통해 자체 발전을 추구하는 과정에서 아편전쟁이 계기가 되어 급격하게 근대화 물결이 일기 시작하였다고 정리할 수 있다.

서양의 무역을 통한 중국진출은 청 왕조 중엽의 일이다. 당시 중국과 교역을 적극적으로 희망한 국가로는 네덜란드, 영국, 프랑스 그리고 신흥국 미국이다. 이들 국가는 이미 동남아시아를 식민지화하고, 이를 바탕으로 동아시아에 진출하고 있었다.

청 왕조도 17세기 말 정치 혼란이 어느 정도 극복되었기 때문에 이때부터 외국에 대해 개방적인 태도를 취했다. 외국과의 무역은 황제가 베푸는 형식으로 시작되었으며, 대외무역의 필요성은 인정해도 국방도 고려해야 했기에 모든 항구에 무역을 허용한 것은 아니었다. 1757년 광저우가 처음으로 서양과 무역을 할 수 있는 항구로 지정되었다.

이렇게 출발한 광둥무역체제는 13명의 특허상인(공행)들이 외국과의 무역 및 외교 업무까지 관장하면서 확대되었다. 중국과 무역하려는 서양 상인들은 광저우에서 겨울을 지낼 수 없고 시내를 마음대로 다닐 수 없으며, 관료를 만날 수도 없고 중국인 출신 고용인을 제한하는 등의 규정을 지켜야 했다. 하지만 중국 차와 생사(生絲)는 이익이 남는 상품이기에 청과 서양 간 무역량은 날로 증가하였다.

18세기 말, 영국은 다른 국가들을 제치고 중국무역을 주도한다. 1790년 광저우에 기항한 영국선박 수는 46척, 톤수는 2만 9천여 톤인 반면, 미국은 각각 6척, 1,970톤에 불과할 정도로 영국이 차지하는 비중은 높았다. 광저우를 통한 대외무역 번성은 청의 재정에도 유리한 조건을 제공하였다.

하지만 무역 확대는 영국에게 불리한 상황을 초래하였다. 인도 주재 영국 동인도회사의 수입초과가 문제였다. 유럽인이 좋아하는 중국 차와 생사, 면포를 수입하고, 아열대 기후의 광둥에 필요하지 않은 모직물과 사치품을 수출하며 동인도회사는 적자로 중국에 막대한 양의 은을 지불하였다. 광둥무역체제도 자유무역에 장애가 되었다.

18세기 말 영국 정부는 상인의 자유로운 활동을 위해 무역 제한 철폐를 요구한다. 1792년 매카트니(G. MaCartney) 사절단 파견을 시작으로 여러 차례 중국에 개방을 요구하였다. 동인도회사 역시 대체상품을 개발하는 데 골몰하다가 결국 아편을 유력한 상품으로 결정하였다.

중국인이 아편을 하는 것은 청 이전에도 있었다. 말라리아 같은 질병치료제로 아편을 일부 이용하였던 것이다. 중국인의 아편 흡연이 문제가 된 시점은 영국 상인의 아편 수출이 활발했던 19세기에 들어서면서부터다. 1801년에 약 4천 상자, 10년 뒤에 약 5천여 상자가 중국에 수출될 정도로 큰 변화가 없었지만, 1823년에 1만 상자, 10년 뒤에 2만 상자로 급증하였다. 이는 중국 내 흡연자가 급속히 증가함과 동시에 아편 대금인 은이 중국에서 빠져나간다는 것을 뜻한다.

아편 유입과 은의 대량 유출은 경기침체와 정체(政體)의 위기를 가져왔다. 청은 몇 차례 아편 금지령을 내렸으나 영국 상인들의 이익추구 욕구 때문에 효력이 없었다. 결국 1839년 도광제(道光帝)는 임칙서(林則徐)를 광둥에 내려 보내 아편단속에 임하도록 명령하였다.

광둥에 도착한 그는 중국 측 아편밀수업자들을 단속 처벌하는 한편, 영국의 무역감독관으로 하여금 영국 상인 소유의 아편을 몰수하여 태워버리게 하였고, 아편상 덴트(Dent)도 감금하였다. 하지만 일 처리 과정에서 영국 감독관 엘리어트가 개입하면서 영국은 조공무역의 불평등과 부당함에 맞설 수 있는 명분을 확보한다.

2) 아편전쟁(Opium war)과 자강운동

영국은 1840년 전쟁을 선포하고 최신 장비를 갖춘 철제 함대를 파견하였다. 광저우 부근 삼원리(三元里)라는 향촌에서는 촌민들이 평영단(平英團)을 조직하여 영국군과 교전하였고, 다른 지역민들도 자발적으로 침략군에 맞섰다. 하지만 청은 전력열세로 결국 항복하면서 영국의 일방적 요구를 들어줄 수밖에 없었다.

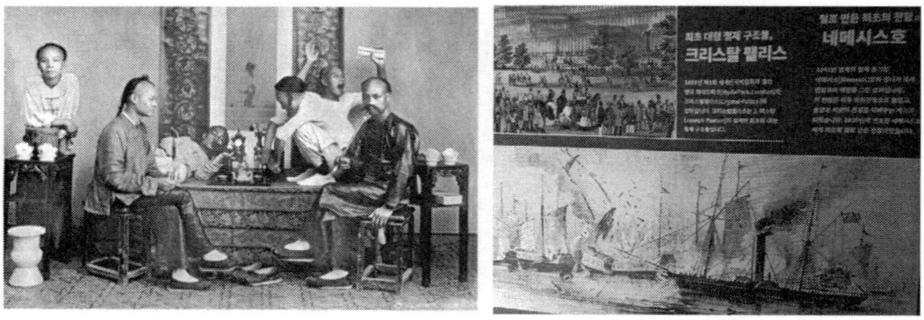

아편 흡입(좌), 아편전쟁(우)

전쟁 후 맺은 난징조약(南京條約, 1842)에는 광둥의 공행무역 폐지, 광저우, 푸저우, 샤먼, 닝보, 상하이 등 5개 항 개항, 홍콩 섬의 영국 할양, 수출입 물품에 적정관세 부가, 아편대금을 포함한 전비 보상이라는 내용이 포함되었다. 이듬해에는 샤먼 추가조약이 체결되면서 영국은 영사재판권을 인정받고 최혜국대우를 약속받았다.

난징조약은 외국과 맺은 근대조약처럼 보였으나 실제로는 영국의 배 위에서 이루어진 치욕스런 불평등조약이었다. 영국인들은 개항장에서 치외법권을 가진 채 자유롭게 활동할 수 있었고, 청은 아편 무역조차 제한할 수 없을 정도로 관세 자주권도 상실하였다. 이 조약은 1844년 프랑스와의 황포조약, 미국과의 망하조약에서 그대

영국 군함에서 난징조약 체결(1842)

로 반복되었고, 무력을 동원한 요구 방식은 이후 서구열강의 대중국 기본정책이 된다.

난징조약은 청 왕조와 영국 모두에게 불만스러웠다. 청은 아편 무역의 증대와 전통질서를 파괴하는 기독교 포교에 불만을 갖고 있었다. 반면 영국은 자국의 상품수출이 증대되지 않고 베이징에 공관을 개설할 수 없는데다 선교활동도 보장받지 못하여 역시 불만이었다.

이에 영국은 조약 개정의 기회를 찾게 되는데 홍콩에 등록된 중국인 소유의 애로우호에 게양된 영국기가 그 빌미를 만들어 주었다. 이 배가 아편과 해적을 은신하고 있다는 혐의를 잡은 중국관헌이 영국선원을 체포하는 과정에서 영국 국기를 모욕했다는 점을 전쟁 명분으로 삼아 영국은 프랑스와 연합하여 광저우를 공격하였다. 1856년의 제2차 중영전쟁은 1차 전쟁보다 더욱 격렬하였다. 영국과 프랑스 양국은 톈진을 공격하여 점령하고, 1858년 중국과 외국과의 평등외교실현, 기독교 포교 자유, 북부의 항구 개항 등이 담긴 톈진조약을 체결하였다.

이 조약의 비준과정이 여의치 않자, 영국과 프랑스는 다시 베이징을 공격하였다. 그 결과 톈진조약의 비준과 더불어 톈진 개항, 중국 노동자의 출국, 구룡(九龍)반도 할양 등을 담은 베이징조약을 1860년 체결한다. 러시아도 혜택을 입어 영국, 프랑스와 동일한 권한을 얻는 동시에 헤이룽장 이북의 영토와 연해주 지방을 할양받았다.

열강의 무역 확대 욕구와 군사력은 무기력한 중국에 일방적인 조약을 맺게 하면서 영토 할양까지 강요하였다. 1, 2차 중영전쟁은 무역 확대와 개방 요구를 요건으로 삼아 군사 침략으로까지 확대된 침략전쟁으로서 중국이 전통적인 국제질서를 유지할 수 없도록 만들었다. 서구의 시각에서 보면, 서양문명의 전근대적 동양문명에 대한 충격과 이에 대한 동양의 반응과 수용, 그리고 근대화라는 충격의 정당화와 지배의 합리화라는 이론적 근거가 마련된다.

이처럼 중국은 근대화시기에 결정적인 피해와 수모를 겪었다. 이러한 피해의식과 무력감에 대한 각성과 반성은 태평천국의 난, 양무운동, 변법자강운동, 의화단사건이라는 자생적 근대화 자강운동으로 이어진다.

1850년, 농민 홍수전은 태평천국의 난을 일으키고 기독교 구세주 사상을 기반으로 한 태평천국을 건설한다. 하지만 14년간의 태평천국은 쩡궈판에 의해 당시 거점이었던 난징이 함락됨으로써 끝나고 만다.

1860년부터 1894년까지는 리훙장을 중심으로 중국의 군사적 자강과 경제적 부강을 위해 서양의 문물과 근대 기술을 도입하려는 양무운동(洋務運動)이 일어난다. 중체서용(中體西用) 즉 중국의 전통 가치를 보존하면서 서양의 문물을 도입하는 정책이지만 전국적 차원에서 추진되지 못했다. 1894년 청일전쟁의 패배와 시모노세키조약(馬關條約, 1895) 체결 및 타이완의 할양이라는 수모를 겪으며 실패로 끝나고 만다.

1898년에는 변법자강운동이 일어난다. 청일전쟁의 패배와 양무운동의 한계를 깨닫고 정치체제와 교육제도의 개혁을 통해 부국강병을 실현하고자 캉유웨이(康有爲)와 량치차오(梁啓超)가 중심이 되어 헌법제정, 학교 설립, 계몽 활동을 전개했다. 하지만 자신의 입지가 위태롭다고 느낀 서태후의 쿠데타에 의해 좌절되고 만다.

1900년에는 산둥지역 농민들의 결사조직인 의화단이 부청멸양(扶淸滅洋)의 기치를 내세우며, 서양 군사력을 등에 업고 들어온 그리스도교 반대 운동과 함께 반제국주의 운동인 의화단사건을 일으킨다. 베이징 외국 공사관을 습격하기도 했지만 8개국 연합군에 의해 패배한 후, 청은 열강에 의해 국권이 박탈된 반식민지 상태로 전락하고 만다.

3) 신해혁명, 중화민국 그리고 오사운동

서구 열강에 의해 무력화된 청의 왕정체제는 1911년 10월 10일 국부 쑨원(孫文)의 신해혁명(辛亥革命)으로 붕괴되고, 다음 해인 1912년 중국 최초의 민주공화체제인 중화민국(中華民國, Republic of China)이 건립된다. 하지만 중국은 왕정복귀파에 의해 휘둘리고, 군벌들에 의해 사분오열되고, 군벌 뒤에서 조종하는 외세의 압력까지 이어지며 점차 피폐해져간다. 국민들은 노예근성, 피해의식, 무기력 속에 봉건 예교와 전통사상의 속박으로 더욱 몽매해져갔다.

이에 1919년 5월 4일 베이징에서 지식인, 학생, 시민이 중심이 되어 중국 정부의 일본에 대한 굴욕외교에 항의하고, 일본의 21개조 요구사항(1915)과 베르사이유 평화회의 산동결의안(1919)에 불만을 표출하며, 반군벌, 반외세, 반제국, 반전통, 반봉건, 민주, 자유, 남녀평등, 혼인자유를 표방하는 오사운동(May Fourth Movement)을 일으킨다.

전통과 현대의 전환점인 오사운동을 기점으로 현대화 물결이 일어난다. 문화, 문학상으로도 큰 변화를 겪었기에 이를 신문화운동 또는 문학혁명이라고도 부른다. 저우처쭝(周策縱)의 『May Fourth Movement』에 수록된 오사운동 정의 부분을 언급하면 다음과 같다.

On May 4, 1919, students in Peking demonstrated in protest against the Chinese government's humiliating policy toward Japan. There resulted in a series of strikes and associated events amounting to social ferment and an intellectual revolution. This rising tide was soon dubbed by students the May Fourth Movement(Wusi yundong), a term which acquired a broader meaning in later years than it had originally.

In the ensuing pages, the term May Fourth Movement will be used in this broader sense. It covers the period roughly from 1917 through 1921 and includes the events summarized briefly as follows. Supported by the rising patriotic and anti-Great-Power sentiments of the public which has been ignited first by the Twenty-one Demands of Japan in 1915 and then by the Shandong resolution of the Versailles Peace Conference in 1919, the students and new intellectual leaders promoted an anti-Japanese反日campaign and a vast modernization movement to build a new China through intellectual and social reforms. They stressed primarily Western ideas of science and democracy. Traditional Chinese ethics, customs, literature, history, philosophy, religion, and social and political institutions were fiercely attacked. Liberalism, pragmatism, utilitarianism, anarchism, and many varieties of socialism provided the stimuli. The protest of May 4 marked the pivot of these developments. Its aims soon won sympathy from the new merchants, industrialists, and urban workers, and the Peking government was forced to compromise in its foreign and domestic policies. This victory of the new coalition facilitated the expansion of the cultural and intellectual reforms it advocated. Shortly after this, the movement gradually became involved in politics, and the united front of the new intellectuals collapsed. The liberals lost their zeal or turned away from political activity, whereas the left wing of the movement took the expedient political step of allying itself with the nationalists to overthrow the warlord Peking regime. Western attitudes shifting from sympathy to antagonism towards the movement constituted on major factor in this split. Thereafter socialism and nationalism became ascendant, and a multitude of complicated controversies were precipitated.

The effects of the movement were widespread. It contributed to the rise of the student and labor movements, the reorganization of Guomindang, and the birth of the Chinese Communist Party and other political and social groups. Anti-warlordism and anti-imperialism developed. A new vernacular literature was established and popular education was greatly facilitated thereby. The Chinese press and public opinion made great progress. The movement also accelerated the decline of the old family system and the rise of feminism. And above all, the authority of Confucianism and traditional ethics suffered a fundamental and devastating stroke and new Western ideas were exalted.

At first the term "May Fourth Movement" as used by students and the press did not refer to all of the events mentioned above. It was rather applied only to the student demonstration in Peking on May 4. In later years, people talking of the May Fourth Movement may not consciously have taken such a narrow view, but they rarely failed to equate the movement with the May Fourth Incident and its consequences. The term May Fourth Movement was, then, in many cases interchangeable with the term May Fourth Incident.

An examination of the main currents of the movement reveals that most of the important events in it took place during five years from the beginning of 1917 to the end of 1921. In 1917 the new thought and new literature reforms started to gather momentum due to the rallying of the new intellectual leaders around New Youth(新青年) magazine and the National University of Peking. After 1921, the movement revealed itself more in direct political action, and for a few years intellectual and social reforms were more or less neglected. Therefore, the May fourth period may be reasonably defined as 1917-1921 inclusive.

4) 격동의 현대화

오사운동을 계기로 중국사회는 변화의 길에 들어섰지만, 1920년대 초에 출현한 공산당(1921)과 기존 국민당(1912) 간 대결이 시작되고, 군벌 간에도 내전이 이어지면 어수선한 상황을 맞는다. 1930년대에 들어서는 만주사변, 중일전쟁(항일전쟁)과 난징대학살사건 등 일본의 침략행위로 인해 더욱 혼란에 빠진다.

1925년 당시 군벌 상황

북벌의 완성지도

1949년 마오쩌둥의 공산체제인 중화인민공화국(中華人民共和國, P.R.C.)이 건립되었지만, 공산당에 밀려난 국민당의 장제스는 타이완에서 중화민국(R.O.C.)을 계승하면서 중국은 분단 상태를 이어오고 있다. 결국 군벌의 득세와 일본의 침략에 맞선 양당의 합작과 양당 간 분열의 역사가 바로 중국 현대화과정의 중심축이 된다.

양당이 맺은 두 번의 협력 관계를 좀 더 부연하면 다음과 같다. 우선 제1차(1924~1927) 합작 시기는 북방 군벌과 그 배후인 제국주의 열강에 대한 저항 전선이 형성된 국민혁명 기간이었고, 제2차(1937~1945) 합작 시기는 일본 제국주의에 대한 저항 전선이 형성된 항일전쟁 기간이었다.

1924년의 제1차 국공합작은 중국 공산당원이 국민당에 개별적으로 가입하여 국민혁명군에 편입되는 형태를 취한다. 1924년 국민당 제1차 전당대회에서 국민당의 소련과의 연합인 연소(聯蘇), 공산당과의 제휴인 용공(容共) 그리고 노동자와 농민에 대한 원조인 농공부조(農工扶助)라는 3대 정책이 채택되면서 발족되었다. 이후 공산당 세력은 크게 성장하였고, 국민당은 소련의 원조로 광둥에서 혁명정부 재건과 대중적 기반을 확보하였다.

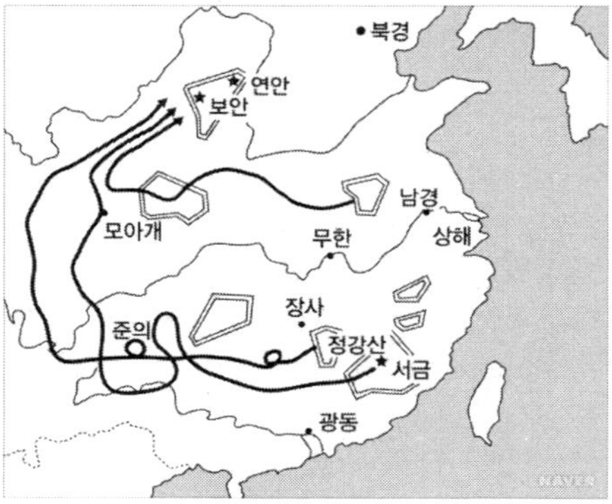

대장정 노선

국민혁명은 진전되었고, 북벌 과정에서 1927년 우한(武漢)에 혁명정권이 수립되기도 한다. 이 와중에 혁명세력 내부의 대립이 심화하면서 장제스는 국민당 우파와 결합하여 반(反) 혁명으로 전환하고, 국민당 좌파 및 중국 공산당과 손을 끊고 난징정부를 세운다. 1927년 4.12정변을 계기로 그해 7월부터 국공이 분열한다. 이에 공산당은 8.1난창기의를 일으키면서 우익 기회주의를 청산하고 토지개혁을 진행시켰으며, 장시 소비에트를 성립시켜 난징정부에 대항하였고, 이때부터 10년에 걸친 국공 내전이 이어진다.

1931년의 만주사변, 1932년의 일본과 19로군의 싸움인 1차 상하이사변 등 일본의 침입 속에 1934년부터 1936년까지의 공산당 대장정 등 국공 분열 상황은 지속되었다. 국민당은 공산당의 홍군을 수차례 공격하였고, 홍군은 국민당 포위를 뚫고 서쪽으로 탈출하면서 11개 성, 54개 도시를 점령하는 368일간의 긴 행군을 이어간다.

이 와중에 장쉐량은 1936년 시안사변을 통해 국민당과 공산당을 협상 케이블에 앉힌다. 다음해인 1937년 7.7 노구교사건과 2차 상하이사변을 계기로 중일전쟁이 발발하면서 항일투쟁을 위한 제2차 국공합작이 구체화된다. 1937년 9월부터 1945년 8월까지의 제2차 국공합작은 양당이 대등한 입장에서 정책 협정을 하는 형태를 취하였다.

난징대학살기념관(南京大屠殺遇難同胞紀念館)

1937년 12월부터 다음해인 1938년 2월까지 일본군의 30만 명의 난징시민 학살 사건인 난징대학살(南京大屠殺)을 겪으면서 국공합작을 더욱 견고히 하면서 항일투쟁을 계속하였다.

하지만 1941년에 국민당군이 공산당 신사군을 공격하는 환남사변을 일으키며 분열 조짐이 일어나기도 하였다. 국민당은 오지에 충칭정부를 세우고 공산당의 변구(邊區) 정부를 포위할 태세를 취하였으나,

공산당은 게릴라전으로 일본군 배후에 항일 근거지를 확대해 갔다.

1945년 이 같은 전선 배치가 그대로 유지된 채 태평양 전쟁 종결을 맞이하자 양당은 다시 생사를 건 내전에 돌입하였다. 내전이 끝난 1949년에 장제스의 국민당 정부는 타이완으로 건너갔고, 대륙에는 10월 1일 공산당의 중화인민공화국 정권이 수립되었다.

마오쩌둥의 톈안먼에서의 신중국 선포

1911	신해혁명과 청 왕조 몰락
1912	중화민국 건립, 국민당 창당
1919	오사운동
1921	중국 공산당 창당
1924–1927	1차 국공합작(북벌)
1925	5.30운동: 상하이방직공장의 민족차별 반대 시위
1926	3.18시위: 베이징 단기서, 장작림의 굴욕외교 항의
1927	4.12정변과 국공 분열, 8.1난창기의
1928	군벌 종식
1931	만주사변
1932	1차 상하이사변: 일본과 18로군 간 싸움
1934–1936	공산당 대장정
1936	시안사변
1937–1945	2차 국공합작(항일투쟁)
1937	7.7노구교사건, 2차 상하이사변, 중일전쟁
1937	난징대학살
1941	환남사변(국민당군의 신사군 공격)
1945–1949	국공내전
1949	공산당 승리, 중화인민공화국 건립

5) 문혁 및 톈안먼사건

(1) 문화대혁명

신중국 건립 후 17년 후인 1966년 5월 16일 공산당 중앙위원회의 <중국공산당 중앙위원회 통지>가 공표된다. 이를 시작으로 1976년 10월까지 10여 년간 광란의 무산계급 문화대혁명(文化大革命, 약칭 문혁)이 진행된다.

1949년 신중국 건립 후 나라를 이끌어온 마오쩌둥이 1950년대 후반 인민공사운동과 대약진운동을 전개하지만 실패하면서 농민들의 삶은 궁핍해진다. 설상가상 수년간의 재해로 인민들이 아사하는 상황이 발생한다. 권력 2선으로 물러날 정도로 정치 입지가 좁아지자, 마오쩌둥은 정적과의 투쟁을 통한 권력 회복을 위해 문혁이라는 카드를 구상한다. 문혁은 마오쩌둥이 후계자 류사오치(劉少奇)와 그 무리를 제거하고 자신이 믿는 후계자를 선발하기 위한 정치 차원의 권력투쟁이다.

마오쩌둥(좌)과 류사오치(우)

마오쩌둥은 건국 후 노동자와 농민 중심의 프롤레타리아 혁명 과정 중에 새롭게 출현한 관료 엘리트 집단의 출현은 사회주의의 퇴조와 자본주의 복귀로 이어질 수 있기 때문에 사상개조가 필요하다고 보았다. 그래서 문혁의 출현을 수정주의에 반대하는 마오쩌둥의 독특한 사상에 기인한다고 보는 시각도 있다.

마오쩌둥은 어린 홍위병을 활용하여 혁명적이고 충격적인 방법을 채택한다. 정의에 불타는 청년을 내세워 '선파후립(先破後立)', '타도사

령부(打倒司令部)', '사구(구사상, 구문화, 구풍속, 구습관) 타도'를 외치게 하여 아래로부터 인민들의 자발적 참여를 유도하였다. 타도 대상은 사상개조와 계속혁명의 정치주의보다는 생산력을 강조하는 중앙관료와 엘리트가 민중을 다스려야 한다는 입장을 지닌 수정주의자들이었다. 이 과정에서 당 주석 류사오치와 덩샤오핑 등 실용주의 지도자들은 주자파(走資派)로 몰려 숙청당한다.

칭화대부속중학교를 시작으로 도시와 농촌 할 것 없이 거의 모든 중·고교 및 대학에서 홍위병이 결성되기 시작하였다. 혁명 열기가 고조되면서 그들의 기세도 등등해졌다. 광장에 모여 대규모 집회를 열고, 린뱌오(林彪)가 편찬한 『마오쩌둥주석어록』을 높이 들어 열광적으로 흔들어댔다. 수업은 중단되었고 학교는 휴교상태에 들어갔다.

마오주석어록

문혁의 피해자

홍위병의 취푸 파괴

1968년 홍위병 통제가 힘들어지는 상황에 이르자, 마오쩌둥은 홍위병을 해산하고 이들을 농촌으로 하방(下放)하였다. 인민해방군이 장악하는 혁명위원회와 마오쩌둥, 그리고 린뱌오는 마오쩌둥 사상인 마오이즘(Maoism)에 입각한 계급투쟁을 강조하며 중국 전역을 자신들 통제 아래 둔다. 마오쩌둥의 충신 린뱌오는 후에 그와 등을 지고 1971년 암살 음모를 꾸미다가 실패로 끝나자 소련(현 러시아)

으로 망명하던 중 의문의 비행기 사고로 사망하는 사건도 있었다.

문혁이라는 정치투쟁 중에 극좌성향의 신인그룹 4인방인 마오쩌둥의 부인 장칭(江青), 장춘차오(張春橋), 왕훙원(王洪文), 야오원위안(姚文元)이 마오쩌둥을 지원하면서 혁명은 이어졌다. 이 시기에 중국 사회와 중국인의 의식구조는 전반적으로 큰 변화를 겪었고, 전통과 기득권은 파괴되고 파괴와 비난이 미덕이 되는 기이한 상황이 지속되었다.

문혁은 "사회주의 사회에서도 자본주의의 오염을 막기 위한 계급투쟁은 필요하다."는 마오쩌둥의 지도를 근간으로 벌어진 군중운동으로서, 이 기간 중에 지식인과 문화인사, 상급 간부들이 무차별 공격을 받았고 사회는 혼란에 빠졌다. 작가 라오서(老舍) 등 34,000명의 지식인이 희생되었고 1억 명 이상이 모함과 박해를 받았다. 모욕과 욕설이 난무하는 자아비판 강요, 노동개조 수용소 강제 입소, 노역과 구타에 의한 사망, 자살, 정신이상 등 그 폐해는 엄청났다.

선판의 홍위병

12살에 홍위병에 가담하여 문혁의 격랑을 겪고 미국으로 이민 간 작가이자 교수인 선판(沈汎)은 문혁에 대한 자기 반성 속에 사실에 입각한 묘사를 담은 자서전 『홍위병』을 출간하였다.

이 책 속에는 당시 상황이 자세히 묘사되어 있는데 책의 첫 장은 "축구장 한가운데에 장관이 펼쳐졌다. 산더미를 이룬 책들, 2층 높이는 될법한 책 더미가 불길에 싸여있었다."로 시작한다. 분서갱유 장면을 연상시키는 묘사다. 자본가 집에서 그랜드피아노를 쪼개 모닥불로 쓰고, 베이징대 외과 의사에게 숨긴 재산을 자백하라면서 산 채로 메스로 배를 가르고 간장과 고춧가루를 붓는 등 반혁명분자와 부르주아를 잔혹하게 처벌하는 묘사도 실려 있다.

1976년 저우언라이(周恩來)가 사망하자 실용주의노선 지지 세력이 문혁파에 저항하며 제1차 톈안먼사건을 일으켰다. 그리고 그해 9월 9일 마오쩌둥이 사망하고 10월 6일 4인방이 체포되면서 문혁은 드디어 종지부를 찍게 된다.

1981년 정부는 <건국 이래 당의 약간의 역사문제에 대한 결의(關於建國以來黨的若干歷史問題的決議>를 채택한다. 여기서 마오쩌둥과 중국 공산당이 사회주의 제도 완결 이후에도 1957년 반우파운동,[15] 1958년 대약진운동, 1966년 문혁을 진행하며 계속혁명론이라는 극좌편향의 오류를 범함으로써 당과 국가, 인민에게 심각한 좌절과 손실을 안겨주었기에, 마오쩌둥의 책임은 피할 수 없다고 지적하였다. 자산계급 사령부는 없었고 주자파와의 정치투쟁은 터무니없는 말이며, 문혁은 혁명이 아니라 개인숭배로 사회를 파괴한 내란으로 규정하였다. 대장정 중에 홍군을 재건하고 후에 부총리를 지낸 시진핑 부친 시중쉰도 문혁 당시 시안 호아토고원으로 하방된 적이 있다. 후에 시진핑은 문혁을 '중국에 심각한 손실을 입힌 10년 동란'으로 규정한 바 있다.

중국 국민 전체를 패닉 상태로 몰고 갔던 중국 현대사의 최고의 비극적 사건인 문혁이 발발한 지 50여 년이 지났다. 그러나 문혁에 대한 책임을 규명하는 일은 마치 판도라 상자처럼 많은 사람들이 연루될 수밖에 없는 민감한 사안이다. 중국인들은 사건의 책임을 문혁 4인방에게 몰아, 그들이 당과 국가 권력을 찬탈하려고 쿠데타

---

15 1956년부터 마오쩌둥은 백화제방을 일으켰고, 언론 자유로 받아들인 지식인들은 공산당 통제와 당 간부의 특권 및 인권유린을 비판했다. 하지만 1958년 마오쩌둥은 우파분자와 반혁명분자를 색출, 숙청하는 반우파운동을 전개한다. 백화제방은 우파를 색출하려는 음모라고 평가하고 있다.

를 기도했다는 죄목을 들어 처벌하고 종결지었다. 이후 수많은 피해자와 가해자는 아무 말 없이 수십 년을 보내왔다.

당국은 문혁의 진실이 공개되고 평가가 제대로 이루어지게 되면, 공산당의 치명적 오류에 대한 부정적 시각이 만연해질 것이라는 점을 잘 알고 있다. 이에 당국은 국가도서관에서 일반인이 문혁 관련 자료를 열람하거나 관련 행사를 금지하고 있으며, 문혁 회고록이나 반성적 저서 출판 및 언론 보도도 제한하고 있다. 민간 연구나 인터넷 문혁 관련 사이트도 제한을 두는 등 엄격하게 문혁의 진실을 통제하고 있다.

재판 받는 사인방

중국의 양심 바진(1904-2005)

2005년 4인방의 마지막 생존자 야오원위안이 병사하면서, 문혁에 대한 재평가 작업을 해야 한다는 움직임이 일었고, 그해 광둥성에 문혁박물관이 건립되었다. 마오쩌둥주석어록 등 개인 소장 자료 등을 전시하여 당시의 깊은 상처를 일깨우고 있다. 현대문학의 거장이자 중국의 양심인 바진(巴金)의 "나는 문혁 박물관을 세워 자손들에서 이 시기의 역사를 알려야 한다는 확고한 신념이 있다."라는 주장에 힘을 얻은 것으로 볼 수 있다.

현재를 사는 사람들도 문혁의 그늘에서 완전히 자유로울 수 없을 정도로 그 부정적 영향은 크다. 중국인이 쉽게 마음을 열지 않는 성향도 문혁의 부정적 영향 때문이다. 지금도 60대 이상은 비판을 당하면 끝장이라는 절박감을 경험한지라, 실수를 좀처럼 인정하지 않고 책임을 회피하려는 경향이 강하다. 중국 자매대학과 장기간 교류하며 신뢰를 쌓았다고 생각했지만 문제가 생기자 상대측은 자신들이 말한 내용까지 번복하면서 억지를 부리는 경우도 있는데, 이는 자아비판이 자신에게 치명타가 되었던 문혁의 교훈 때문으로 풀이된다.

문혁을 긍정적인 시각으로 보는 일부 국민도 있는 만큼, 문혁 논쟁을 확실히 마무리해야만 역사적 과오 부담을 털어내고 홀가분하게 사회적 갈등을 봉합할 수 있을 것이다. 문혁이 마오쩌둥의 정치적 불안에 대한 대응으로서 어린 홍위병을 이용했던 사건이지만 많은 사람이 연루된 사건인 만큼 모두가 함께 풀어야 할 몫이기도 하다.

(2) 톈안먼사건

탱크를 막고 있는 시민

중국 현대사에서 지울 수 없는 비극인 톈안먼사건(天安門事件, Tiananmen accident)은 계엄군이 민주화와 정치개혁을 요구하며 수개월째 평화 농성과 시위를 벌이던 베이징의 대학생과 시민들을 총과 군화로 짓밟은 동족살상 사건이다. 시위대가 광장 내 농성장에서 수면을 취하고 있던 1989년 6월 4일 새벽, 총성과 탱크 지나가는 굉음 그리고 신음 소리로 아수라장을 만들며 막을 내린다.[16]

---

16 영국 기밀문서에 따르면, 학생들을 산시성 제27군이 진압하는 과정에서 1만 명의 사망자를 냈다고 한다. 선양군구 부대가 3단계 작전에 실패하자 27군 장갑차가 톈안먼 광장에 도착해 바로 발포하고 기관총을 난사하여 학생들

톈안먼 시위 발생 원인은 첫째, 개혁개방 이후 관료들이 권력을 남용하여 경제적으로 부당이익을 챙기고, 그 틈새에서 기생하는 관료 브로커의 부패가 심각했기 때문이다. 둘째, 태자당의 등장과 같이 중공 고급간부의 권력 세습 현상이 빈번했기 때문이다. 셋째, 지역 간 과열경쟁으로 과잉 투자와 생산이라는 비효율이 발생하고, 물가상승 등 사회 불안이 커졌기 때문이다. 넷째, 국가가 일방적으로 사회변화를 진행함으로써 지식인 계층이 소외감을 느꼈기 때문이다. 다섯째, 공산당 독재 사회주의 체제와 시장경제가 공존하면서 발생한 불협화음이 폭발했기 때문이다. 경제성장이 궤도에 오르자 정부가 체제의 정당성을 강화하는 데 한계가 생겼으며, 소외 지역과 계층의 상대적 박탈감이 사회주의에 대한 불신과 민주화 시위로 나타난 것이다.

톈안먼사건 발생 얼마 전, 후야오방(胡耀邦) 전 총서기가 실각하였다. 그는 덩샤오핑 후계자로서 70년대 말 정치사회 개혁을 적극 추진하였고 1986년에는 중국정치체제개혁연구회를 구성하여 삼권분립과 다당제로의 개혁을 추진하였다. 하지만 학생운동이 일어나자 미온적으로 대처한 데 대한 책임을 지고 총서기직에서 물러났다.

이후 1989년 그가 사망하자 애도와 추모의 물결이 자연스레 일어났다. 이 과정에서 지식인과 학생들이 정치 민주화 및 사상해방을 요구하는 시위를 벌이면서 톈안먼 민주화운동으로 확대되었다.[17]

1989년 5월 중국 공산당이 톈안먼 학생 시위대에 대한 강경 진압 방침을 결정한 후 당시 총서기였던 자오쯔양(趙紫陽)은 학생들을 찾아가 확성기로 "내가 너무 늦게 왔다. 우리 같은 노인네는 아무 상

이 그 자리에서 사살 당했다고 한다. 당시 미국 대사는 사망자를 2,700-3,400명으로 추산하였고, 1990년 중국 정부는 875명으로 발표한 바 있다.

17 톈안먼 시위 당시 베이징대 학생들의 출발 장소가 산자오디(三角地)다. 학생들 간에 민주화 실현을 위해 참가하자는 문제의식 하에 자유롭게 생각을 주고받았던 논단 그 자체였다.

관없다. 젊은 여러분들이 큰일이지. 여러분의 요구는 언젠가는 받아들여질 것이다."라며 격려하고 강경 진압 비판과 함께 정치개혁을 촉구하였다.

하지만 덩샤오핑의 눈에 그는 연약하고 우유부단한 모습으로 비추어졌다. 자오쯔양은 결국 모든 공직을 박탈당한 채 베이징 왕푸징(王府井) 가택에 연금되었고 2005년 86세의 일기로 세상을 떠난다. 한때 그를 기리는 '영원한 자오쯔양(永遠的趙紫陽)'이라는 웨이보(트위터)가 개설되어 대륙과 홍콩 등에서 그에 대한 추모 열기가 이어지기도 했지만, 그에 대한 추모행사나 재평가는 엄격하게 차단되고, 지금까지 국가 존립을 위태롭게 한 인물로 남아있다.

덩샤오핑은 범위를 벗어나는 민주화를 용납하지 않았고, 3권분립을 싫어하였으며 토론이나 권력 분산 대신 고도의 집권을 중시하는 성향을 지녔다. 그는 개혁개방 초기의 문제점은 계급 간 갈등보다는 물질적인 수요 요구에 대해 생산력이 뒤따르지 못한 것으로 보고, 그 해결책은 생산력 발전밖에 없다고 진단하며, 과도한 자유와 민주는 생산력 저하를 불러일으킨다고 판단했다.

학생대표 우얼카이시의 단식

톈안먼사건은 끝났으나 당시의 갈등 국면은 지금도 여전히 진행형이며, 톈안먼사건에 대한 재평가는 이루어지지 않고 있다. 많은 청년들이 민주화를 외치다가 희생되고, 아직도 상흔에 고통스러워하는 사람들이 음지에서 숨어 지내고 있다. 왕단,[18] 우얼카

18 망명 중인 왕단은 홍콩 사태를 언급하면서 "오늘의 홍콩은 39년 전 광주가 되었다. 한국의 군부독재 시절 국제사회가 한국의 민주화운동에 지지를 표

이시 등 시위 주도 학생 21명은 추방되거나 감옥에 있다.

얼마 전 KBS에서 <박지원의 열하일기>편을 방영했는데, 여기에 금서 『독재의 유혹』을 쓴 중국 재야지식인 쉬즈위안의 톈안먼사건에 대한 인터뷰 내용이 나온다. 그는 중국의 현황을 설명하는 도중 "인터넷 사용도 자유롭지 않은 도시(베이징)가 어떻게 국제도시가 될 수 있는가? 톈안먼사건이 실패로 끝난 후 민주화운동은 지속되지 못한 채 여전히 정체된 상태에 머물러 있다. 하지만 당시 상황을 경험한 사람들의 마음속에는 여전히 어떤 힘이 남아있다. 기회가 생기면 이러한 힘이 폭발할 것이다."라고 말하기도 하였다.

최근 장옌융 전 301병원 군의관이 공개서한에서 톈안먼사건에 대한 재평가를 요구한 바 있지만, 문제 해결 과정은 쉽지만은 않아 보인다. 톈안먼사건이라는 중국 공산당의 암흑사를 청산하려고 시도할 경우, 공산당의 존재나 정치 양태에 대해 새로운 의문이 더해지면서 당의 정통성이 흔들릴 가능성이 크다. 부패와 반민주독재에 반대하며 민주화를 요구한 청년들에 대해 긍정 평가를 내리면 공산당 입지는 타격을 받을 것이다. 당국이 톈안먼사건을 재평가하는 평반육사(平反六四)를 할 가능성은 적다고 예측된다.

부상 학생 치료를 위한 의료자원봉사대

학생과 시민들의 사위

한 것처럼, 이제는 한국도 홍콩의 민주화 열망에 더 많은 관심과 지지를 표해줄 것을 호소한다."고 말하였다. 그의 민주화운동은 아직도 진행 중이다.

2005년 말 후야오방에 관한 전기가 중국 전역 서점에서 일제히 팔려나갔는데, 이처럼 후야오방 탄생 90돌 기념 전기를 출간하고 판매하는 데 당국이 승인한 것은 의외다. 1989년 4월 서거 당시 자산계급 자유화 용인이라는 치명적 실수를 했다고 평가받았던 후야오방이 2015년 100주년 기념 때는 공식 복권되었다. 중국 정부는 톈안먼사건에 대한 평가를 유보해왔으며, 6월 4일이 다가오면 더욱 민감하게 시위나 기념행사를 차단해왔기 때문에 복권은 이례적인 일이다.

최근에는 중국 쓰촨성 지방정부에서 톈안먼사건 당시 사망한 청년의 가족에게 생계곤란 보조금 명목으로 돈을 지급했다는 보도가 흘러나왔다. 정치적인 부담은 피해 가면서 어떤 형태로든 피해자 가족들의 마음을 어루만지면서 보상하려는 조치로서 당국의 사태 해결을 향한 조심스러운 일보 전진으로 평가된다.

| 4 |

중국인의 사고방식

1) 중국의 전통 종교사상

유가사상(Confucianism)은 2,500년 전 춘추시대 노(魯) 나라 공자(孔子)로부터 시작하여 맹자와 순자로 이어져간 대표적인 자생 사상으로 자리매김하였다. 이후 한 왕조의 경학(經學), 송 왕조의 주자(朱子)의 성리학 즉 신유학(Neo-Confucianism), 명·청의 양명학으로 발전하며 현재에 이르고 있다. 유가사상은 인·의·예·지와 효의 가치에 중점을 두고 현실주의적 삶의 자세를 추구하면서, 인간과 자연의 조화를 중시하는 천인합일설(天人合一說)이 핵심이다.

산둥성 취푸의 공자묘

1949년 신중국 이후 공산주의 사상이 주입되고, 서구 문명의 침투와 자본주의, 물질주의, 과학지상주의, 개인주의 사상이 유입되면서 유가사상은 다소 침체 국면을 겪었지만, 여전히 중국인의 사고

깊숙이 영향을 미치고 있다.

유가사상과 함께 도가사상(Taoism), 불교(Buddhism) 그리고 샤머니즘(Shamanism)도 오랜 기간 중국인들에게 영향을 미쳐왔다. 도가사상 역시 중국 자생 사상으로서 춘추시대 노자(老子)에서 출발하여 전국 시대 장자(莊子)로 이어지며 노장(老莊)사상으로 형성되었다. 한 왕조 때는 유가사상에 밀려 민중 속에 잠복하면서 방사(方士)에 의해 그 명맥을 유지해왔다. 도가사상은 무위자연설(無爲自然說)과 태극설(太極說), 음양이론 등 자연과의 조화에 초점을 맞추고 있다.

도교 사원인 쑤저우 현묘관

중국 최초의 사찰 뤄양 백마사

불교는 한 왕조 때 인도에서 처음으로 중국에 전래했다. 위진남북조 시대, 특히 북조(北朝) 시기에 왕실의 적극적인 수용으로 산스크리트(梵語) 경전들이 번역되고 석굴들이 건설되면서 불교문화는 상당히 번성한다.

당 왕조 시기에는 실크로드(silk road)의 경유지 둔황(燉煌)을 중심으로 불교 문명이 흥성하였다. 현장법사 등의 활약이 두드러지기도 했지만, 송대 이후 불교는 유가사상의 영향으로 쇠퇴기를 맞는다. 불교는 한 생명에 초점을 맞춘 생명철학으로서, 생명의 영원성, 인과의 법칙, 그리고 불계(Buddhahood) 용현을 통한 숙명 전환이 핵심이며, 이러한 사상은 중국에 크게 영향을 미친다.

한편 샤머니즘은 시베리아 지역에서 출현하여 만주를 거쳐 중국 동북지역과 한반도 및 일본에 전파된 신앙으로서 중국에는 동쪽 해안지방과 남쪽 초(楚) 지방에서 특히 흥성하였다. 샤머니즘 즉 무속은 천계와 인계를 왕래하며 중개 역할을 하는 샤먼을 통해 엑스터시(ecstasy) 라는 황홀경을 거쳐 문제를 해결해간다는 원리인데, 춘추 말 전국 초기의 『산해경(山海經)』이나 굴원의 『초사(楚辭)』 속에 관련 자료가 많이 보존되어 있다. 이러한 중국의 자생적 사상이나 외래 신앙 등은 근대화 이후에는 서구적 가치에 의해 매몰되고 퇴색되기도 했지만, 현재를 살아가는 중국인의 무의식 속에 여전히 살아 숨 쉬고 있다.

2) 평등의식

중국은 예로부터 모든 인간은 평등하다는 사고방식을 견지해왔다. 한자로 사람 '人'은 서로 기대고 지탱해야만 바로 설 수 있는 모습을 나타내며, '人間'은 인간과 인간 사이, 즉 인간 간의 관계를 중요시함을 보여준다. 공자의 중심사상인 '仁' 역시 사람은 혼자가 아닌 둘이 사이좋게 지내며 서로를 사랑하라는 의미가 담겨있다.

왕조 시대를 겪으면서 신분 차이에 따른 불평등은 존재했었지만, 적어도 민중들 사이에서는 가족 같은 평등한 연대의식을 구축해온 것도 사실이다. 특히 신중국 건립 이후 사회주의 사상에 기반한 통치 속에서, 사람, 나이, 남녀, 직업 간 권위의식을 배격하고 신분 평등을 주창하며 서로 '동지'라는 호칭을 부르며 대등한 관계를 유지해왔다.

여름철 한방병원(中醫院)에서 한의사가 러닝셔츠만 입은 채 환자들을 진료하거나, 직원들과 함께 즐겁게 카드놀이를 하거나, 지자체 간부가 식사 초대 자리에서 관용차 운전기사가 식사에 동석하여 손님에게 술을 권하는 등 반 주인 역할을 하는 모습도 종종 볼 수 있다.

호칭에서도 평등의식을 느낄 수 있는데, 일례로 시어머니를 '엄마'라는 의미의 '마마(媽媽)'로, 시아버지를 '아빠'라는 의미의 '바바(爸爸)'로 호칭한다. 친정어머니나 시어머니 호칭이 동일하다는 말이다.

미국에서는 결혼하면서부터 신부가 신랑 성을 따르기 때문에 신랑이 '박' 씨면 부부 호칭 시 'Mr. and Mrs. Park'이라고 부른다. 호칭하기에는 편리하지만 부인의 성은 사라진다. 하지만 중국에서는 '성춘향'이 '이몽룡'과 결혼하면, 신부는 두 성을 합한 '이성춘향'이라는 이름을 갖는다. 만약 결혼 후 두 명의 자녀를 두었을 경우, 큰 아이는 엄마의 성을, 작은 아이는 아빠의 성을 갖게 할 수도 있다.

중국은 남녀평등 의식이 한국보다 강한 편이다. 그래서 여성들은 당당하고 독립적인 생활을 영위하는 편이다. 설문조사에 따르면, 한국인 응답자 중 98%는 여성에 비해 남성의 지위가 높으며 불평등하다고 답한 반면, 중국인 응답자는 남녀 불평등이 비교적 적다고 답하고 있다.

중국은 가사노동 분담, 재정 관리 및 의사 결정에 있어서 부부간 공동 참여 비율이 높다. 가장의 권위, 남성 및 장자 우대와 같은 가부장적 가족질서관념은 약화되고, 남녀평등의식, 여성의 자율성 보장, 민주적 의사 결정이 습관화되어 사회 전반에 가부장적 권위주의 대신 합리적 정당성을 가진 권위에 대한 존중의식이 나타나고 있다.

일반 중국가정에서는 남성이 주방에서 음식을 만드는 경우가 많으며, 여성보다 요리 솜씨가 더 좋은 편이다. 초대한 남자 손님에게 남자 주인이 요리 시합을 하자고 제의하기도 한다. 아이들에게 엄마와 아빠 중 누가 더 요리를 잘하냐고 물으면, 대부분 아빠가 음식을 더 잘한다고 답한다. 부인끼리는 서로 자기 남편이 음식을 잘한다고 칭찬하며 살림 잘하는 남편을 '모범장부(模範丈夫)'라고 추켜세우기도 한다. 중국 남성은 대부분 가정에 충실하고 부인에게 헌신적이며 자녀에게 자상한 편이다. 자녀를 양육하고, 학교 통학을 책임지며, 시장을 보고 음식을 담당하는 등 가사노동의 1/3 이상을 책임지고 있다.

일반적으로 중국에서 여성의 지위가 높은 이유는 오랜 기간 빈번한 전쟁으로 인해 여성이 귀해지고, 여성의 기질 자체도 강인한 편이며, 마오쩌둥의 양성평등 정책도 큰 영향을 미쳤기 때문으로 분석된다. 다만 대도시에서는 생활력 강하고 독립적이며 성취욕 강한 당당한 여성들을 볼 수 있지만, 농촌에서는 일손 부족하여 여성 노동 시간과 가사 시간이 많고 여성의 가사 부담이 대도시에 비해 큰 편이다.

2010년 상하이엑스포가 성대히 개최되었다. 엑스포 엠블럼은 세 사람이 서로 어깨동무를 한 모습의 '世'자를 형상화한 도안이다. 이 도안에는 인간 본위의 아름답고 조화로운 삶을 추구한다는 인간주의 사상이 담겨있다. 오랜 기간 면면히 내려오는 그들의 평등의식이 엿보인다.

3) 실용 마인드

체면(面子)과 실용이라는 두 가지 항목 중 어느 것을 더 중시하는지에 대한 설문조사 결과, 중국인 응답자의 77%가 실용(실질)을 중요시하고, 16%는 실용과 체면 모두를 중요시하며, 4%만이 체면을 소중히 여긴다고 답했다. 중국인이 체면을 중시한다는 말보다는 실용 사고가 더 강하다는 표현이 적합할 것이다. 응답자의 16%가 체면과 실용 모두를 중시한다는 응답에서는 중국인이 체면과 실용 모두 중시하지만 실용을 좀 더 중시한다는 경향성을 알 수 있다.

자녀 결혼 때 빚을 내서라도 잘해주겠는가 아니면 형편에 맞게 해주겠는가라는 질문에는 대다수가 현 상황에 맞추어 해주겠다고 응답했다. 체면과 형식 때문에 무리하게 비용을 들여 결혼식을 치르는 우리의 결혼문화와는 다른 중국인의 실용적 마인드를 알 수 있다.

중국의 체제 운영 역시 실용적이다. 동유럽 국가의 공산주의 체제 몰락과는 대조적으로 중국은 공산당 독재 사회주의를 견지하며 오늘날까지 나름 잘 유지해오고 있다. 때에 맞는 실용 노선과 정책을 수행해왔기 때문이다. 외관상 공산당의 권력독점 속에서 사회주의 체제를 유지하고는 있지만, 사실상 생산력 발전과 소득향상을 위해 사회주의와 자본주의 경계를 넘나드는 정책을 펼친 것이다. 1970년대 실사구시(實事求是) 정책을 추진한 덩샤오핑의 <흑묘백묘론(黑猫白猫論)>, <선부론(先富論)>, <사회주의시장경제론> 모두 시장경제라는 자본주의 틀을 중국 상황에 맞춰 변형시킨 중국특색사회주의 논리다.

장쩌민 역시 <삼개대표론(三個代表論)>을 통해 그동안의 노동자와 농민 계급 중심의 기조를 뿌리째 흔들게 하는 전략, 즉 민간 기업가 등도 입당할 수 있게 문호를 개방하는 실리적 노선을 펼친다. 그는 '여시구진(與時俱進)', 즉 시대의 흐름에 맞추어 함께 나가야 당이 살아남는다는 실용적 정책을 택한 것이다. 사회주의 체제이면서 자본주의 시장경제 원리를 거의 다 적용했다고 할 수 있다. 논리적으로는 생산력과 선진문화의 흡수를 통해 강성한 국가를 구현시킴으로써, 사회주의 체제의 우월성을 증명한다는 목표를 설정해놓고 있다. 끝까지 자신들은 자본주의의 길을 걷지 않는다고 강변하는데, 그 이면에는 공산당의 지속적인 권력독점을 위한 논리적 장치마련이 필요했기 때문이다.

4) 기다림과 여유

철학자 러셀은 『중국의 국민』이라는 책에서 "중국 국민은 인내심이 가장 강한 국민이다. 다른 국민이 10년 앞을 생각할 때 중국 국민은 100년 앞을 생각한다. 중국 국민은 본질적으로 불멸의 국민이며 성급하게 서두르지 않는 국민이다."라고 밝혔다. 문호 헤르만 헤세도 『헤세의 편지』에서 "때가 되면 중국 정신이 일본 정신을 이길 것으로 깊게 믿고 있다."라고 했다. 여기에는 중국인은 인내심이 강하며 때가 오면 목표를 달성하고 마는 불굴의 정신이 있다는 의미가 담겨있다.

춘절 연휴 차량행렬

춘절(春節, 춘제)은 우리의 설날과 같은 대명절이다. 보름 정도의 연휴 기간은 비상 수송시스템을 가동할 만큼 대규모 귀성 인파로 몸살을 앓는 춘운(春運) 기간으로도 불린다. 어디 가도 줄 서서 기다려야 자기 차례가 온다. 새치기하는 얌체족이 있기는 하지만, 그들이 기다리는 모습 속에는 "때가 되면 되겠지."라는 표정이 보인다. 식당에서 주문한 음식이 한 시간이 지난 후에 나와도 화를 내지 않고 대수롭지 않다는 듯 대하는 중국인들의 모습을 종종 볼 수 있다.

대륙의 느긋함과 여유는 개인에 국한되지 않고 사회 전체에까지 이어진다. 식사, 운전, 업무 등 무슨 일이든지 가능하면 빨리 처리하려는 우리의 일상과는 달리 중국에서는 사회의 리듬 자체가 느리니까 빠르게 할 필요도 없고 빠르게 할 수도 없다.

중국의 역사는 실제로 기다림의 역사다. 19세기에 아편전쟁의 패배로 홍콩을 영국에 할양하는 난징조약을 체결하는 수모를 당하지만, 권토중래하며 100여 년의 기다림 끝에 홍콩(1997)과 마카오(1999)의 주권을 돌려받는다. 20세기 초반 만주사변(1931)과 중일전쟁(1937) 그리고 난징대학살(1937-1938)을 겪으며 굴욕과 패배의 쓴맛을 보지만 그들은 극단적인 방법 대신 역사를 순순히 받아들이며 때를 기다렸다.

중국인과 대화하다 보면 그들이 극단의 분노를 자제하면서 와신상담(臥薪嘗膽)하며 때를 기다리고 있음을 느끼게 된다. 과격함보다 "두고 보자." 즉 "덩저차오바(等着瞧吧)"를 되새기며 치욕의 역사를 초강대국 건설로 보복하고자 긴 시간을 기다린다. 현재는 부강한 중국, 위대한 중국 문명의 부활을 담은 '중국몽'을 실현해가고 있다.

3년에 1년꼴로 전쟁을 치른 중국인들은 웬만한 고통은 인내할 수 있고, 침략해온 타민족을 종국에는 중화민족에 동화시켰던 역사를 투시하며 미래에 대한 강한 자신감을 지니고 있다. 우공이산(愚公移山)의 느긋함 속에 원원유장(源遠流長), 즉 수원이 멀면 흐름이 길다는 말처럼 때를 만들어가는 그들은 차분함과 여유로움으로 가득 차 있다.

5) 의심, 신의, 의미부여

중국인들은 다소 과장으로 표현하는 경향이 있다. 있으면 더 있다고 말하고, 없으면 더 없다고 표현할 때가 많다. 그들 스스로 의심이 많으며 눈으로 직접 보지 않으면 믿지 못한다고 말한다. 후베이 출신 관광객이 시안 방문 때 가짜 경찰, 가짜 택시기사, 가짜 관광 가이드가 공모하여 데려간 가짜 병마용 전람관을 두 배 비용을 주고 관람한 이야기가 회자된 바 있다. 마윈 전 알리바바 회장은 스마트물류 서밋에서 "요즘 위조 상품이 진품보다 품질이나 가격이 낫다."고 발언하여 논란이 되기도 하였다.

그래서 생활 속에서 종종 의심 해소 과정을 거친다. 은행에서는 고객이 출금하면서 위조지폐가 섞여 있는지 그 자리에서 체크하기도 하고, 식당에서는 활어나 해산물 요리 전에 셰프가 직접 재료의 신선함을 손님에게 확인시키기도 한다. 병원에서 맹장 수술을 하다가도 의사가 보호자대기실로 나와 떼어낸 맹장을 들고 확인시키기도 한다. 홈쇼핑이 중국에 진출하던 초창기에는 시청자들이 직접 회사로 찾아와 제품을 확인한 후 구매하는 경우도 많았다.

의심이 많기에 친구를 단박에 진지하게 사귀는 일이 쉽지 않다. 중국인들은 처음 만나면 바로 친구라는 의미의 '펑유(朋友)'라고 부르며 우호적으로 대한다. 친구라는 말을 쓰기를 좋아하고 서로 친구라고 부르며 격의 없이 친해지기가 쉽다. 나이 차이와 상관없이 친구 관계가 성립된다. 나보다 나이가 많아도 또는 적어도 서로 친구라고 부를 수 있을 만큼 친구의 개념 폭이 넓다. 기차나 버스를 타면 서로 모르는 사람끼리도 마치 친한 친구를 만난 듯 자유롭게 대화한다.

이렇듯 서로 다가가 접근하는 데 인색하지 않다. 처음 만나면 바로 '우리는 친구'라고 말하고, 두 번째 만나면 '우리는 오래된 친구'라는 의미의 '주펑유(舊朋友)'라고 말한다. 하지만 여기서 친구는 우리가 아는 진짜 친구가 아니다. 그들은 일단 의심을 품고 오랜 기간 지켜보며 교류한 후 진짜 친구라고 정하고 나서부터 마음을 열기 시작한다. 진짜 친구가 되면 우정을 위해 목숨 바칠 정도로 그 신의는 강하다.

매사에 의미 부여의 습관이 있다. 전통 식당(老字号)에서는 이 빠진 그릇이나 찻물 때가 낀 찻잔을 쉽게 발견할 수 있다. 깨진 그릇이 많은 것은 장사가 잘 되는 것이고, 찻물 때가 낀 것은 전통이 있다는 것을 의미하기 때문이다. 중국인은 황산의 비래석(飛來石)은 복을 가져다준다고 믿는다. 이 돌을 한번 만지면 복운, 두 번 만지면 관운, 세 번 만지면 재운, 네 번 만지면 애정운, 다섯 번 만지면 임신운이 생긴다고 믿는다. 대부분의 관광지에는 이러한 의미부여의 풍속이 널려있다.

숫자에 대한 의미부여 경향도 강하다. 8은 돈을 번다는 뜻의 '파(發)'와 발음이 유사해서 8을 선호한다. 상하이 진마오다사(金茂大廈, Jinmao Building)도 숫자 8이 두 개인 88층으로 지었다. 차량 번호판도 짝수와 8자가 들어가면 가격이 비싸진다. 반면 4는 죽을 '사(死)'와 발음이 같고, 7은 화난다는 의미의 '기(氣)'와 발음이 유사하여 싫어한다.

짝수를 좋아하기 때문에 손님 대접 때 요리를 짝수로 내오고, 축의금이나 세뱃돈도 짝수로 맞춘다. 짝수인 66세 생일에는 육육대순(六六大順)의 의미를 담아 특별히 축하를 보낸다. 양측 간 교류가 9주년이 되면 9주년 기념을 위해 9잔의 건배를 제의하는 등 손님 초대와 건배 시에도 의미부여의 습관이 나온다.

시안에는 덕으로 오랫동안 발전하라는 의미가 담긴 만두 전문식당 덕발장(德發長)이 있다. 서태후가 의화단사건으로 인해 시안에 피신할 때, 입맛 까다로운 그녀를 위해 궁중 요리사들이 만들기 시작한 만두 요리의 비법을 그대로 전수한 식당이다. 여기서 다양한 만두 요리를 맛본 후 마지막에 태후국화화과(太后菊花火鍋)라는 작은 만두가 들어간 탕을 먹는데, 식당 측은 국자에 떠진 만두 숫자로 운세를 알 수 있다고 말한다. 결국은 시종일관 덕담으로 진행된다. 그들의 의미부여는 과장도 있지만 무미건조한 생활에 활력을 준다는 점에서는 지혜로운 측면이 있다. 그들은 '이왕이면 다홍치마'의 달인들이다.

6) 개성 중시와 개인주의

개성 중시 경향은 중국인이 한국인보다 강하다. 주거 형태나 패션, 장식을 보면 한국은 유행에 민감하면서 세련된 측면이 있지만 의외로 획일적인 경향을 띤다. 반면, 중국은 다소 촌스럽다는 느낌을 주기도 하지만 비교적 개성을 중시하는 모습을 보여준다. 한국은 체면문화가 깊이 자리 잡아서 남의 이목에 신경을 쓰는 편이고 단일민족적 획일성이 무의식 속에 남아있는 데 비해, 중국은 다민족의 다양한 사회 속에서 남을 의식하지 않으면서 다양한 개성이 존중되는 분위기가 형성되었기 때문으로 풀이된다.

『한중일 기업문화를 말하다』(권용혁 외, 2005)의 집합주의와 개인주의에 대한 설문결과에 의하면, 기업문화에 있어서 중국이 한국보다 개인주의 경향이 강한 편이다. 회사 발전을 위해 개인의 불이익을 감수할 필요가 있는지, 직원 간 조화보다 자신의 의견이 더 중요한지, 단합을 위해 비공식 모임에 참석해야 하는지 등의 문항에 대한 응답 결과, 양국 모두 집합주의 태도를 보이지만 한국이 4.8, 중국이 4.1로 나타나, 중국이 좀 더 개인주의 경향을 띠고 있음을 알 수 있다.

개인주의 경향으로 중국 사회의 무관심 병리 현상도 심해지고 있다. 그동안의 한 자녀 정책과 만혼만육(晩婚晩育) 정책으로 인한 4-2-1가족시스템, 즉 친가와 외가의 조부모와 부모, 그리고 한 명의 아이라는 가족 구성은 모든 결정을 아이 중심으로 이루어지게 한다. 아이들은 과잉보호로 인해 자립심이 부족하거나 나약해질 가능성이 크고, 어른 속에서 자라면서 또래 간 협동이나 양보, 나눔 등 더불어 사는 방식을 익힐 기회가 적어 이기적으로 행동하는 경향을 지니기 쉽다.

80년대, 90년대 출생자인 바링허우(八零後), 주링허우(九零後) 세대가 핵가족 사회의 중심이 되면서 무관심 현상은 갈수록 심각해지고 있다. 더불어 사는 삶, 서로 사이좋게 지내는 법, 그리고 의로운 삶을 청소년 시기에 가르치는 교육시스템 구축 등이 필요한 시점이다.

7) 혈연 연고주의와 관시(關係)

연고주의 성향은 중국이 한국보다 전반적으로 낮게 나타난다. 유형별로는 한국이 학연과 지연을 중시하고, 중국은 혈연을 좀 더 중요시한다. 제도적, 사회적 신뢰가 약한 사회에서는 비공식적이고 사적인 관계, 특히 혈연에 기초한 신뢰를 중시하는 경향이 있다. 중국인은 동창회 같은 구성원 간에 서로 자주 교류하는 견고한 집단을 형성하지 않는다. 다만 혈연가족 구성원 간 유대관계를 통해 응집력을 보이며, 개인과 개인의 상호관계, 즉 일대일의 호혜 관계를 더욱 중요시한다.

혈연관계망이나 개인 간 특수 관계망에 포함되지 않는 사람들은 신뢰를 얻지 못할 정도로 자기중심적인 공동체적 결속력이 강하다. 이러한 차별적 호혜성이 폐쇄적 연결망으로 이어져 부당 이득을 위해 관계가 동원되기도 하고, 정경유착이나 부패의 근원이 되기도 한다.

한·중 양국 남녀 각 100명에게 "사회생활에서 실력과 '관시(關係)'라고 불리는 연줄 중 어느 것이 중요하다고 생각하는가?"라는 질문을 던져보았다. 중국인은 35%가 연줄이라고 답하였고, 한국인은

18%만 연줄이라고 답하였다. 시진핑 주석도 부인이 물밑에서 쩡칭홍 등 유력인사 부인들과 관계를 맺어오며 친분을 만든 결과로 큰 효과를 보았다고 한다. 그만큼 중국 사회에서 연줄이 매우 주요함을 알 수 있다.

8) 집단심리

융(C. G. Jung)의 집단 무의식(collective unconsciousness) 이론에 근거하면, 개개인의 의식과 사고방식의 차이와는 별개로, 어느 민족이나 동시대를 살아가는 경험 공유 집단 속에서 공통의 집단적 단체심리의식이 형성된다고 한다. 중국인 역시 이러한 과거부터 축적된 독특한 공통의 집단적 심리를 지니고 있다.

중화 중심의 자부심을 지녔던 중국인들은 전통에 만족하며 자만에 빠졌었다. 그러나 1842년 아편전쟁의 패전과 난징조약 체결, 애로호 사건과 베이징 및 톈진 조약 체결, 1894년 청일전쟁의 패배와 시모노세키조약(馬關條約) 체결 및 타이완 및 부속 도서의 할양, 양무운동과 변법자강운동 및 의화단사건의 실패, 1937년 중일전쟁(抗日戰爭)과 수도 난징의 함락 및 대학살 사건 등 전대미문의 수모를 겪으며 백 년간의 쓰라린 패배와 무기력 그리고 좌절은 그들 마음속에 휘몰아쳤다. 특히 국민당 정부가 난징시민을 버리고 도망간 후 창장(長江)이 시민들 시신의 피로 물들 정도로 잔학했던 난징대학살은 그들에게 지울 수 없는 피해의식을 안겨주었다.

1945년 일본 패배와 국민당 퇴각, 1949년 신중국 건립이 이어지면서 잠시 정부가 역할을 하는 듯 했지만, 1966년부터 10년간의 문화대혁명으로 사회는 패닉과 장기 공황상태가 이어진다. 신중국 건설의 기대감은 기존 질서의 파괴와 비판으로 상호 불신의 상태로 몰고 갔다.

1978년 개혁개방으로 다시 기지개를 켠 중국은 값싼 노동력과 토지, 투자 우대법률, 시장잠재력을 무기로 외국인과 화교의 자본과 기술을 유치하면서 고속성장을 이어간다. 가능성에 대한 신심과 함께 '중국몽' 실현이라는 자신감, 낙관 그리고 기대감을 다시 간직하게 된다.

이제 먹고살기에 바빴던 그들이 고개를 돌려 주변 이웃을 둘러보는 여유 속에서 상대를 이기겠다는 경쟁심과 승부욕도 생겨난다. 오랜 기간의 피해의식에 대한 '두고 보자'고 하는 보상심리와 함께 자신을 보호하려는 심리가 일면 중화패권주의라는 의식으로 나타나기도 했다. 이러한 심리는 주변국과의 마늘파동, 김치파동, 환율문제 등 무역 분쟁, 남중국해 군사기지화 및 센카쿠열도(釣魚島) 관련 영유권 분쟁, 김치와 한복 관련 문화 기원 논쟁을 촉발하기도 하였다.

한편 14억이라는 거대한 인구 속에서 살면서, 서로 도우며 살아가려는 협동의식이나 단결, 약자를 소중히 여기는 인권의식보다는 내가 먼저 살고 봐야 한다는 생존에 대한 집착이 강하게 나타나면서 양극화가 심화 되는 사회구조가 형성되기도 한다.

요약하면 자랑스러운 전통문화에 대한 자긍심과 자만심, 열강 침략에 의한 피해의식과 좌절감, 신중국 이후 억압으로부터의 해방감과 이어진 공황상태, 고속성장과 자존심 회복과 낙관 그리고 승부욕과 중화패권주의 및 생존경쟁 심리가 지난 100여 년간 축적된 중국인 공통의 집단적 심리라고 정리할 수 있다.

9) 민족 정서와 애국심

3,600년간 이어져 온 수십여 왕조 시기 중에서 진(秦), 한(漢), 당

(唐), 송(宋), 명(明) 왕조에 대한 중국인의 애틋함은 각별하다. 이들 왕조가 한족이 통치한 정통왕조이기 때문이며, 그래서 해당 왕조 때의 진 시황, 한 무제, 당 태종, 측천무후, 송 태조, 명 주원장은 한족 부흥의 영웅으로 평가받고 있다.

청 황제가 주인공인 역사극에서 벗어나 한 무제 이미지를 부각하는 드라마 <한무대제> 58부작이 최근 방영되었는데, 이는 21세기 문화대국주의를 실현하고자 하는 그들의 정서를 보여준다. 여진족의 금(金) 타도를 위해 노력한 남송(南宋)의 악비(岳飛)를 중화민족 영웅으로 칭송하고, 강희제와 건륭제 등 청 왕들의 능은 도굴하면서 진시황릉, 한무제릉, 명13릉은 도굴하지 않는 차별적 모습도 보인다.

만주족의 청 왕조 의복 대신 한과 당 왕조 복장 입기 운동인 한푸(漢服) 부흥 운동이 열풍처럼 번지는 것도 이와 관련이 있다. 중국 웨이보의 한푸 검색어 방문량과 알리바바 인터넷 쇼핑몰에서의 한푸 판매량의 지속적 증가 추세는 그들의 정서를 그대로 반영하고 있다.

한편 몽골족의 원과 만주족의 청도 정사(正史) 안에 포함하고, '대가정'이라는 구호 속에 모든 경내 민족의 역사문화 포용정책도 펼치고 있다. 한족 중심의 황하문명을 앞지르는 요하문명과 양자강 문명이 존재했음이 유물 및 유적으로 밝혀지면서, 그동안 오랑캐라고 괄시하던 민족의 역사문화를 끌어안아야 했기 때문이다. 결국 한족 중화 중심의 사고가 마음속에 존재하는 동시에 '다민족 다문화'를 주창하는 모순을 안게 된 것이다.

다음으로 근대화 기간 중 서구열강의 모욕과 약탈로 인한 피해의식을 민족역량 결집을 통해 복수하고자 하는 민족 정서도 강하게 나타난다. 2008년 베이징올림픽에서 문화민족주의로 화려하게 등

극하려는 욕망을 보여주었고, 영화 황페이홍(黃飛鴻)과 훠위안자(霍元甲)를 통해 민족영웅 만들기 작업도 진행하였으며, 중국몽, 중국굴기, 일대일로라는 구호와 프로젝트를 통해 중국의 위상을 올리고자 노력하고 있다.

다음으로 중국의 일본에 대한 반감 역시 크다. 청일전쟁 패배 후 타이완과 센카쿠열도를 일본에 넘겨준다. 이후 이 열도가 1945년에 미 군정 통치하에 있다가 1970년대에 일본에 편입된다. 1931년 만주사변 때 일본군이 동북지방을 점령하고, 노구교사건으로 촉발된 1937년 중일전쟁 때는 난징을 함락한 12월 13일부터 이듬해 1월까지 30만 명의 민간인에 대한 학살과 강간 등 온갖 잔학행위를 자행한다. 시아버지에게 며느리를 강간하게 하고 아들에게 어머니를 강간하게 하며, 임신한 여인의 배를 가르고 어린아이를 못질하여 죽이고, 기관총과 수류탄으로 사람들을 죽이거나 생매장 또는 불태워 죽이기도 한다.

일본군은 중국 국토 형상을 닭, 만주를 닭의 머리, 상하이와 난징을 닭의 가슴, 타이완을 닭의 다리로 보아 이 세 곳을 점령하면 중국 전역을 점령하는 것으로 여겼다. 14억 중국인들은 대학살기념관 앞에 새겨진 300,000이라는 숫자와 종에 새겨진 '지난 일을 잊지 않고, 훗날의 스승으로 삼자(前事不忘, 後事之師)'라는 글귀를 잊지 않고 있다. 2017년 중국을 방문한 문 대통령도 "저와 한국인들은 동병상련의 마음으로 희생자들을 애도한다."고 밝혔다. 수년 전 미국 화교 여성 작가 아이리스 장(Iris Chang)이 『난징의 강간(The Rape of Nanking)』을 출간했지만, 일본 우익은 난징 학살은 없었다고 강변하면서 양국 갈등이 고조되기도 하였다.

중국 관광지 대부분은 입장료를 받지만 상하이 황푸공원은 입장료가 없다. 1937년 일본군이 상하이를 점령하면서 화인(華人)과 개는 출입금지(免進)라는 푯말을 이 공원에 걸어놓았기 때문에 그 치욕을 기억하기 위해 지금도 무료로 개방하고 있다. 독도 문제에 대해서도 한국 입장을 지지하며 '다케시마(竹島)' 대신 '독도(獨島)'라고 표기한다. 일본이 야스쿠니 신사참배, 교과서 왜곡, 태평양전쟁 미화 교육, 강제징용과 위안부 문제에 대한 곡해를 중단하고 진정으로 반성하는 것만이 중일 간, 나아가 한일 간 앙금을 씻을 수 있는 출발점이 될 것이다.

난징의 강간

대륙과는 달리 타이완의 대일 감정은 그다지 나쁜 편이 아니다. 1895년부터 1945년 태평양 전쟁 종료까지 일본은 타이완을 식민 지배하였다. 그 영향으로 일본식 건물이 많이 남아있고 일본 제품도 넘친다. 수도 타이베이 거리에는 일본식 화장과 의상으로 꾸미고 거리를 다니는 여성을 쉽게 볼 수 있다. 리덩후이(李登輝) 타이완 전 총통이 식민시절 일본의 업적을 찬양할 정도로 일본에 대한 감정은 나쁘지 않고, 열강의 침입을 많이 받았던 타이완인들은 대륙인이 와서 지배하나 일본인이 와서 지배하나 큰 차이가 없다는 생각을 갖고 있다.

반일감정과 함께 한국에 대한 경쟁 심리를 표출할 때도 있다. 중국은 경제협력 파트너이자 경쟁자로서 한국을 바라보기 때문에, 한국 팀이 제3국 팀과의 경기에서 반칙하면 중국 관중은 종종 야유를 보낸다.

타이완에서도 한국에 대한 묘한 경쟁 심리로 인해 80년대 당시 수교국인 상황에서도 한국 팀이 제3국 팀과 경기를 치르는데 한국 팀이 반칙하자 야유와 함께 물병을 던지는 일이 일어났다. 한·중 수교 및 타이완과의 국교 단절 전후 반한 정서는 심해져서 타이베이

시민들이 우리 국적기 항공사 사무실에 돌을 투척하고, 강의실에는 '한국불반공(韓國不反共) 한국불가교(韓國不可交)'라고 써놓기도 하였다. 외교 고립 속에 반공 국가 한국의 배신을 거센 항의로 표출한 것이다. 중국과 타이완은 각각 공산주의와 삼민주의(三民主義)라는 상이한 이념을 가지고 진먼다오(金門島) 앞 해협을 앞에 두고 대치하면서도 한국에 대해서는 공통의 묘한 경쟁의식을 공유하는 점은 눈길을 끈다.

한편 중국인의 정서 속에는 건전한 애국주의와 함께 피해에 대한 보상심리인 민족중심주의와 배타적 민족애국주의, 중화패권주의, 국수주의, 국가주의, 국가와 민족의 독립과 통일 및 발전을 추구하는 내셔널리즘 성향이 공존한다.19

내셔널리즘은 정치적 단위와 민족적 단위가 일치하는데, 중국에서는 정치적 단위가 중화인민공화국정부 즉 중국 공산당이며 민족적 단위는 중화민족에 해당한다. 내셔널리즘은 국가주의 또는 민족주의로서 국가나 민족의 권익을 외적으로부터 지키면서 한편으로는 극단화할 경우 파시즘을 초래할 염려도 있다.

애국심은 내셔널리즘과 분리되는 말이다. 국민이 현상에 만족해 그 지위를 자랑스럽게 생각하는 순수한 감정이나 자세를 애국심이라고 정의할 수 있다. 힘을 합쳐 좋은 점은 선양하고 나쁜 점은 개선하여 좋게 만들어가고자 하는 의지가 담겨있다. 그런데 중국에서는 애국심과 내셔널리즘이 혼재되는 양상을 보인다. 공산당의 일당 지배를 견지하면서 민족국가를 통합하고자 만들어낸 중화민족에 대해 국민이 충성을 맹세하는 인공적 산물로서 굴욕이라는 두 글자를 앞

---

19 중화민족이라는 말은 19세기말 반식민지 상태의 중국이 독립과 민족통일을 추구하며 태동하였다. 중국이 열강의 침입 하에 근대국가 건설을 갈구하며 사람들을 하나의 국민으로 묶으려는 의도에서 개혁가 양계초가 만든 단어다.

세워 서방국가에 대해 배타적이고 공격적인 경향을 쉽게 노출한다.

프랑스가 중국 심기를 건드리자 대륙 전역에서 프랑스 유통업체 까르푸에 대해 대대적인 불매운동을 전개하였고, 2019년 홍콩민주화운동에 대한 우리나라 대학생들의 제삼자적 지지 시각에 대해 재한중국유학생들이 거칠게 대응한 바도 있다. 2020년 한국 연예인과 아이돌그룹(BTS)의 발언에 대한 중국 네티즌들의 반한 정서도 극명하게 드러난 바 있다. 2022 베이징올림픽에서의 편파 판정 관련 SNS상의 악성 댓글 공격이 도를 넘기도 했다. 그만큼 중국인들은 민족주의 성향이 강한 측면이 있다.

특히 2000년대 이후 출생한 링링허우(零零後) 세대는 세계 강대국으로 올라선 조국에 대한 자부심이 크며, 국가와 공산당을 일체화시켜 중국 공산당이 내세우는 사회주의와 제반 이슈에 대한 논조나 정책을 맹종하는 경향을 보인다. 자본주의 사회에 살면서도 자신들을 무산계급으로 여기고 유산계급에 대한 분노를 표출하기도 한다. 한국과의 사드 갈등, 미국과의 무역분쟁, 홍콩에 대한 국가보안법 적용, 타이완에 대한 하나의 중국 정책, 소수민족 압제나 코로나19 사태로 인한 세계의 중국에 대한 책임론 주장, 주권 관련 이슈에 대해서도 중국 공산당의 논조에 부합하는 언행을 적극적으로 표출하고 있다.

중국 당국이 젊은 층에 대해 순수한 애국주의를 결부시켜 공산당의 국가 운영을 긍정하도록 이론을 무장시키는 측면이 있다. 중국의 애국주의는 공산당 통치의 존속의 명제로 하는 애당주의라고 할 수 있다. 이처럼 상당수 링링허우는 투철한 사회주의 의식 속에 애국과 애당을 일체화시키면서, 미국 등의 자본주의 방식에 반감을 느끼고 있다. 독선적 중화사상에 물들거나, 교과서에서 배운 바를 사생활에서 교조적으로 적용하지 않을까 하는 점이 우려스러울 정도다.

10) 남 · 북 기질 차이와 지역감정

기후와 토양 차이는 지역 기질의 차이 형성에 일조를 하는데, 특히 남과 북의 기질 차이가 크게 나타난다. 북방인은 비교적 보수적이며 기질이 강하고 의를 중시하는 기풍(重義)이 있어서 왕, 정치가, 장군, 애국지사가 많이 출현한다. 동북 3성과 산둥성 사람들은 호방하며 출발 시간 바로 전까지 손님에게 술을 권하고 상기된 얼굴을 확인하고서야 환송의 예를 마칠 정도로 손님을 좋아하고(好客)[20] 열정적이다.

머리가 비상한 남방인은 비교적 개방적이고 실리적이며 경제관념이 뛰어나다. 거부, 거상, CEO, 기업인, 상공인, 과학자가 많이 배출된다. 남방 광둥인과 객가인(Hakka)은 중국의 유태인으로 불리며, 그 상인 기질은 타의 추종을 불허한다. 상하이 사람들은 열정적으로 손님을 맞이하지 않으며 재물을 위해서는 친구도 배반할 정도로 이재에 밝은 편이다. 남방인은 비판력은 뛰어나지만 의지력과 통솔력은 다소 부족하여 역대 제왕 중 남방 출신은 거의 없다.

종교적 측면에서 보면, 북방인은 공자의 유가사상 영향으로 내세

---

20 '산둥출호한(山東出好漢)'이라는 말이 나올 정도로 산둥인은 호한(好漢) 기질이 있다. 돈보다 의리와 우정을 중시하는 중의경리(重義輕利) 사고가 강하고, 성격이 호탕하고 술을 마시지 않으려 하는 사람에게는 친구답지 못하다고 여기며 도움을 주지 않는 경향도 있다. 동북인은 용맹하기에 다소 거칠다는 평을 받는다. 공맹사상을 이은 산둥인과 그 후손인 동북인들은 예절과 절차를 따지는 등 체면을 중시하는 편이다. 이들에게는 주페이(主陪), 주커(主客)의 자리 배정 등 나름의 격식을 갖춘 초대 문화가 있다. 주페이는 호스트로서 문을 바라보고 앉으며 가장 높은 위치에 있는 손님인 주커를 우측에 앉히고 두 번째 주요 손님을 좌측에 앉힌다. 두 번째 호스트는 문을 등지고 앉으며 세 번째와 네 번째 손님을 좌우에 앉힌다. 그리고 주페이부터 세 차례 건배 제의를 하고 이어서 두 번째 호스트가 두 차례 건배를, 세 번째와 네 번째 호스트가 한차례 건배를 제의한다. 이후 주커가 건배를 제의하는 식으로 진행한다.

의 평온보다는 현세를 중시하는 현실주의 사고를 지니고 있어서 덜 종교 지향적이다. 사람이 신이 될 수 있고 신도 사람이 된다는 생각을 지니고, 신보다는 도덕과 인격 및 인간성을 중시하는 편이다.

반면 남방인들은 종교적 성향이 강하다. 예로부터 도가사상, 샤머니즘과 함께 조상신, 토지신, 재물신, 바다신 숭배와 같은 전통 민간신앙의 영향을 받아왔기 때문이다. 남쪽 광저우, 홍콩, 타이완에서는 이삿날, 개업식 또는 특별한 날에 집안이나 상점 앞에 조그만 제단을 만들어 음식을 놓고 종이돈과 향을 태우며 바이바이(拜拜)하는 모습을 흔히 볼 수 있다. '남쪽 지방' 하면 진동하는 향냄새가 떠오를 정도로 종교문화가 생활 깊숙이 자리하고 있다.

기업체의 신년하례식

식당 내 제단

북방인은 기골이 장대하고 치아 골격이 넓은 편인 반면, 남방인은 체구가 좀 왜소하고 치아 골격도 좁은 편이다. 북방인은 만두와 면, 전병, 빵 같은 밀가루 음식을 주식으로 하고 맛이 다소 짜며, 남방인은 쌀밥이나 쌀국수를 주식으로 하고 맛이 담백하고 달콤한 편이다.

중국의 지역 간 감정을 보면, 우선 대다수 중국인의 허난성 사람에 대한 부정적 이미지가 강하다. 이는 1억이 넘는 많은 인구와 낙후된 경제가 원인이다. 개혁개방 이후 농업에 의존하던 허난성은 경제발전에서 소외되면서 주민 상당수가 농민공으로 중국 전역에 퍼지면서 빈곤층을 형성하고, 자연스레 소매치기나 사기꾼 등도 상대적으로 많아지게 되었기 때문이다.

가짜 의약품 제조 및 불법 유통 사건도 허난성에서 발생하여 짝퉁 상품 근거지라는 오명이 생기기도 했고, 매혈로 인해 에이즈에 감염되는 사건으로 이미지 타격을 입기도 하였다. 허난성을 방문하여 그들과 생활해보면 과장된 측면이 있었음을 알 수 있지만, 일부 회사에서는 지원자가 허난성 출신이라 불합격시킨 사례가 있을 정도로 아직까지는 허난성 사람들에 대한 편견이 자리하고 있는 것은 사실이다.

한편 상하이 사람들에 대한 평가도 낮으며, 장쑤성 쑤저우 사람들에 대해서는 점잖고 온건하다고 평가하고 있다. 특히 남방인들은 베이징 사람들이 남쪽에서 온 사람들을 무시하고 바가지를 씌운다고 이야기하는데, 이는 역사적으로 남북의 잦은 충돌로 인한 앙금 때문으로 풀이된다 이밖에 소수민족의 한족에 대한 반감도 큰 편이다.

정치적 측면에서는 특정 지역 출신이 정권을 잡으면 그 지역 인사를 많이 등용한다. 양저우(揚州) 태생으로 상하이 자오퉁대학(交通大學) 출신 장쩌민이 집권할 때는 상하이파가 권력 핵심을 차지하고, 시진핑이 집권할 때는 시진핑 활동 무대였던 저장성과 푸젠성의 인사들이 권력 중심에 서는 등 출신 지역 또는 활동 지역과 권력은 밀접한 관계가 있다.

이밖에 중국인의 사고방식 중에는 일처리에 있어서 뭉뚱그리는 경향을 보인다는 특징이 있다. 매사를 뭉뚱그려 보는 도교적 사고방식 대의 실수에 관대한 '소인불계대인과(小人不計大人過)'의 마음가짐에 기인하는 것으로 보이는데, 이러한 뭉뚱그림 행위는 '차부

뒤(差不多)', '메이스(沒事)' 및 대동사 표현에도 함축되어 있다.

한편 취약한 위생관념과 공중도덕심, 결여된 서비스정신, 무질서한 교통, 길거리, 호텔 대합실이나 복도, 기차역 구석이나 화장실에서의 흡연 등 흡연에 대한 관대한 인식, 여아를 고의로 유기하거나 낙태를 하고 남아를 납치하는 상황까지 이르게 하는 남아선호사상 등은 중국의 부정적 측면으로서 지적되어왔지만, 경제발전과 사회 전반적인 교양 수준의 제고로 인해 많이 개선되고 있는 상황이다.

2 중국의 정치외교

|1| 중국의 정치권력 구조

|2| 국가기구

|3| 중국 공산당의 정치 노선

|4| 5세대 리더, 시진핑

|5| 한국과 중국

|6| 미국과 중국

|7| 타이완과 홍콩 문제

| 1 |

중국의 정치권력 구조

중화인민공화국 헌법에는 "공화국 정체, 노동자계급이 이끄는 노농연맹을 기초로 한 인민민주독재, 인민대표대회 체제를 국가기구로 하고, 이는 민주집중제 원칙에 의해 운영하며, 각 민족 간의 평등을 추구한다."고 명시하고 있다. 즉 중국의 정권 체제는 공화국, 주체는 노농연맹, 국가기구는 인민대표대회 체제인 것이다.

인민민주독재는 서구민주주의와 다르다. 노동자, 농민, 도시소자산계급, 민족자산계급을 중심으로 하면서 각 당파와 함께 민주주의를 실천하지만, 노동계급 정당인 공산당을 부정하는 대상에 대해 독재를 할 수 있다는 의미다. 중국의 정치제도는 옛 러시아인 소련연방의 레닌식 정치제도를 모델로 삼으면서도 모든 권력을 당에 집중시키고 있다.

입법부, 행정부, 사법부의 3권 분립 체제를 갖추고 있지만, 최고기구로 인식되는 입법부와 사법부는 사실상 행정부의 효율적 집행을 위한 기관이며, 행정부는 다시 공산당 통제를 받는 시스템으로 운영된다.

즉 성(省) 정부 최고기관장인 성장(省長)과 성 공산당위원회(省委) 서기 중 서기가 더 많은 권력을 장악한다. 시 정부 기관장인 시장보다 공산당 시위(市委) 서기가, 대학 총장보다 공산당 교위(校委) 서기가 더 큰 권한을 갖는다. 도지사나 시장보다 도 당협위원장, 시 당협위원장의 힘이 더 막강하다는 말이다. 중국의 정치권력 구조는 공산당을 중심으로 한 독재체제라고 할 수 있다.

노동조합인 공회(工會) 역시 공산당 통제를 받는다. 1998년 10월 중국 공회 제13차 전국대표대회에서 “중국 공회는 중국 공산당이 지도하고, 직공이 자발적으로 결집한 노동자계급의 대중조직이며, 당이 직공 대중과 결합할 수 있도록 교량 역할을 한다.”는 규약을 채택함으로써 공회가 공산당 산하 단체임을 명기하고 있다.

최근 미·중 무역 분쟁 중에 “화웨이의 실질적인 주인은 누구인가?”라는 이슈가 불거졌었다. 인민해방군 출신의 CEO 런정페이(任正非)는 주식 지분을 1%만 보유하고 있고, 나머지는 전체 직원이 골고루 보유하고 있는 것으로 밝혀졌지만, 직원 노조는 사실 복지 등에 관여하는 정도이고 주요 사안은 결국 공산당의 지배를 받고 있었다. 이에 전문가들은 실질적인 운영권은 국가와 공산당에 있다고 판단하였고, 미국을 비롯한 서방국가는 고급정보가 중국 공산당으로 들어가는 것을 막기 위해 화웨이 통신장비를 사용하지 않는다는 입장을 취한 바 있다.

국영방송 CCTV 등 방송은 보도 때마다 시진핑(習近平)을 중공중앙총서기(中共中央總書記), 중공중앙군사위원회주석(中共中央軍事委員會主席), 국가주석(國家主席), 순으로 호칭한다.(漢族, 1953年6月生, 陝西富平人, 現任中國共產黨中央委員會總書記, 中共中央軍事委員會主席, 中華人民共和國主席, 中華人民共和國中央軍事委員會主席) 당의 지위를 언급한 후 정부의 지위를 덧붙이는 점도 당이 정부 위에 존재함을 보여준다.

대통령중심제에서는 대통령이 참모 의견을 참고하면서 각료 임면권 및 중요 정책을 결정하는 권한을 행사한다. 반면 중국에서는 중요 정책 사안은 우선 국책연구기관인 사회과학원이 심도 있는 연구를 진행한다. 이후 그 결과를 놓고 당 내부에서 파벌 간 치열한 집단 논쟁과 토론을 거친 후 당의 혁명원로나 각 파 지도자 집단이 최종적으로 의사결정을 한다. 결정 사항은 더 이상의 평가 없이 관제 언론을 통해 보도한다. 결정 과정이나 논쟁 상황은 보도되지 않기에 정책이 발표될 때는 일방적인 결정으로 비쳐지지만, 나름대로 당 내부의 충분한 토론과 협의 과정을 거치는 시스템이 작동하는 것이다.

중국은 총서기나 국가주석 한 사람의 신념과 판단으로 정책을 결정하고 발표하는 일은 많지 않다. 최근 시진핑으로의 권력집중화에 따라 그가 독단적으로 결정한다는 분석도 있지만, 기본적으로는 각 파의 참여 속에서 의사결정이 이루어진다고 보는 것이 무방하다.

| 2 |

국가기구

공식적인 국가 최고 권력기구는 전국인민대표대회(全國人民代表大會, National People's Congress), 약칭 전국인대(全國人大)이다.[21] 입법, 행정, 사법의 3권 분립과 3부 간 상호 견제 시스템을 갖춘 서구 민주제도와는 달리 입법권을 갖는 의회의 입법 기능과 법을 집행하고 최고임명권과 최고결정권을 갖는 행정기능이 통합되어있다. 헌법개정 및 법률제정, 헌법 이행의 감독, 국가주석 및 부주석 선출, 국무원 총리 임명의 권한을 행사하고, 중앙군사위원회 주석, 최고인민법원장, 최고인민검찰원장 선출, 예결산 심사 및 비준, 전쟁과 평화 관련 문제 결정, 특별행정구 설치 권한을 갖는다.

인민 대표기구에 정부 통제권을 부여한 소비에트 레닌주의를 모델로 하였지만, 3천 명 가까운 대의원인 인민대표(人大代表) 중 공산당과 정부 관료가 40%, 기업 경영자가 24%, 일반인 7%, 군대 대표 9%, 기타 20% 정도로 구성된다. 이중 여성이 23%, 소수민족이 23%, 비공산당원이 28%, 학사 이하가 48%이다. 자세히 들여다보면,

21 중국에서는 전국인민대표대회를 약칭으로 '전국인대'라고 부른다. 우리나라에서 약칭으로 쓰는 '전인대'라는 표현은 중국에서는 사용하지 않는다.

70% 이상이 당원이기 때문에 사실상 당의 결정의 추인 기구라고 볼 수 있다.

각 성과 자치구, 군대 및 소수민족 중에서 일정 비율로 간접선거를 통해 대의원을 선출한다.[22] 대의원 임기는 5년이며, 매년 봄 한 차례의 대회에 참가한다. 제12기 전국인대는 2013년부터 2017년까지였고, 제13기는 2018년부터 시작하여 2022년에 종료되며, 제14기는 2023년부터 5년간이다.

제13기 제3차 전국인민대표대회(2020) (출처: 바이두)

전국인대 폐회 중에는 상설기관인 전국인대 상무위원회가 운영된다. 국회의장에 해당하는 상무위원장 및 부위원장, 위원, 비서장으로 구성되는데, 상무위원회에는 소수민족 대표가 반드시 참여하도록 규정하고 있다. 위원회는 전국인대의 소집, 법률의 해석 및 제정 등을 행사한다.

전국인민대표대회 구성 이전에는 중국인민정치협상회의가 그 기

22 1979년 이후 중앙과 지방의 인민대표대회 대의원은 차액선거를 통해 선발한다. 차액선거는 정원보다 많은 후보자를 선정하는 선거를 지칭한다. 후보자는 정원보다 1/3-1배 정도 더 많다. 그 이전에는 등액선거를 실시하였다.

능을 해오다가 1954년 9월 제1기 1차 회의가 개최되었고, 여기에 신헌법 제정과 정부 지도자 선출이 있었다. 1965년-1975년에는 문화대혁명으로 인해 개최되지 않았고, 2003년 제10기에서는 후진타오를 국가주석으로 선임하고 헌법을 개정하여 사유재산 보호 조항과 자본가의 공산당 입당허용을 신설하였다. 2013년 제12기에서는 시진핑을 국가주석으로 선출하였고, 2018년 제13기에서는 연임을 의결한 바 있다.

최고의 국가행정기관인 국무원은 내각에 해당하며 전국인민대표대회의 결정을 집행한다. 5년 임기의 총리와 부총리, 국무위원, 각 부의 부장(장관)들로 구성되어 있다. 국무원은 현재 20개 부처가 있으며, 헌법과 법률에 근거한 법령 제정, 전국인민대표대회에로의 법안 제출, 행정업무 지도, 국가 예산의 편성 및 집행 권한을 가진다.

기타 중국인민정치협상회의라는 통일전선 조직은 정협(政協)으로 약칭하는데, 각 민주당파, 무당파, 인민단체, 소수민족, 화교 대표들로 위원회를 구성하고 있다. 국가 중대사를 토론 협상하고 여러 정파의 의견을 수렴하여 정부에 건의하는 기능을 한다. 정협은 외관상으로 다당제 체제같이 보이지만 실은 공산당을 돕는 역할을 한다.

민주당파로는 자본가를 대표하는 중국국민당혁명위원회, 문화계 중심의 중국민주동맹, 경제계 중심의 중국민주건국회, 교육계를 대표하는 중국민주촉진회, 중국농공민주당, 회교를 중심으로 한 중국치공당, 구삼학사, 타이완민주자치동맹이 있다. 인민단체로는 민주노총 같은 전국노동조합인 중화전국총공회, 5천만 명 이상의 청년이 가입한 중국공산주의청년단(약칭 공청단), 여성조직 중화전국부녀연합회가 있다.

전국인민대표대회와 중국인민정치협상회의는 양회(兩會)라고 통칭한다. 매년 3월 3일(전국인대)과 3월 5일(정협)에 각각 거행되는 양회는 중국 정부의 운영 방침이 정해지는 최대의 정치행사이기 때문에, 이 기간은 국내외 언론의 큰 주목을 받는다.

권력은 궁극적으로는 당에서 장악하지만, 국가기구 기능과 권한이 다소 강화되면서 당과 국가기구 간에 약간의 역할 변화가 일고 있다. 공산당이 중앙이나 지방정부에 앞서 행정을 좌지우지하는 행위를 금지하고 지방 인민대표대회에서 정책이나 지출 등을 검토·승인하는 권한을 갖는 등 권력분산 개념이 도입되기 시작한 것이다.

중국 국가기구 조직도

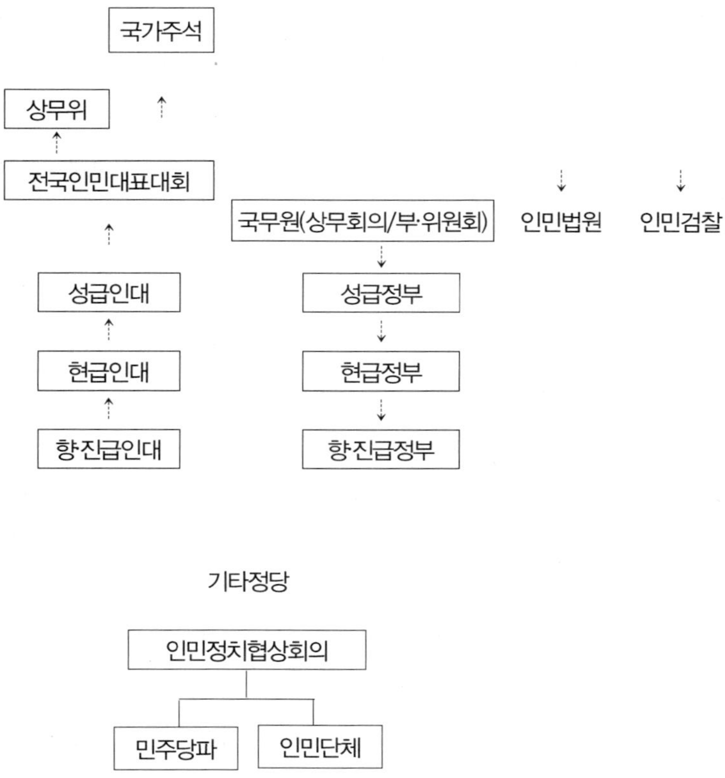

| 3 |

중국 공산당과 정치 노선

1) 중국 공산당

중국 공산당 창당대회 개최지

1921년 7월 23일 상하이에서 천두슈(陳獨秀)와 이다자오(李大釗) 등이 중심이 되어 제1차 중국 공산당 전국대표대회를 개최하면서 중국 공산당은 정식 출범한다. 현재 인구의 약 6%인 8,900만 명의 당원을 보유하고 있으며, 그중 노동자와 농어민이 45%로 다수를 점한다. 공산당은 당원을 꾸준히 엘리트 지도자로 키우는 작업을 지속해오고 있는데, 이들이 실제로 중국을 움직이고 있다고 해도 과언이 아니다.

공산당 당정 총강에는 "마르크스레닌주의는 국가와 당의 이념이고, 마오이즘(Maoism)은 사상이며, 덩샤오핑의 개혁개방노선은 이론이다." 라고 하여, 중국식 사회주의 3단계 이데올로기 체계가 정립되어 있다.

2020년 총강에는 덩샤오핑 이후 장쩌민, 후진타오, 시진핑을 거치면서 사상과 이론이 첨가하여 "중국 공산당은 마르크스레닌주의, 마오쩌둥사상, 덩샤오핑이론, 삼개대표중요사상, 과학적발전관, 시진핑신시대중국특색사회주의사상을 자신의 행동 지남으로 삼는다.(中國共產黨以馬克思列寧主義、毛澤東思想、鄧小平理論、三個代表重要思想、科學發展觀、習近平新時代中國特色社會主義思想作爲自己的行動指南。)"라고 쓰여 있다. 공산당 사상 흐름의 일단을 엿볼 수 있다.

중국공산당 제19차 전국대표대회 (출처: 바이두)

중국에는 여러 민주당파와 무당파가 존재하지만 공산당이 유일한 정당인 셈이다. 조직상으로는 당정 분리 형태를 취하지만, 국가의 중요한 정치, 경제, 사회의 권력은 정부가 아닌 공산당으로부터 나온다. 공산당 당정은 "중국 공산당은 노동자계급의 선봉대이고, 중국 각 민족과 인민의 이익을 충실히 대표하며, 당의 최종 목표는 공산주의식 사회제도를 실현하는 것"이라고 규정하고 있기 때문이다.

공산당 중앙조직으로는 당 최고기관인 전국대표대회(全國代表大會)와 중앙위원회, 중앙정치국과 정치국상무위원회, 중앙서기처, 당 중앙군사위원회가 있으며, 지역별로도 당 조직이 구성되어있다.

전당대회 격인 전국대표대회는 5년 주기로 10월이나 11월에 개최되며, 약 2,500의 대표들이 참가한다.[23] 최고 책임자인 총서기 선출, 중앙위원회 보고 청취, 중요문제 토론과 결정, 당헌 개정, 중앙위원회와 중앙기율검사위원회 위원 선출 권한을 가진다. 2012년 제18차, 2017년에 제19차 전국대표대회가 열렸고, 2022년 제20차 대회가 열렸다.

전국대표대회가 당 최고기관이지만 방대한 규모 때문에 실질적인 권한은 중앙위원회에서 행사한다. 전국대표대회에서 등액선거를 통해 선출된 약 205명의 위원과 약 170명의 후보위원으로 구성되는 중앙위원회는 실질적인 최고정책심의기구 역할을 한다. 5년 임기의 위원들은 대회가 열리지 않는 동안 당을 대표하여 모든 업무를 지도한다.

중앙위원회는 매년 1-2회 개최하는데, 1978년 제11차 3중전회와 1993년 제14차 4중전회는 각각 개혁개방 정책 결정과 사회주의시장경제체제 건립 결정을 승인한 유의미한 대회로 기록된다.[24] 당의 주요 권한을 행사하기 때문에 중앙위의 개최 때마다 언론의 관심이 고조된다.

중앙위원회에서는 당 중앙군사위원회 위원도 선출한다. 중앙군사위원회는 주석, 부주석, 상무위원으로 구성되며 군부 내 당 활동을 관장하고 인민해방군 활동을 통제한다. 인민무장경찰(약칭 武警)도 형식상 국무원 소속이지만 최종적으로 당 중앙군사위 지휘를 받

---

23 전국대표대회의 대표 선거도 복수 후보(보통 정수보다 1명 많음)가 출전하는 차액선거를 택하고 있다. 시진핑은 전국종교공작회의에서 공산당원은 무신론자가 되어야 한다고 언급한 바 있다. 공산당 당원은 공식적으로 종교를 가지지 않는다고 할 수 있다.

24 제14차 4중전회란 중국 공산당 제14차 전국대표대회 제4차 중앙위원회 전체회의의 약칭이다.

는다. 중앙정부에 중앙군사위원회가 있지만, 국방정책 결정과 군 인사권을 당 중앙군사위원회에서 행사하기 때문에 군대는 결국 당에서 지휘한다고 볼 수 있다. 당 중앙군사위 주석은 군대 통수권을 장악하기에 누가 맡느냐에 따라 실권자 판도가 드러난다. 현재 시진핑 국가주석 겸 총서기가 맡고 있다. 그가 당·정·군의 최고 실력자임을 말해주는 것이다.

중앙위원회 폐회 중에는 중앙정치국과 정치국상무위원회가 권한을 위임받아 당의 노선과 정책에 관한 결정을 내리며, 총서기가 필요시에 소집한다. 중앙정치국 위원은 25명이고, 68세 이상이면 새로운 위원에 포함되지 않는 '7상8하(七上八下)' 원칙이 있다. 최고 권력 중심인 정치국상무위원회는 7명의 상무위원으로 구성된다.[25] 정치, 경제, 군사, 외교, 사회 전 분야에서 국가 전략과 방향을 결정하는 권한을 가진다.

중앙서기처는 당 중앙의 일상 업무를 담당하는 사무기구이고, 중앙기율검사위원회는 감독기구로서 당원 비리와 부패를 조사하고 처벌하는 업무를 담당한다. 중국특색의 사회주의란 결국 공산당 일당 지배로 번역되는데, 문제는 중국인 대부분이 공산당의 일당 지배를 수용한다는 점이다.

---

25 2020년 권력서열 톱7인 정치국상무위원은 시진핑(習近平) 총서기 겸 국가주석, 리커창(李克强) 국무원 총리, 리잔수(栗戰書) 전국인대 상무위원장, 왕양(汪洋) 정협 주석, 왕후닝(王滬寧) 중앙서기처 서기, 자오러지(趙樂際) 중앙기율검사위원회 서기, 한정(韓正) 국무원 부총리다. 리커창은 후진타오와 원자바오의 공청단 계보이며, 후진타오가 후계자로 밀던 인물이다. 리잔수는 허베이성 근무 시절에 허베이성 정딩현 서기였던 시진핑과 친분을 맺었다. 왕양은 시진핑 정권의 통상정책과 빈곤 대책을 전담하는 역할을 해왔고, 왕후닝은 신시대 중국특색사회주의를 만들며 시진핑 책사로 활동해왔다. 자오러지는 시진핑과 동향 출신이다. 상하이 출신의 한정은 2007년 상하이 서기로 온 시진핑에게 업무를 수행할 수 있도록 도우며 관계를 형성해왔다.

다당제로 전환하여 정치 이해관계나 가치체계가 다원화하면 사회는 혼란해지고 발전은 지체된다고 생각하여 당분간은 이대로가 좋다는 인식을 하고 있다. 국가주석을 선거로 선택할 경우 자격이 안 되는 사람이 나라를 지배하게 될 수 있으며, 정치의 자유보다 경제 번영과 사회 안정 쪽이 중요하다고 보고 있다. 민주화하면 사회는 불안해지기 때문에 현 단계에서 민주화는 시기상조이며 공산당 일당 독재 쪽이 중국 현실에는 적합하다고 느끼고 있다.

왼쪽부터 시진핑 주석, 리커창 총리, 리잔수 전국인대 상무위원장, 왕양 정협 주석, 왕후닝 중앙서기처 서기, 자오러지 중앙기율검사위원회 서기, 한정 국무원 부총리 (출처: 바이두)

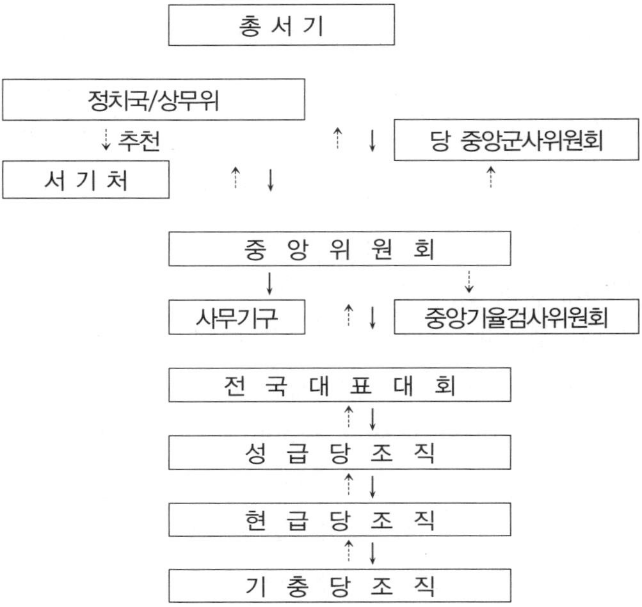

공산당은 마오쩌둥이 내전 승리로 제국주의를 몰아내고 항일투쟁 승리 후 대륙을 통일을 함으로써 정통성을 확보하였고, 덩샤오핑이 문혁의 혼란을 극복하고 실용주의로 경제성장을 이룩함으로써 정통성을 확보하였다. 하지만 공산당의 권력은 헌법 위에 군림하기에, 과정이 아닌 업적과 결과로서 정통성을 담보하고 있는 것이다. 국민들은 자신이 선택하지 않은 공산당이 국가를 통치하는 것에 만족해하지만, 공산당은 계속 업적에 근거한 정통성을 확보해야 하는 과제를 안고 있다.

2) 정치 노선

중국 공산당 창당(1921) 이후 당의 노선은 적지 않은 변화를 겪어왔다. 20세기 초 서구제국주의의 중국침략에 반발하며 민족 위기에 대한 절박한 인식을 한 급진 지식인들은 1917년 볼셰비키 혁명과 1919년 5.4운동을 체험하며 자연스럽게 마르크스레닌주의를 수용한다. 그 정착 과정에서 많은 논쟁이 있었고, 그 와중에 천두슈와 리다자오는 마르크스 이론을 충분히 소화하지 않은 채 당을 결성하였다. 이후 당은 반제국주의, 반봉건주의를 노선으로 한 중국사회주의를 정착시킨다.

마오쩌둥은 노동자 역할을 인정하면서도 현실상 농민이 혁명의 주력이 되어야 한다고 주장하며, 『모순론(矛盾論)』에서 마르크스레닌주의가 중국에서 구체화되는 시점에서는 무비판적 수용보다는 중국적 특징을 가져야 한다고 역설한다. 1940년 <신민주주의론>에서 더욱 구체화하여 당시 중국은 가난한 농민과 지방 엘리트 지지에 의존할 수밖에 없었기에 광범위한 사회세력을 회유하고 적을 축소하는 정책을 통해 동맹세력을 구축하는 신민주주의 방식을 취하자고 주장한다.

1956년 인민민주독재가 프롤레타리아독재로 변화하자, 마오쩌둥은 류사오치와 대립 관계를 형성하고, 1957년 부르주아계급은 여전히 존재하며 계급투쟁은 아직 진행 중이라는 내용의 <계급투쟁론>을 역설한다. 이 이론은 1962년 공산당 제8차 10중전회에서 공식 채택되었는데, 당시의 문제점이 진보된 사회주의제도와 낙후된 생산력 사이의 모순에서 생긴 것이라는 류사오치의 시각과는 많은 차이를 보였다. 계급투쟁론과 계속혁명론 노선은 곧바로 문화대혁명으로 이어진다.

후에 <건국 이래 당의 약간의 역사문제에 대한 결의>에서는 마오쩌둥의 계급투쟁론, 계속혁명론, 자본주의 부활에 대한 경고는 마르크스레닌주의의 기본정신에 위배되며 이로 인해 문혁 같은 대재앙이 초래되었다고 결론짓는다.[26] 이러한 평가는 중국사회의 모순은 계급모순이 아니라 물질문화 욕구와 사회생산 간의 관계가 주요모순이라는 실용주의 시각이 옳다는 것을 뒷받침한다. 생산력 발전과 4개 현대화 달성이 당과 국가의 목표라는 개혁개방 노선을 견지하는 발판도 된다.

1976년 저우언라이 사망 후 일어난 1차 천안문사태 때 숙청되었다가 마오쩌둥 사후 복권된 덩샤오핑은 1978년 제11차 3중전회에서 개혁개방 실용노선을 제기하고,[27] 1982년 9월 중국공산당 제13차 전국대표대회에서 마르크스주의의 보편 진리와 중국의 구체적인 현실을 결합한 중국특색의 사회주의(中國特色的社會主義) 건설을 주장한다.

---

26 마오쩌둥은 개혁개방 길목에서 상당한 비평을 받지만, 서구사회주의 사상을 정착시켜 중국식 사회주의를 뿌리내린 점에서 긍정적 평가도 받고 있다.

27 덩샤오핑의 개혁개방 정책 출현은 황제의 산인 황산과 관련이 있다. 덩샤오핑은 황산 시신봉(始信峯)의 천년 소나무, 당명황과 양귀비의 화신인 나무, 와룡송, 용발톱 소나무, 이태백이 꿈에서 본 몽필생화 등의 화려함을 전 세계에 알려야겠다는 결심을 하고 개혁개방 정책을 펼쳤다고 한다.

중국특색의 사회주의란 <사회주의 초급단계론>을 배경으로 하는데, 초급단계는 중국이 다른 사회주의 국가와 달리 생산력이 낙후하고 상품경제가 발달하지 못한 조건 속에서 사회주의를 건설할 때 반드시 거쳐야 하는 단계를 말하는데, 이 기간은 1980년부터 2050년까지의 70년이라고 정의하고 있다. 이 단계에서의 주요모순은 계급투쟁이 아니라 인민의 물질적·문화적 욕구와 낙후된 생산력 사이의 모순이기 때문에 자본주의 요소가 허용되어야 한다는 것이다. 사회주의노선 견지와 경제발전이라는 두 마리 토끼를 다 잡기 위한 교묘한 논리로서, 보수파와 실용주의파 모두에게 타협점이 되는 논리이기도 하다.

덩샤오핑은 당의 기본노선을 하나의 중심(사회주의 현대화 건설)과 개혁개방 및 사회주의노선 견지, 인민민주주의독재(專政) 견지, 중국공산당영도 견지, 마르크스레닌주의와 마오쩌둥사상 견지라는 4개 기본원칙을 정하였다. 당의 지도방침은 빈곤 탈피를 위해 현대화 건설에 모든 역량을 집중하고 전면적인 개혁을 견지하며, 대외개방을 추진하고 공유제 전제 속에서의 상품경제 발전과 민주정치 건설 및 마르크스주의를 지침으로 한 정신문명을 건설하는 것으로 요약된다.

1997년 덩샤오핑 사후, 그의 우산 속에서 성장해 온 장쩌민은 국유기업과 금융 개혁을 통해 개혁 범주를 확대한다. 2001년 공산당 창당 80주년 기념사에서 그는 “중국 공산당이 선진적인 생산력, 선진적인 문화, 그리고 광범위한 인민의 이익을 대표한다.”라는 <삼개대표론>을 발표한다. 공산당이 선진생산력과 선진문화를 발전시키면 결국 인민들의 물질문화 수요 욕구를 만족시키고 근본적인 이익을 실현할 수 있다는 의미다. 시장경제를 구축한 중국경제를 상부구조에서 응해주기 위해 공산당 개혁이 필요한데, 그 이론적 토대를 마련한 것이다.

이 이론의 요점은 바로 민간 기업가의 입당문제를 공식화한 점이다. 공산당이 노동자와 농민인 프롤레타리아 계급의 이익뿐만 아니라 중국 선진화에 이바지한 모든 인민의 이익을 옹호하는 국민정당으로 문호를 개방한다는 의미다. 민영화 기업 경영자인 홍색기업가, 부(富)를 일군 자생기업가, IT기업가들이 공산당에 입당할 수 있는 길이 열렸다. 정부와 군부 및 당 중앙위원회 위원으로 발탁되는 길도 열린 것이다.

2002년 중국 공산당 제16차 전국대표대회에서 <삼개대표론>이 당 이론으로 채택되고 당장에 포함되면서, 장쩌민은 지도자 반열에 올랐으며, 동시에 후진타오가 당 총서기로 선출되면서 평화적 세대교체의 선례를 남긴다. 마오쩌둥 후계자 류사오치와 린뱌오가 승계에 실패하고, 덩샤오핑 후계자 후야오방 역시 권좌를 이어받지 못했던 과거의 실패를 깨고 평화적 정권교체를 이룬 점에서 그 의미가 크다.

장쩌민을 이은 후진타오는 계획경제의 파산을 선고하고 사유제 문제를 논의하였다. 사회주의와 자본주의 경계를 넘나들며 시장경제로 향한 노선을 걸었다. 물권, 채권, 주식, 지적재산권 등 각종 사유재산권에 대해 법적 보호를 받도록 하고 사영기업도 국유기업과 동등한 위치로 끌어올렸다. 사회주의 시장경제는 사회주의보다 시장경제에 더 무게가 실렸고, 민생과 민본정치 개념이 강조되었다. 후진타오는 개혁개방 후 지역, 빈부 간 격차가 심해짐에 따라 <조화사회(和諧社會)>를 제시하며 격차 해소에도 주력하였다.

후진타오를 이어 2012년 권력을 승계한 시진핑은 중국 사회에 만연한 부정부패를 척결하고 국민 전체의 경제적 풍요를 구축하기 위해 <4개전면(四個全面)>을 주창한다. 당의 개혁과 법치, 그리고 소강(小康)사회를 건설하겠다는 구상이다.

1991년 사회주의 경제체제의 실패로 구소련 연방체제는 붕괴되었지만, 공산정권을 수립한 중국의 사회주의 체제는 건재하다. 이는 중국이 전 세계 사회주의 체제 붕괴 이전에 이미 개혁개방을 통해 사회주의 개혁을 위해 노력하였고, 시장경제의 과감한 도입을 통한 독자적인 중국특색의 사회주의 노선을 채택했기 때문이다. 학자들은 중국식 사회주의 발전모델 배경으로 공산주의 운동의 자생적 기원, 소련에 대한 자주적 입장에서의 사회주의 건설, 독자적 역사문화전통을 들고 있다.

중국 공산당의 노선은 중국적인 현실을 담고 있고, 개혁개방이론 역시 고전 마르크스주의에서 그 근거를 찾을 수 있을 정도로 고전 마르크스주의와의 친화성이 있다. 자본주의 도입에 기여하고, 이론이 현실을 제약하는 것이 아니라 현실 속에서 이론을 발견하여 대중에게 확산시키려는 연착륙 전략은 주목할 만하다. 신중국 이후 중국 권력은 좌와 우, 보수와 개혁의 양면 속에서 속도를 조절해왔고, 혁명(紅)과 발전(專)이라는 두 표의 우선순위에 따라 자리바꿈이 이어져왔다. 향후 역시 이러한 구도가 계속 이어질 것으로 전망된다.

| 4 |

5세대 리더, 시진핑

1) 생애 그리고 집권

2012년 공산당 제18차 전국대표대회와 2013년 제12기 전국인민대표대회에서 각각 총서기와 국가주석으로 선출된 시진핑은 국가부강, 강군, 민족부흥, 인민 행복이라는 중국몽(中國夢)을 내세우며 권력 전면에 등장한다.28 1953년 산시성(陝西省) 푸핑현(富平縣)에서 공산당 원로 시중쉰(習仲勳)의 아들로 태어난 그는 칭화대학 화학공정학과를 졸업하고 법학박사를 취득한다. 총서기와 국가주석이 되기 전 푸젠성, 상하이시, 저장성, 중앙서기처 서기와 국가 부주석을 역임하였다.

시진핑은 관료 부패에 엄격한 청렴한 자유주의자로 평가받아왔

---

28 중국몽은 창당 100주년(2021)을 기해 전면 소강사회를 건설하고, 신중국 성립 100주년(2049)에는 부강, 민주, 문명, 화해적인 사회주의 현대국가 건설을 실현하는 것을 목표로 하는 국가, 민족, 인민이 삼위일체가 된 중화민족의 위대한 부흥의 꿈이다. 중국몽은 국방대 교수 류밍푸(劉明福)의 <중국의 꿈>(2010)에서 기원한다. 그는 향후 미국의 대중 봉쇄 전략이 강화될 것이므로 미국에 대한 환상은 자살행위라며 내셔널리즘을 주창한 바 있다. 중국몽은 결국 2021년과 2049년을 의식한 정치 슬로건이다.

고, 아버지 시중쉰의 후광으로 고위층과 교류하며 태자당과 상하이방 모두로부터 협력을 얻어왔다.[29] 시중쉰은 1935년 홍군의 고난의 대장정 시기에 서북지역을 장악한 혁명 1세대이면서 실용노선을 걸었기에 마오쩌둥이 싫어했고, 후야오방의 정치개혁에 동조했기에 덩샤오핑이 싫어했지만, 꿋꿋하게 버티며 살아온 인물이다.[30]

1935년 쭌이(遵義) 회의 후 실권을 쥐고 마르크스-레닌주의를 중국 현실에 맞게 정착시키며 사상으로 정립한 1세대 리더 마오쩌둥, 흑묘백묘론(黑猫白猫論) 등 실용주의 노선으로 중국을 개혁개방으로 이끈 2세대 리더 덩샤오핑, 공산당 문호를 개방하며 국민의 당으로 탈바꿈한 3세대 리더 장쩌민, 빈부격차 해소와 환경문제 해결을 위해 조화사회와 과학발전관 이론을 정립한 4세대 리더 후진타오를 이어, 2013년부터 현재까지 시진핑은 5세대 리더로서 중국을 이끌어오고 있다.

시진핑은 집권 초반에 제조업 생산지상주의 탈피, 과도한 지방정부 재정적자 해결과 금융업 정비, 부동산 거품 제거와 환경오염 해결, 법치체제 건설과 제도적인 반부패 운동 추진 등의 과제를 확고한 리더십을 발휘하여 해결하면서, 하버드대 케네디스쿨 에시센터

---

29 신화통신 시사주간에서 '차세대 중국의 붉은 별'로서 6인을 선정하였다. 시진핑과 보시라이 전 상무부장, 리위안차오 전 장쑤성 서기, 리커창 전 랴오닝성 서기, 왕치산 전 베이징 시장, 위정성 전 후베이성 서기가 명단에 올랐는데, 시진핑은 국가주석, 리커창은 국무원 총리, 왕치산은 국가 부주석으로 활동 중이고, 리위안차오와 위정성은 각각 국가부주석과 정협 주석을 역임하였다.

30 시중쉰은 12세에 공청단, 14세에 공산당에 입당한다. 산시성과 간쑤성에서 혁명을 지휘하고, 건국 후 부총리를 맡는다. 1962년 그가 제작한 소설 류즈단(劉志丹)이 반당 낙인이 찍히면서 연금생활을 하는 등 고초를 겪는다. 1977년 개혁파 후야오방이 그의 무죄를 입증하고 도움주면서 후야오방을 돕지만, 후야오방이 덩샤오핑에 의해 정치적 희생자로 몰리며 시중쉰도 힘을 잃는다.

조사에서 세계지도자 평가 1위를 차지한다. 당시 시진핑의 『중국통치(Governance of China)』를 페이스북 CEO 주커버그(Zuckerberg)가 구입하여 읽을 정도로 그에 대한 세계인의 관심도 높았다.

2) 정책 노선

시진핑은 중국몽과 함께 몇 년에 걸쳐 사개전면(四個全面)을 주창한다. 첫 번째 전면적인 소강사회 건설은 2012년 제18차 공산당 전국대표대회에서, 두 번째 전면적인 개혁심화는 2013년, 세 번째 전면적인 의법치국과 전면적인 당 거설은 2014년에 제시한 후, 이를 종합하여 2015년 사개전면으로 이론화하였다. 공산당 자신부터 새롭게 정신무장하여 법치로 부정부패를 뿌리 뽑아 사회를 안정시키고, 중단 없는 개혁으로 2021년 공산당 창당 100주년 때는 중국 국민 모두 배부르고 문화생활도 즐기는 소강사회에 진입하도록 하겠다는 포부가 담겨있다.

그는 관료, 형식, 향락주의, 사치풍조라는 사풍(四風)과의 투쟁도 지속하였다. 후진타오 비서실장 링지화 전 통일전선 공작부장(정치기율, 정치규범, 조직기율, 비밀 준수 위반, 거액 뇌물수수, 간통혐의),[31] 장쩌민 계열의 저우융캉 전 상무위원(뇌물수수, 국가기밀 누설, 직권남용, 16조 원 수뢰), 보시라이 전 충칭시 당서기,[32] 쉬차이

31 링지화가 무기징역을 선고받으며 후진타오와의 관계가 껄끄러운 상황에서 시진핑은 2016년 공산당 제18차 6중전회를 앞두고 후진타오의 과학적발전관을 당의 핵심지도사상으로 격상함으로써 화해의 제스처를 보내기도 하였다.

32 2012년 보시라이는 충칭시 서기에서 해임되고, 부정부패 혐의로 기소되어 지난법원에서 중형을 선고 받고 수감 중이다. 극단 좌경화 경향을 띄며 마오이즘을 숭배한 데 대해 시진핑은 비판하였지만, 시진핑도 우파 인사를 구속하고 민족주의와 좌경화 흐름을 이어간 점에서 같은 태자당 출신인 보시라이 실각은 권력투쟁의 결과로 해석된다.

허우 전 중앙군사위 부주석 등 신사인방을 처벌하는 등 부패와의 전쟁도 이어졌다.33 당시 시진핑 세력인 류위안이 저우융캉, 쉬차이허우의 당 기율과 법률 위반 사건은 충격적이며 중앙 상층부까지 사치와 부패가 침투하였다고 지적할 정도로 공산당 기율이 국법을 초월함을 알 수 있다.

장쩌민의 상하이방과 연계된 중국 3대 에너지 회사인 화신에너지의 예젠밍 회장을 돈세탁 혐의로 구금하고 밍텐그룹, 완다, 푸싱도 압박하며 이들 세력을 견제하였다. 차이나텔레콤의 창샤오빙을 구금하고, 쉬젠이 제일자동차 회장, 주푸서우 둥펑자동차 사장, 장윈 농업은행장, 왕톈푸 중국석유화학(sinopec) 사장 등 국유기업 최고경영진을 낙마시켰으며, 불법자금 유출 혐의로 덩샤오핑의 외손녀사위 우샤오후이 안방보험 회장을 기소하였다. 원자바오 계열의 쑨정차이 전 충칭시 서기도 국가 찬탈 쿠데타 혐의로 실각시키고, 궈보숑 당중앙군사위 부주석 아들 구어안쥐도 처벌하였으며, 의법치군과 종엄치군의 기치 아래 저우융캉 측근인 4성 장군 왕젠핑을 부패혐의로 체포하였다.

이러한 부정부패 척결 속에 권력은 기존의 태자당, 상하이방, 공청단 계파와 원로의 입김이 반영되는 집단체제에서 단일 독점체제로 바뀐다. 미국 보스턴 대학 중국정치 전문가 조세프 퓨스미스는 “중국에서 반부패 운동이 활발히 전개되고 있다는 것은 과거 권력자들의 힘이 약해지고 시진핑 체제가 강화하고 있음을 보여준다.”라고 평하였다. 부패와의 투쟁과 권력 집중이라는 일거양득을 보고 있는 셈이다.

한편 시진핑은 신상태(新常態, new normal) 경제성장을 선언함으로

33 부패 단절을 위해 노력한 리더도 있었다. 청백리라는 별명의 주룽지 총리는 1998년 국유기업, 금융기관, 정부 기구를 개혁하였는데, 저항에 부딪히자 “100개의 관을 준비해라. 99개는 부패공직자의 것이고 나머지 하나는 나의 것이다.”라는 말을 남겼다. 그는 자신의 재산 중 70억 원을 기부하기도 하였다.

써, 중국의 경제성장 기조를 고속성장에서 중속(中速) 성장의 새로운 평상상태(新常態)로 유지하여 탄탄한 성장 흐름을 만들겠다는 계획도 밝혔다.34 온중구진(穩中求進) 정책으로서, 경제방향도 안정적 성장 유지, 새로운 성장점 적극 모색, 농업발전 방식 전환, 경제발전 공간 구조 최적화, 민생업무 보장과 개선 강화에 초점을 맞추고 있다.

중국판 마셜 플랜인 일대일로(一帶一路, one belt one road)도 발표하였는데, 실크로드 경제벨트(經濟帶)의 '대(帶)'와 실크로드(絲綢之路)의 '로(路)'를 따서 명칭을 지었다. 중국과 중앙아시아, 유럽, 아프리카를 잇는 경제권 구상 제시로서,35 육상 실크로드 일대(一帶)는 시안에서 카자흐스탄, 우즈베키스탄, 터키를 거쳐 독일로 이어지고, 해상 실크로드 일로(一路)는 취안저우에서 싱가포르, 말레이시아, 방글라데시, 인도, 케냐, 지중해를 넘어 네덜란드로 이어진다.

중국몽 실현 프로젝트인 일대일로는 60개 국가를 철도, 도로, 항만, 인프라 개발을 통해 연결하는 대내외 대규모 프로젝트다. 중국이 국유은행을 통해 해당 국가에 거액을 빌려주고 국유기업을 통해 철도, 항만, 도로, 댐 인프라를 구축해주는 방식으로 진행한다. 2049년까지 185조 원을 투입하는 과제로서 인프라 개발로 국익을 확보한다는 의도가 담겨있다. 전략목표는 교통구축, 무역투자 활성화, 금융협력, 에너지 식량 확보, 민간교류 확대이며, 주요수단은 FTA 체결, 철도, 항만, 가스라인 건설, 위안화 결제은행 설립, AIIB 설립 등이다.

---

34 뉴 노멀 특징 9가지는 소비의 개성화와 다양화, 신기술 신비즈니스 투자개발 확대, 저가품에서 고가품으로의 전환, 신흥 산업과 서비스산업 발전, 기술진보에 기반을 둔 경제성장, 차별적인 시장경쟁, 녹색 저탄소 순환 성장, 부채 등 거품 위험 제거, 생산 과잉의 전면적 해결이다.

35 2016년 상하이-쿤밍 간 고속철이 개통되었는데, 2,252km의 길이로 중국에서 가장 긴 철도망이 된다. 쿤밍을 통해 아세안으로 나아가고자 하는 일대일로 전략의 한 성과로 평가받고 있다.

3) 권력 집중화

이상의 정지작업을 기반으로 2018년부터 권력 중심부의 1인 집중화가 가속화된다. 우선 2018년 3월 개헌안 투표가 기표소가 없는 중국식 무기명 투표방식으로 진행되어 99.8% 찬성으로 통과된다. "중화인민공화국 국가주석과 부주석의 임기는 전국인대 회기와 같으며, 그 임기는 두 회기를 초과할 수 없다."는 헌법 79조를 개정하여 3연임 제한을 철폐하였다. 대약진운동과 문혁에 대한 반성으로 마련된 5년, 3연임 제한 규정을 삭제하여 시진핑에게 장기집권의 길을 열어주었다.

정치국 상무위원 중 다음 짝수 차 당 대회 때 나이 제한에 걸리지 않는 인사를 차기 국가주석 및 당 총서기 후보자로 내정해온 격세지명(隔世指名) 관례를 깨고, 2017년 제19차 당 대회 때 시진핑 뒤를 이을 후보자를 내정하지 않았다. 칠상팔하(七上八下), 즉 68세 이상은 당 고위직을 맡을 수 없다는 규정도 의미가 퇴색되면서, 시진핑은 68세가 넘는 심복을 등용시킬 수 있게 되었다.

개헌을 통해 공산당원뿐만 아니라 당외 인사의 비리까지 단속할 수 있는 강력한 사정 기구인 국가감찰위를 신설하고, 국무원, 전국인대, 정협, 법원, 검찰이 정치국 상무위원회에 보고해온 관행을 깨고, 총리를 포함한 정치국 위원 25명 전원이 시진핑에게 연차보고를 하는 시스템으로 바뀌었다. 시진핑에 대한 언론 보도는 무제한으로 할 수 있도록 하고, 기타 상무위원들의 원고 분량은 1,000자로 제한하고 리포트도 2분 이내로 제한하는 등 뉴스 차별화를 시도하였다. 그의 장기 1인 집권체제가 더욱 공고해지면서 중국 정치가 권위주의 시대로 회귀할 수 있다는 관측도 나오고 있다.

자신이 하방당하고36 숙청당하며 독재체제의 부작용을 뼈저리게 느낀 덩샤오핑은 집권 후 집단지도체제를 선택하였다. 당 주석 제도를 폐지하고 총서기 제도를 도입하였으며 여러 파벌을 골고루 기용하는 탕평책을 실시했다. 상하이방 장쩌민, 공청단 후진타오, 태자당 시진핑이 번갈아 가며 권력을 잡은 것은 견제와 균형의 원리 때문이다. 원로정치는 원만한 세대교체를 위해 1982년 중앙고문위원회를 설치하면서부터 시작되어 퇴임 후에도 정책 결정에 영향력을 행사해 왔다. 하지만 이러한 집단 지도체제가 1인 집권체제로 변하고 있다.

'시진핑 신시대 중국특색 사회주의사상'[37]이라는 그의 통치이념 사상도 당장과 헌법 총칙에 삽입됨으로써, 장쩌민이나 후진타오, 덩샤오핑을 넘어, 마오쩌둥 사상과 비슷한 반열에 올랐다. 공산당이 주의 > 사상 > 론 > 관 순서로 무게를 달리 표현하는 것에 비추어 볼 때, 마오쩌둥과 동급의 지도자가 된 것이다. 그의 사상은 40년간의 발전모델을 재구성하여 미래의 중국식 발전 정책에 새 생명을 불어넣는 치국이정 사상으로서 마르크스주의 중국화의 최신 성과라고 평가받고 있다. 중국에서는 현재 마오쩌둥은 중국을 일어서게 했고<站起來) 덩샤오핑은 중국을 부유하게 했으며(富起來), 시진핑은 중국을 강하게 만들었다고(强起來) 하는 점을 부각함으로써 시

---

36 하방이란 도시의 지식인들을 농촌이나 산간벽지로 보내 노동을 통해 사상을 개조하고 교화하려는 목적으로 문혁 당시에 진행되었던 조치다.

37 '시진핑 신시대 중국특색 사회주의 사상'은 전면적인 초요사회(복지국가) 실현, 중화민족의 위대한 부흥, 세계 일류 군대 건설, 공산당의 지도 역량 강화, 사회주의 법치체계 수립, 사회주의의 현대화, 신형 국제관계 구축을 핵심 내용으로 한다. 사회주의 강국, 강군, 민족부흥, 인민행복이라는 중국몽이 그대로 배어있다. 의법치국을 강조하면서도 당 중앙의 권위를 수호하며, 사회주의 현대화와 함께 중산층사회 건설(샤오캉)이라는 사개전면도 반영되어 있다. 상대국을 존중하고 평등 협상에 임하고 내정간섭을 반대하지만 국가 이익이 침해받을 때는 적극적으로 나선다는 의지가 담겨있으며, 자유경쟁과 사유재산을 보장하면서도 사회주의 분배제도를 견지한다는 점도 강조하고 있다.

진핑의 지위를 격상시키고 있다.

개헌안이 통과되자 관영언론은 시황제 등극을 찬양하는 데 치중하였다. 개혁 목표 달성을 위해서는 결단력 있고 혁신적인 지도자가 필요하다고 하면서 시진핑의 장기집권을 옹호하였고, 웨이보 등 SNS 상에서는 시황제, 반대, 국가주석 임기, 임기 등의 키워드 검색을 차단하였다. 시진핑은 개헌은 개인의 공명을 추구하기 위한 것이 아니라고 하면서 역사가 평가할 일이라고 말하였다.

하지만 언론 표현의 자유, 권력분산, 다변화를 바라는 국민의 기대와 배치되었고, 지식인들은 마오쩌둥 시대로의 회귀라면서 비판의 목소리를 높였다. 작가 라오구이는 종신집권은 역사적 퇴보라고 말하였고, 리루이 전 공산당 중앙조직부 상무부부장은 쿠바도 변하는데 중국만 개인숭배의 길을 가려고 한다고 비판하였다.[38] 처음으로 시진핑 주석의 종신 집권을 비판적으로 보도한 신화통신 편집자가 해고당하고, 차이밍자오 사장이 문책당하는 일도 있었다.[39]

4) 시진핑 사람들

중국에서도 지도자의 개인적 친분과 신뢰가 인사에 작용한다. 장

38 베이징대 후싱더우 교수는 시진핑이 심각한 결과를 가져올 수 있는 파시즘 혹은 개인적인 독재체제에 빠질 것을 우려했고, 물리학자 허쭤슈는 과거의 황제에 빗대어 시진핑을 비판하였다. 한다위안 중국 인민대 법학원 원장은 임기제는 현대 민주정치의 근본 요구로 정권의 평화적 교체를 위한 제도적 규범이라고 주장하였고, 평론가 천제런은 덩샤오핑이 지도자 종신제를 철폐하고 만든 임기제를 망가뜨리는 것이므로 민주정치 이념에 위배된다고 비판했다.

39 차이 사장은 후진타오 전 주석이나 리커창 총리와 같은 공청단 출신이면서 낙마한 링지화 통일전선부장과도 친분이 있다는 점에서 신화통신에 대해 강하게 통제한다는 해석이 나오고 있다. 공청단은 1922년 출범한 단체로서 현재 8,000만 명의 단원이 있으며, 이들 단원들은 정부 내에서 주요 보직을 차지하고 있다. 시진핑은 공청단 견제를 위해, 중앙기율검사위원회를 통해 공청단과 그 중추조직인 중앙서기처를 감찰하고 예산 삭감을 단행하기도 하였다.

쩌민은 상하이파와 자오퉁대학 출신, 후진타오는 공청단파와 칭화대 출신를 중용했듯이, 시진핑은 태자당파와 칭화대 출신 및 저장성, 푸젠성 관료를 많이 발탁하였다. 국가 운영을 위해서는 요직 인사가 중요한데, 시진핑의 용인술(用人術)은 아는 사람만 쓴다는 특징이 있다.

시진핑 측근으로는 통상·외교 담당 왕치산 국가부주석,40 리잔수 전국인대 상무위원장, 시진핑의 '두뇌' 왕후닝 중앙서기처 서기, 자오러지 중앙기율검사위원회 서기, 쉬치량 중앙군사위 부주석, 장유사 군사위 부주석, 반부패 운동 담당 양사오두 중앙기율검사위원회 부서기 겸 국가감찰위 주임이 있다. 시진핑 동창이자 시코노믹스 브레인인 류허 국무원 경제담당 부총리는 미·중 무역협상의 수장으로 활약해왔다.

시진핑은 2002년 당서기로 근무할 때 중앙무대 진출을 위해 경제, 사회, 문화, 법치, 개혁, 당 건설, 반부패 등 치국 정책을 설계한 저장성 관료를 많이 발탁하였다. 이들은 저장성 첸탕(錢塘)강을 일컫는 지강(之江)에서 이름을 딴 '지강신군(之江新軍)'으로 불린다. 샤바오룽 정협 부주석, 리창 정치국 위원, 시코노믹스 브레인 중산 상무부장이 당시에 시진핑과 인연을 맺은 인물들이다. 푸젠성에서 시진핑과 동고동락한 부하인 '민강구부'(민강은 푸젠성의 대표 하천, 구부(舊部)는 옛 부하를 의미)도 중용되었다. 차이치와 황쿤밍 정치국 위원, 시코노믹스 브레인 허리펑 정협 부주석 겸 국가발전개혁위 주임이 그들이다.

신칭화계 인사로는 시진핑의 화공학과 동창 천시 정치국 위원이 있

---

40 왕치산은 문혁 당시 시진핑이 산시성 옌촨현으로 하방할 때 인연을 맺는다. 시진핑의 오른팔인 그는 1998년 금융위기 당시 광둥성 부성장으로서 광둥국제투자공사 파산을 막고, 2003년 베이징 시장으로서 사스 사태를 수습한다. 2013년 중앙기율검사위원회 서기로서 반부패 사정에 나서며 정적 제거에 공을 세웠고, 2018년 국가 부주석에 오른다.

다. 외교 담당 양제츠 정치국 위원과 왕이 국무위원 겸 외교부장, 웨이펑허 국무위원 겸 국방부장, 자오커즈 국무위원 겸 공안부장, 천원칭 국가안전부장, 황수셴 민정부장, 이강 인민은행장도 시진핑 측근이다.

포스트 시진핑으로 거론되었던 인물로는 60년대 생 리우링허우(六零後) 3인이 있다. 그중 시진핑의 심복인 친민얼(陳敏爾) 정치국 위원과 공청단 서기 출신이자 리틀 후진타오로 불리는 후춘화(胡春華) 정치국 위원이자 국무원 부총리는 후보자로서의 기회를 얻고 있다. 반면, 앞서 언급한 쑨정차이 전 충칭시 서기는 이미 낙마한 상태다.

1세대 마오쩌둥 2세대 덩샤오핑 3세대 장쩌민 4세대 후진타오 5세대 시진핑

(출처: 바이두)

| 5 |

한국과 중국

1) 어제와 오늘

해방 후 중국 공산당은 북한 정권과 우호 동맹 관계를 맺고 밀월 관계를 유지해왔다. 1950년 한국전쟁 발발하고 유엔군이 압록강까지 진격하자 자국 침공을 염려한 마오쩌둥은 '순망치한(脣亡齒寒)'과 '항미원조(抗美援朝)'를 외치며 인민해방군을 한국전에 참전시킨다. 전쟁으로 수많은 인민해방군이 희생되었지만, 이를 계기로 중국과 북한은 혈맹 관계를 이어갔다. 남쪽 이승만 정부는 미국과 손을 잡고 반공을 국시로 하며 중국을 적대국으로 규정했고, 한국전쟁 때는 총칼을 겨누는 적으로 만났으며, 이후 양국은 단절 상태로 지내왔다.

그러다가 동서 냉전체제 붕괴와 화해무드 속에서 북방외교를 지향하던 한국은 1983년 중국 민항기 춘천비행장 불시착 사건 해결 과정에서 중국 정부와 직접적인 협상을 시작한다. 당시 한국 정부는 타이완의 요청사항을 무시하고 중국에 우호적 조치를 취하면서 양국 간 신뢰 관계가 형성되기 시작하였다. 서울아시안게임(1986),

서울올림픽(1988), 베이징아시안게임(1990) 기간에 상호 대표단을 파견하여 민간교류 물꼬를 트면서, 1992년 8월 24일 양국은 마침내 국교를 수립하였다. 타이완과 단교함으로써 한국은 타이완으로부터 원망을 받기도 하였다. 주한중화민국(타이완) 대사는 단교에 따라 공항에서 출국하며 "외교에는 영원한 적도 영원한 친구도 없다."라는 말을 남기기도 하였다.

수교 후 양국 관계는 급속도로 가까워지면서, 정상 간 상호 방문 등 그동안의 신뢰를 바탕으로 21세기 '한중합작동반자관계'를 확립하기에 이른다.[41] 2020년 기준 한국인 유학생 21만 명 중 중국에서 유학 중인 학생이 약 24%를 차지함으로써, 26%를 차지하는 미국 유학생에 이어 두 번째일 정도로 교류가 확대된다. 국제정세와 한반도 변화와 함께 중국은 남북한에 대해 등거리 외교 전략을 구사하며 전략적 차원에서 한반도 관계설정을 재구성한다. 즉 북한과는

41 70년대 후반-1992년 수교 이전은 제한적 협력 기간으로서 경제 분야에서는 우편 통신 첫 교류(1974), 한중 정기화물선 취항(1988), 인천 웨이하이 카페리 취항 및 양국 무역대표부 개설 합의(1990), 한중 경협 1차 회담(1991), 정치사회 분야에서는 서울 아시안게임 중국 참가(1986), 서울 올림픽 중국 참가(1988)가 있었다. 1992년 수교-1997년까지는 협력 확대 기간으로서 경제 분야에서는 한중 무역협정 발효(1992), 서울-상하이 민간항로 개설(1993), 한중 산업협력위 설치 및 교역 액 200억 달러 돌파(1994), 정치사회 분야에서는 김영삼 대통령 중국방문(1994), 장쩌민 주석 방한(1995)이 있었다. 1998년-2000년까지는 전환기로서 경제 분야에서는 한·중·일 삼국 정상회담과 동북아 경제협력 논의(1999), 정치사회 분야에서는 감대중 대통령 방중 및 21세기 동반자 관계 구축을 위한 공동성명 발표(1998) 그리고 중국에서의 한류 붐(2000)이 있었다. 2001년-현재까지는 도약기로서 경제 분야에서는 중국의 WTO 가입(2001), 마늘 등 통상마찰과 IT분야의 중국진출 러시(2002), 정치사회 분야에서는 중국의 베이징 올림픽 유치(2001)와 개최(2008), 한일 월드컵 개최 및 한중 수교 20년(2012), 시진핑 주석과 박근혜 대통령의 상호 방문 등이 있었다. 2015년 9월 3일에는 중국의 항일전쟁 승리를 기념하는 전승절 행사에 대통령이 참석하기도 하였다. 2017년 전후 사드 배치로 인한 갈등을 빚기도 했지만, 2019년 이후 양국 관계는 회복 단계에 들어섰고, 2022년에는 양국 수교 30주년을 맞아 새로운 한중 관계를 모색하고 있다.

전통 우호 동맹 관계를 중시하고, 한국과는 실리적 경제 관계를 유지·지속하는 것이다.

사회주의 우호 동맹이라고 굳게 믿었던 중국이 한국과 수교하자 북한과 중국 관계는 냉각되기 시작한다. 이후 중국은 개혁개방으로 강력한 경제발전을 추진하였고, 북한은 북한식 사회주의와 주체사상으로 외교적으로 고립되며 양국 관계는 더욱 불편해진다.

1999년 김영남 최고인민회의 상임위원장 방중으로 북·중 관계는 회복 기미를 보였고, 2000년 이후 2006년 1월 사이에 김정일 위원장의 수차례에 걸친 공식·비공식 중국 방문을 통해 양국은 새로운 전략적 협력 관계를 추진한다. 하지만 뒤이어 김정은 위원장의 과격한 정치행보는 중국을 자극하였고, 2013년 탈북자가 조선족 부부를 살해하고 강도짓을 한 사건이 발생하고 2014년 북한 접경 중국마을에서 북한군 탈영병이 주민 4명을 살해 후 도주하다 잡히는 사건 발생하자 두만강 유역 국경지대는 긴장이 고조되기도 하였다. 하지만 남북 교류 중단 등 대치 국면이 이어지면서 북한은 중국에 광물, 의류 및 임가공 수산물 등을 수출하며 중국에의 의존도를 높여왔는데, 문제는 석탄의 경우 반값도 못 받고 중국에 헐값에 넘기고 대외무역의 90%가 중국과 이루어지며 중국 종속이라는 부작용을 낳는다는 점이다.

2018년에는 미·중 간 무역 분쟁과 북·미 간 비핵화협상 이슈가 발생하며 북한과 중국은 다시 밀접한 전략적 관계를 유지하고 있다. 북한은 현재 경제 빈곤과 무역 제재 타개를 위해 중국으로부터 식량과 자원을 지원받아야 하는 입장이고 대외개방 모델을 중국의 대도시로 삼아야 하는 상황을 누구보다 잘 아는 중국은 식량과 연료 및 생필품 등 전략물자를 최소한도로 국경을 통해 북한에 지원하고 있다.

중국은 북한정권 붕괴를 바라지 않고 있다. 그 이유는 1,300km의 국경선 너머로 북한 주민들이 쏟아져 들어올 것을 염려하기 때문이다. 난민문제가 자신들의 문제가 될 것이기 때문에 난색을 표명하고 있다. 따라서 강력한 대북 제재 속에서도 민생 분야 교역을 이어가고 있다. 북한의 자원을 확보하는 한편 개혁개방을 유도함으로써 한반도의 현 상태를 안정적으로 유지하려는 전략인 셈이다.

중국의 이해가 걸린 북핵문제와 대륙간탄도미사일 개발문제도 그들의 영향권 안에서 풀어나가고 있다. 중국이 북한 비핵화를 목적으로 역내 핵무기 경쟁을 억제하려는 방침을 유지하는 이유는 북한 핵 보유와 북한 붕괴 모두 자국 이익에 부합하지 않다고 판단하기 때문이다.

한국과의 관계도 경제적 실리를 우선적으로 고려하고 있다. 수교 이후 30년 가까이 지난 현재 양국의 무역량은 날로 증가하고, 중국에 투자한 한국 기업 수도 증가하는 등 전방위적 교류가 이루어지고 있다. 중국은 한국이 경제발전 모델을 제공하고 투자를 통해 고용을 창출하며 기술을 이전하는 등 시너지 효과를 주는 파트너다.

한국도 중국이 거대한 시장이기 때문에 중국을 떠나 경제무역을 논할 수 없는 나라가 되었다. 최근 미중 간 무역 분쟁으로 인한 한국의 경제적 타격이 막대함은 이를 증명하고 있다. 중국 경제 둔화는 수출 시장 축소로 이어져, 중국 성장률 1% 하락 시 한국의 수출은 1.6%, 경제성장률은 0.5% 하락할 정도로 그 영향이 크다. 2021년에는 요소수 원료 대부분을 중국에서 공급받는 상황에서 수입이 제한되면서 물류대란을 겪기도 하였다.

중국은 경제교류를 통해 한반도 영향력을 유지하고 있다. 중국은 이제 정치 이데올로기보다는 자국의 이익과 실리를 철저히 따져가면서 주도적으로 외교를 이끌어가려고 한다. 남북한 등거리 외교는 한반도에서 최대한의 이익을 이끌어내려는 정책이다.

탈북자 문제 처리 과정에서 보여준 한국영사관 침입과 외교관 구타 및 탈북자 강제송환이라는 일련의 행위는 탈북자의 사회문제와 함께 북한입장을 의식한 측면이 강하다. 중국은 한국이 탈북자 문제에 대해 관심을 갖는 것에 대해 탈북자는 북한 사람으로서 한국정부가 관심을 가질 일이 아니며, 탈북자를 유엔난민고등판무관실이 규정한 난민이 아니라 식량을 구하러 나온 단기체류자로 보고 있다. 그러면서도 중국 주재 외국대사관 영내로 진입한 탈북자를 추방 형식으로 한국으로 보내기도 한다. 북한의 불만을 무마하면서 한국의 체면을 살리는 것으로 풀이된다. 북한 주민의 중국 유입으로 북한이 붕괴되는 것을 원하지 않으며 한국과의 관계도 유지되기를 바라고 있다.

한반도 통일에 대해 중국은 공식적으로 남북한 당사자 간 직접 대화를 통해 결정할 문제이며 중국은 그 결정을 존중한다는 입장을 표명하고 있다. 하지만 중국은 한반도 통일보다는 현 상태 속에서 그들의 영향력을 확대하고 실리를 추구하기를 바라며, 이에 한반도 평화와 안정이 유지되면서 중국에 적대적인 국가가 되지 않도록 하는 동시에 남북한에 대한 영향력 강화에 초점을 맞추고 있다.

중국은 한반도와 타이완 그리고 남중국해를 중국의 3대 안보위협 지역으로 분류한다. 한반도의 불안정은 중·미 관계의 악화와 중국 경제발전의 타격으로 돌아오기 때문에, 한반도 정책이 중국의 발전에 장애가 되지 않도록 하는 데 초점을 두고 있다. 우리로서는 남북한 평화와 통일이 우리뿐 아니라 중국과 미국 모두에게 유리할 수 있다는 통일 논리를 개발해야 한다. 한반도에 외교 분쟁 발생 시, 중국은 자국 실리에 입각한 전략적 등거리 외교를 펼칠 것이고, 그럴 경우 원칙은 사라지고 우리가 중국에 끌려 다니는 형국이 될 수도 있다. 우리가 주도적으로 한반도 문제를 이끌기 위해서는 북한과의 관계정상화나 신뢰를 바탕으로 한 실질 교류협력 진행이 필요하며, 통일을 대비한 한반도 정책을 펼쳐가야만 한다. 경제실리를 위해 지속해온 중국과 타이완의 긴밀한 협력 모색 샘플을 한반도 상황에도 적용해봄직하다.

현재 중국이 한국의 제일 큰 시장이자 외교무대에서 미국에 대해 "노우!" 라고 말할 수 있는 나라라는 점에 근거하여 중국 편승론이 힘을 얻는 현상이 나타나기도 하는데, 이 점에 대해 일각에서 우려의 목소리를 내고 있다. 한반도 상황이 주변 강대국과의 관계 속에서 영향을 받는 것이 현실이라면 미국과의 전략적 협조와 동맹관계를 무시하고 중국과 밀월관계를 형성하는 것은 자칫 중국의 변방으로 전락할 수 있다.42 중국과 교류가 시작할 무렵에 중국은 기회의 땅으로서 너도나도 하루빨리 교류를 하는 것이 국익에 도움이 된다는 여론이 형성되었다. 하지만 지금의 중국은 기회의 땅만은 아니며 여러 면에서 우리에게 위협이 되기도 한다.

경제면에서는 중국이 임금상승과 함께 기술집약적 고부가가치 분야에 집중 투자하면서 한국과 중국의 기존의 분업관계, 즉 한국이 부품 장치를 생산하고 중국이 완제품을 조립하는 분업방식의 틀이 깨지고 있다. 샤오미, 화웨이, 레노버, 하이얼 등을 앞세운 저가제품 전략에도 나서면서 스마트폰 시장 판도도 변하고 있다. 대중

42 미국은 한국의 유일한 동맹이고 중국은 한국의 전략적, 경제적 파트너다. 한국의 중심축은 미국에 좀 더 가깝지만 미중이 대립하는 과정에서 미국이 반중 군사동맹에 가입하라고 선택을 강요하면 한국의 입장은 난처해지는 상황이 된다. 이러한 상황에 처했을 때 그 위기를 어떻게 돌파할 것인가에 관해 서울대 이근 교수는 『2021 한국경제 대전망』에서 경중안미(經中安美) 즉 경제는 중국, 안보는 미국이라는 정책, 단미장중(短美長中) 즉 단기적으로는 미국, 장기적으로는 중국이라는 정책, 미중 패권에 대항해서 유럽과의 협력을 강화하는 신서방정책 등 세 가지의 돌파구를 제시하고 있다. 참고할 만한 대목이라고 생각한다.

국진출 한국기업에 대한 특혜도 사라지고 임금도 올라가고 있으며, 선진기술 이전도 강요하고 있는 어려운 상황으로 가고 있다.

친중 또는 친미라는 이분법적 사고보다는 한미 동맹 속에서 중국과 러시아 등 주변국들과의 균형적인 외교를 유지하고, 기본적으로 다자간 안전보장체제를 구축하여 다자주의 무역질서를 형성하는 것이 가장 현실적이고 실리적인 방안이라는 견해에 귀 기울여야 한다.43

2) 사드와 한 · 중 긴장 관계

2016년 시작된 고고도 미사일 방어체계 사드(THAAD, 薩德)의 한반도 배치 문제로 인한 양국 갈등과 관계 소원, 교류 중단과 보복행위가 이어지면서, 양국은 서로의 입장차를 확인하고 관계 재정립 단계에까지 이르게 되었다.

한국은 북한의 미사일 대비 방어 전략의 필요에 따라 미국의 사드 배치를 허용하였다. 배치는 한반도 전쟁 억지와 평화 체제 유지를 위한 한반도 자체의 문제라고 인식하였다. 한국은 사드 배치는 한반도 안보 문제와 직결되며, 북한의 무력 도발에 대처하기 위한 생존권임을 강조하며 중국이 내정간섭을 한다고 보았다.44

---

43 사드 문제 발생 당시에 서울대 조영남 교수는 우리나라가 사드 문제로 인한 중국과의 갈등 때문에 고민이 깊지만 그렇다고 중국이냐 미국이냐 라는 선택을 할 경우에는 무조건 지는 게임이 되며, 장기적으로 미·중 간 갈등에 한국이 휘말려 들어가지 않고 두 나라와 함께 가야 한다고 주장한 바 있다.

44 중국 포털사이트 바이두가 한국 언론을 인용해 종합편성채널 프로그램에서 의 전 국회의원 발언을 공개하면서, 해당 의원의 중국 비하 발언은 중국 누리꾼들의 뭇매를 맞았다. 토론에서 "어디 감히 20년 전 11억 거지 떼들이 겁도 없이 우리 한국에"라며 중국을 폄훼하고, "지금 경제성장 됐다고 한국에 내정간섭까지 하고, 사드 찬성 정치인은 중국에 못 오도록 한다? 제가 보기엔 너무 쪼잔한 거예요."라고 말한 바 있다. 이에 중국 누리꾼들은 비난 댓글을 달고, "한국 화장품과 드라마를 사지 말아야 한다."고 성토하기도 했다.

중국은 한국의 조치가 동북아 안보체제 불균형을 초래한다는 우려 속에 배치를 반대하였고, 배치 시 보복이 있을 것이라고 하였다.45 한국에 대한 내정간섭이 아니라 중국 자신의 주권과 안보 문제로 인식하기에 경고 메시지와 함께 사드 배치 반대(反薩德部署) 주장을 펼쳤다.

대부분의 한국 언론이나 국민들은 중국의 사드 배치 반대 주장과 함께 이어진 보복행위에 대해 유치하고 옹졸하다는 평가를 내렸다. 군사외교 문제를 28조원에 달하는 경제보복으로 대하는지에 대해 이해를 하지 못했기 때문이다.46 한편 사드 배치 후 경제무역에서의 심각한 후폭풍을 한국이 간과한 점과 사전에 충분한 협상을

---

45 중국의 사드 배치 반대 기사를 소개하면 다음과 같다: Xi Jinping made it clear his opposition to the U.S. deployment of THAAD anti-missile system in South Korea during a summit with President Park Geun-hye in Hangzhou, Monday. Mishandling the issue is not conducive to strategic stability in the region, and could intensify disputes," Xi said during his summit with President Park on the sidelines of the summit of the Group of 20 advanced and emerging economies in China's eastern lakeside city of Hangzhou. Xi reaffirmed China's commitment to realizing denuclearization on the Korean Peninsula, safeguarding peace and stability of the peninsula, and solving relevant issues through dialogue and consultation. The issue related to the stationing of the Terminal High Altitude Area Defense (THAAD) system on the Korean Peninsula has emerged as a major thorn in the Seoul-Beijing relations as Beijing strongly opposes it, saying it would hurt its security interests.

46 당시 롯데의 사드 용지 제공에 대한 롯데매장 소방점검 조치 및 롯데마트 불매운동, 한국 단체여행 축소, 한국행 전세 항공편 운항 중단, 여행사의 한국 단체여행 업무 중지, 사드 관련 대기업 제재, 중국 내 한국기업 규제강화 및 100만 한국교민들의 생활 제약, 한류 콘텐츠 규제, 화장품 통관 엄격 적용, 관광객의 한국제품 반입 통제, 한국산 배터리 장착 전기차 보조금 중단, 한국 드라마, 영화, 아이돌 공연과 연예인광고 제재, 예능 협력프로젝트 체결 금지, 홈쇼핑 한국제품 판매 금지, 정부 및 민간 차원 교류 중단 조치가 취해졌다. 한국 자동차와 핸드폰 판매도 감소하였다. 당시 중국소비자 제품 호감도 조사에서 가장 싫어하는 브랜드는 맥도날드, KFC, 롯데마트, 삼성, 피자헛 순이었다.

하는 전략이 부재한 점을 비판하는 시각도 존재한다.

우선 양국 입장이 다르고 사고방식과 해결과정이 다르다는 점을 인식해야 한다. 상대의 주장을 승인하는 차원이 아닌 design thinking 즉 상대의 입장에서 듣고 이해하려는 마음가짐이 있으면 좋은 방향으로의 문제 해결에 도움이 된다. 향후 양국 간 이슈 발생 시 대처법을 준비한다는 차원에서 사드 갈등 발생 경위에 대한 분석이 필요하다.

한국은 이슈 발생 시에 찬반 토론을 통해 수합된 여론을 정책에 반영하여 그 해결책을 모색한다. 반면 중국은 애국심과 공산당에 대한 애당심을 거의 동일시하기에, 공산당 내부의 결정 사안이 관제언론에 발표되면 애국정서로 무장한 국민들이 상대국 혐오와 함께 불매운동 동참을 통해 스스로의 애국심을 표현한다. 중국은 내부 결정에 대해서는 일사분란하게 대중여론을 형성하며 한 방향으로 나아가기 때문에 그 후폭풍은 상당히 엄중할 때가 많다. 당시 한국정부는 이를 도외시하고 의사결정을 내림으로서 피해를 당하는 전략적 실수를 한 것이다.

한국은 국가안보의 자위적 조치를 중국이 침해한다고 생각하는 반면 중국은 한반도 전략무기 불균형 문제에 대한 관심보다는 자신들의 국방상의 안보 위협에만 치중하였다. 사드 배치는 중국 동북3성에 배치된 중국 미사일 전력이 미국에게 그대로 노출되는 치명상을 입는다고 보고 있다. 미국은 북한 미사일 방어용으로만 활용한다고 하지만, 사드 체제는 단시간 내에 전방 관찰용으로 바꿀 수 있고 그렇게 되면 중국의 전략체계가 드러나기에 다시 방어 태세를 갖추려면 현재 국방비의 10배 이상 투입해야 하는 점을 염두에 두고 반대했던 것이다.

중국은 한국이 중국 봉쇄 전략을 택한 미국의 수족이 되어 사드 배치와 같은 중국에 불리한 조치를 취해 위협을 조장한다고 인식하며 원망을 드러냈다. 당시 중국 외교부장은 한국을 남의 지시에 따라 칼춤을 추는 하수인(項莊舞劍)으로 비유하였다. 경제와 무역 등 다방면에서의 교류에도 불구하고 국방과 안보에서는 한국은 중국의 적대국가로 인식된 것이다.47

결국 사드문제의 본질은 남중국해 영토분쟁, 미중 간 무역역조, 환율조작, 기술 강제이전, 지적재산권분쟁 등 미·중 간 첨예한 갈등의 일환이라는 점이다. 중국은 남태평양 해상로를 통한 군사, 무역, 자원 확보 등 자신들의 실리 추구가 미국 견제로 훼손되는 점을 주목하고 있다. 한국은 이 문제를 미·중 간 문제로 부각시키는 전략을 간과하였다. 미국 말대로 사드가 북한 미사일 방어용으로만 쓰이는 것이라면, 한국은 중국 옵서버를 사드 기지에 파견하여 감시토록 하고 미국이 이를 허용토록 하면 되는 문제다. 한국은 보복 받을 필요 없이 북한에도 효율적으로 대응하는 일거양득이 될 수 있었다.

한국이 중국 정서를 제대로 파악하지 못한 채 전략 부재의 상태로 협상에 임한 점도 지적된다. 당시 한국정부는 중국 측에 사드 배

47 우리가 말하는 군사주권 행사는 중국을 설득할 수 없다고 한다. 국지전 감행 시 사드를 활용하는 순간 전쟁상태가 되며, 그 상태에서는 연합사가 지휘봉을 잡게 되므로 주권 행사는 불가능하다. 군사주권이 성립되려면 1조 5천 억짜리 사드를 사면 되는데, 이를 구입하지 않고 미국 통제 하에 두면서 군사주권을 외치는 것은 모순이다. 수도권과 황해도 간 치열한 싸움이 전개되면 우리가 훨씬 불리하기에 분단관리 즉 평화체제 유지가 중요하다. 평소에 사드는 미국이 경비를 부담하기 때문에 미국이 운영하지만, 전쟁 시에는 한미일 통합군사 체제하에서 관리하므로 일본도 참여하게 된다. 미국의 사드 관련 보고서에서 스스로 안전과 신뢰도에 있어서 문제나 한계가 있다고 말한다. 북한이 보유한 800-1000개의 미사일을 동시에 쏘면 사드의 대응포는 40여 발에 그치기 때문에 대응이 어렵고, 북한의 무수단이나 SLBM은 요격이 가능하지만 제주도 밑에서 쏘는 미사일은 막을 수 없어서, 그 효용성은 크지 않다고 한다. 사드는 미군 시설보호를 위해 남쪽에 배치하였기 때문에 2,000만 명이 거주하는 수도권은 무방비 상태가 된다는 분석이 나온다.

치를 하지 않는다는 태도를 유지하며, 단거리용 한국형 KAMB를 준비하고 있고 사드는 고려하지 않는다고 발표했다. 그러다가 협상이나 사전 입장 교환 없이 전격적으로 사드 배치 결정을 하였고, 이를 예상 못한 중국정부는 배신감을 느낀 것이다.

중국은 일반적으로 협상을 좋아하며 그 협상 기간이 긴 편이다. 시간이 걸려서라도 끝까지 충분한 협상을 통해 입장을 이해시키고, 결국은 미·중 문제라는 논리로 끌고 가면서 한국의 피해를 줄이고 중국의 우려를 줄이는 노력을 했어야만 했는데, 협상 부분을 생략하고 다급한 결정을 내린 것이다. 중국은 협상 기간이 길지만 속으로는 계산을 하며 적절한 접합점이 보이면 합의하는 실용적 면을 가지고 있다. 중국의 이러한 의사결정 특징을 고려하면서 다양한 루트의 전략대화를 통해 우리의 입장을 전달했었으면 하는 아쉬움이 있다.48

상대국에 대한 반감으로 촉발된 시위나 봉기, 불매운동은 회오리처럼 순식간에 일어나 걷잡을 수 없기에 사전에 이를 방지하기 위한 세심한 조치가 필요하다. 현실적으로 한국의 수출 총액 중 26%에 해당하는 대중 수출과 한국산 제품의 중국시장 점유율 10%는 한국과 중국의 상호의존성을 보여준다. 한국은 중국으로부터의 600

48 중국은 주중한국대사를 초치하여 군사대응이라는 엄포를 놓았고, 중국 언론은 한국기업제재 요구 기사를 쏟아냈다. 한·미동맹 속에서 한·중관계의 한계를 느꼈을 것이다. 중국은 과거 독립운동 지원, 북한과의 등거리외교, 무역수지, 한류 수용, 관광 교류, 복수비자발급, 한국기업 우대, 북한 탈북자 인도, 독도에 대해 한국입장 지지, 일본 역사왜곡에 대한 공동대처, 안중근의사 기념관 및 상하이 & 충칭 임시정부청사 복원 등 신뢰구축에 힘쓰며 내심 한국이 중국 편에 서길 원했지만, 사드 갈등 속에 한국이 미국-일본과 라인을 구축하면서 그 신뢰를 거두어들였다. 일본의 강대국화, 미국의 견제에 더해 한국까지 가담하는 점에 우려와 불신을 보였다. 제한적 사드 사용 천명, 북핵 폐기 즉시 사드 철수라는 제안으로 중국의 우려를 해소하는 제스처가 필요했다.

억 달러의 무역수지 흑자, 30조원의 관광수입, 한류문화콘텐츠 진출, 중국내 25,000개의 한국기업 활동 등 많은 이익을 챙겨왔다. 이념이 아닌 국익과 실용 외교를 추구해야 할 필요가 여기에 있다. 군사안보의 중요성만큼 경제안보도 중요하기에 중국의 정서를 이해하고, 사전에 충분히 교감하면서 그들의 자존심을 폄훼하는 언행은 조심해야 한다. 사드 배치 찬반을 떠나 민족 정서를 자극했을 때 발생할 수 있는 후폭풍을 감안한 철저한 대비가 필요하다.

한국여행금지, 한국산 제품에 대한 불매운동, 문화콘텐츠 등 각종 분야에 대한 교류 중단, 국가방침에 따라 사드 부지를 제공한 롯데에 대한 불매운동과 인허가 불허 등 전방위적 경제, 무역 및 한류문화산업 전반에 대한 한한령(限韓令) 속에 한국의 대응전략은 막대한 손실을 끼치는 결과를 초래하였다.49

중국의 한국에 대한 보복행위 패턴은 기타 국가에 대한 보복행위 패턴과 유사하다. 하나의 중국 정책에 위반되거나 중국 모욕, 영토분쟁과 군사적 갈등이 발생할 때마다 수출입 규제, 불매운동, 여행 금지, 중국 내 기업 행정조치로 대응한다.

2008년 프랑스의 달라이라마 초청에 대해 중국은 에어버스 수입 취소와 까르푸 불매운동을 벌였고, 2010년 일본의 센카쿠열도 중국 선박 나포 건에 대해 희토류 수출 중단 조치를 취했으며, 과거사 문제에 대해 일본산 자동차 불매운동으로 대응하였다. 상하이에 온 일본 관광객이 눈에 화상을 입고 타박상을 입기도 하였고, 산둥 칭다오의 일본기업

49 사드와 같은 안보 이슈를 문화 차원의 한류와 연계하는 것은 부적절하지만, 중국은 연계시킬 수 있다는 점을 간과해서는 안 된다. 사회주의 중국에서는 공산당과 정부가 통치이데올로기 전파를 위해 문화산업을 수행한다. 체제 위협 판단 시에는 국무원 산하 신문출판관광총국에서 통제에 들어간다. 총국 뒤에는 선전부, 그 뒤에는 공산당이 통제한다. 일각의 혐한류와 함께 한국 연예인이 중국에서 많은 돈을 버는 것에 대한 반감도 있다.

창고가 파괴 약탈되고, 후난성의 일본계 백화점이 습격당하기도 하였다. 2010년 중국 반체제 인사 류사오보에 대한 노르웨이의 노벨상 수여에 대해 노르웨이산 연어 수입을 제한하는 보복을 하였고 2016년 몽골의 달라이라마 방문 허용에 대해 국경통과 차량에 통행세를 부과함으로써 타격을 주기도 하였다. 1991년부터 2008년 사이 달라이라마 입국을 허용한 외국 국가들이 중국으로부터 무역보복을 당하여, 대략 8%-17%의 수출 감소를 초래하였다는 보고도 있다.

중국이 외교 사안 관련 경제 보복한 예

2008년 프랑스, 달라이 라마 초청
→ **에어버스 150대 수입 계약 취소**

2010년 일본, 센카쿠 열도 인근에서 중국 선박 나포
→ **희토류 금속 일본 수출 중단**

2010년 노르웨이, 중국 반체제 인사 류사오보에게 노벨 평화상 수여
→ **노르웨이산 연어 수입 제한**

2012년 일본과 영도 · 과거사 갈등 발생
→ **일본산 자동차 불매 운동 전개**

2013년 필리핀과 남중국해 영유권 분쟁
→ **필리핀산 바나나 수입 제한**

2016년 몽골, 달라이 라마 방문 허용
→ **국경 통과 차량에 통행세 부과**

남태평양 팔라우가 타이완과 외교관계를 유지하자, 중국은 타이완과의 단교를 요구하며 팔라우 관광 중단으로 압력을 가했지만, 필라우 대통령은 팔라우는 스스로 결정한다면서 단교의 뜻이 없음을 분명히 한 바 있다. 고려대학생회 행사에 티베트 부스가 설치된 사실에 대해 티베트를 국가로 인정했다는 중국 언론과 네티즌의 비판이 나오자 주한중국대사관이 해명을 요구하였고, 트와이스 쯔이의 타이완 청천백일기를 휘날리는 온라인 동영상으로 인해 사과하는 일도 있었다.

2009년과 2013년, 필리핀과의 남중국해 영유권 분쟁 때 중국은 필리핀산 바나나 수입을 중단하였고, 2016년 타이완 정부가 독립주장을 할 때 중국은 끊임없이 경제 군사적 위협을 가하며 관광 중단 조치도 취했다. 돌체앤가바나 창업자의 "중국 똥 같은 나라"라는 발언과 인종차별 광고가 문제가 되면서 그 제품이 중국 인터넷

쇼핑몰 징둥닷컴, 알리바바T몰, 샤오훙슈, 세쿠등 이커머스 사이트에서 판매 중단된 바 있다.

캐나다가 화웨이 CEO 런정페이(任正非)의 딸 멍완저우 부회장을 구금하자, 중국은 미국의 정치적 음모라고 주장하며 캐나다 상품 불매운동을 벌였다. 미국과 중국의 고래싸움에 캐나다가 끼면서 새우등이 터진 격이 되었다. 화웨이 본사가 있는 광둥 선전의 한 기업은 멍완저우 체포에 대한 반항으로 아이폰을 사면 상여금을 깎겠다고 선언하기도 했다. 청두, 후난성, 산시성에서도 아이폰 대신 국산품을 쓰자는 화웨이 지지 운동을 벌였다. 캐나다 마약사범에 이례적으로 사형을 선고하고, 화웨이 사태 후 한 달간 캐나다인 13명이 중국에 구금되기도 하였다. 사드 갈등으로 반미 정서가 고조되면서 맥도날드와 KFC 및 나이키 불매운동이 벌어지기도 하였다.

사드 문제 발생 후 수년이 지난 후에야 중국의 한국에 대한 보복이 줄어들기 시작하였다. 2019년 말에는 한국과 중국 간 '국방 전략대화'가 재개되었다. 2011년 시작된 양국 국방 당국 간 고위급 정례회의로 매년 베이징과 서울을 오가며 열어오다가 주한미군의 고고도 미사일방어체계, 사드 배치 논의 등의 영향으로 중단된 바 있다. 사드 사태 이후 한국기업으로는 최초로 2020년 SK이노베이션의 배터리가 탑재된 베이징자동차그룹의 전기차가 중국 정부 보조금을 받게 되었다.

사드 문제는 반도의 지정학적 위치에서 살면서 긍정 요인을 살려 나가고 부정 요인을 최소화하며 인내와 협상을 통해 지혜로운 실리 전략을 찾아가야 한다는 점을 새롭게 인식하는 계기를 만들었다. 현실적으로는 한·미동맹과 중국과의 전략적 협력이라는 두 틀을 균형 있게 유지하는 것이 필요하다. 차이나 리스크를 피하기 위해서 중국에 대한 편중된 무역구조를 개선하고 다변화하는 방안도 모색해야 한다.

3) 코로나19(COVID-19)와 반중 정서

2019년 말 2020년 초 중국 우한에서 발생한 코로나바이러스감염증이 한국을 포함한 거의 모든 국가에 퍼지면서 그 발원지 중국에 대해 반감이 크게 일어났다. 사과나 유감 표명이 없는 태도에서 생기는 반중 정서는 충분히 이해가 되지만, 무리한 논리로 반감을 조장하는 점은 성찰할 필요가 있고, 나아가 편향된 정치 시각 즉 친중과 친북은 공산화 과정이라는 일방적 관점에는 주의할 필요가 있다.

동북아 질서유지와 평화, 경제무역 등 전반적 영역에서 중국과의 교류는 필요하며, 때에 따라서는 평화통일을 위해 북한을 달래야 할 필요도 있다. 중국이 필요할 때 인도주의 차원에서 마스크를 전달한 사실에 대해 중국으로 마스크가 모두 가버려 정작 우리가 마스크 부족에 시달린다는 비판은 다소 무리한 견해다. 중국으로 마스크를 보내서 마스크 가격이 크게 올랐다는 주장도 있지만, 당시 일본도 마스크가 8,000원 이상 하는 등 마스크는 전 세계적으로 절대 부족한 상황 속에서 가격이 뛴 것이다. 이성보다 감정에 호소하는 반중 정서는 결국 설득력을 잃고 양국 모두에게 도움이 되지 않는다.

실제 전달 마스크 수량은 중국인 수에서 보면 많은 양이 아니고 그 속에는 한국 거주 중국인들이 보낸 분량도 포함되어있다. 후에 신천지사태로 우리가 위급해졌을 때 중국은 보은의 마음으로 마스크를 보내왔다. 주한중국대사관을 통해 상하이와 산둥 지역의 마스크가 전달되었고 알리바바 창업주 마윈도 마스크를 기부하였다. 톈진, 광둥 지역 주민들도 우리 교민에게 선물로 격려하고 임대료를 낮추었다.

주한중국대사관의 마스크 증정 (출처: 바이두)

코로나바이러스 기승 당시에 일부 네티즌들은 중국인과 조선족 동포 입국을 막지 않아서 국내 감염이 확산하였다고 주장했다. 발원지가 중국 우한이라는 점에서 중국에 대한 부정적 인식은 당연하다. 그러나 그들을 막지 않아서 문제가 되었다는 식의 주장은 주관적 측면이 강하다. 이 부분은 반중 정서를 부추기는 상황을 초래할 수도 있기에 정확한 분석이 필요하다. 실제로 한국은 2020년 초부터 우한에서 입국하는 중국인을 막았고, 공항 검역을 통해 중국에서 오는 바이러스 진입을 차단하였으며 나름대로 검역과 방역으로 통제가 되고 있었다. 하지만 이후 신천지 교단으로부터 확진자 수가 늘어나고 신천지는 이를 숨기면서 더욱 급속하게 확산되었다.

당시에 입국을 막았다고 해도 중국의 은폐 기간 중 이미 중국과의 왕래를 통해 바이러스에 노출된 무증상 감염자에 의해 서서히 전파되었을 것이기에, 중국 발표 후에 입국 금지조치를 취했다고 해도 시기적으로 이미 늦었으며, 입국 금지가 아니라 철저한 검역과 추적 관리가 좀 더 적절한 방법이었다. 이탈리아의 경우에 중국인 입국 금지조치를 했지만 엄청난 확진자 및 사망자가 발생하는 위기를 겪었다. 입국 금지 주장은 이미 감염이 시작된 상황이라 최선이라고 볼 수 없다.

2020년 1월 20일 첫 확진자 발생 전에는 바이러스가 중국 우한지역 방문자를 중심으로 전파되었을 테고, 2월 18일부터 신천지 교인을 통해 크게 확산되었다. 중국에서 발원하여 우한지역 교인과 교민이 왕래하면서 2차 확산이 시작되었다는 시각이 좀 더 합리적이다. 오랫동안 중국을 왕래하면서 베이징과 상하이 교민이 늘어나는 상황은 인지하고 있었지만 우한 교민은 거의 없던 것으로 파악해왔는데, 우한 봉쇄 후 정부가 전세기로 우한 교민을 태우고 귀국한 인원이 많아 의아했다. 그 배경에는 신천지 우한 교단 확장의 영향이 있었던 것이고, 결국 바이러스 확산에 우한과 신천지의 연결고리가 일부 작용한 것이다.

혹시라도 중국인이나 조선족 동포가 우리나라에서 감염원 역할을 했다면 수많은 중국인이 무비자로 방문했던 제주가 첫 번째 지역이 되어야 한다. 그런데 중국 관광객이 많은 제주에는 당시 4명의 확진자만 나왔고 중국인과의 연결고리도 없었다. 도리어 3월에 폴란드인과 프랑스인, 유럽여행을 한 과외교사가 확진 판정을 받았다. 조선족 동포가 바이러스를 퍼뜨리니까 그들을 조사해야 한다는 주장도 있었지만, 실제로 그들이 대거 거주하는 서울 대림동 차이나타운이나, 경기 성남의 중앙시장 차이나 거리 등 중국인과 조선족 동포 집단거주지와 상권에서 바이러스 확진자 발생이 한 건도 없었다.

2020년 봄, 개학을 맞아 중국인 유학생 입국을 막으라는 요구가 있었다. 유학생들이 옮길 것을 걱정해서인데, 중국 학생이나 그 부모들이 도리어 한국에서의 감염을 염려했기 때문에 당시 중국 유학생 7만여 명 중 상당수가 스스로 입국하지 않았다. 2명의 중국인 학생이 확진 판정을 받았지만, 공항에서부터 검역 및 관리 추적이 가능하기에 통제가 가능했다. 대학에서도 학생이나 중국인 교환교수 입교 시 바로 기숙사에서 2주간 자가격리 조치 후 건강을 체크하고 나올 수 있도록 체제를 갖추었다. 모든 외국인 입국을 금지하면 전면 고립될 수밖에 없는 상황이기에 입국 금지보다는 검역 절차를 강화하는 것이 중요하다. 특정국 외국인의 입국 금지는 쉽지만, 제3국을 통해 들어올 경우 레이더망에서 사라질 수도 있다. 울산대는 매년 가을 신임 외국인 교수를 초빙해왔는데, 2020학년도에는 중국 자매대학에서 한 명도 지원하지 않았다. 우리가 바라보는 중국과 병행하여 중국이 한국을 바라보는 시각도 염두에 두고 볼 필요가 있다.

중국 공산당 정부는 코로나 상황을 은폐하고 문제를 키운 잘못이 있다. 내부적으로 공산당 방어를 위하여 사건을 호도하거나 발원지와 감염원을 분리하여 초점을 분산시키는 여론을 조성하는 특수한 국가이기도 하다. 그런데 역설적으로 중국은 공산당 정당국가이기 때문에 가능한 완전 봉쇄 명령을 통해 방역을 강화하여 그나마 상황을 호전시키는 특수성도 지니고 있다. 거대 면적을 지닌 중국의 우한 봉쇄 조치는 타국 봉쇄와 맞먹는 효과가 있다. 우리나라는 봉쇄를 해도 좁은 공간이라 A 지역에서 B 지역으로 샛길이나 산길을 통해 이동이 가능하지만, 중국은 지역 이동을 위한 교통망을 원천 통제하기 때문에 서로 간격이 큰 지역 간 봉쇄는 출입국 봉쇄 정도의 효과가 나타난다.

극우 편향 유튜버 중에는 중국 전문가 이력과 관련 자료에 근거하여 중국을 분석하고 향후를 전망하지만, 그 편협된 시각은 자칫 시청자의 중국에 대한 오해나 판단 오류를 부르기도 한다. 중국 생활 30년의 교민인 지인은 2020년 2월 말 시진핑이 심복 왕치산을 처형했고, 중국 공산당이 코로나바이러스가 주춤하자 사회생활을 하도록 했다가 며칠 만에 제한하였다고 하며, 이를 통해 볼 때 시진핑 중심의 정치세력은 이반할 것이고 바이러스는 2주 후 극도로 퍼질 것이라고 단언하였다. 하지만 그 역시 유튜브에 의거하여 진단한 것으로서 결과는 사실과 달랐다. 그 후 시진핑은 영웅시되고 코로나는 안정적 상황을 유지하였다.

우리 생각과는 달리 중국인 대부분은 언론의 영향을 받아 발원지는 우한이지만 그 이전의 감염원은 우한이나 우한의 연구소가 아니라 미국 등 복수의 지역일 가능성도 있다고 보고 있다. 중국 연구소와 현 바이러스의 일치도가 80% 정도밖에 되지 않아서 불일치하다고 주장하고 있다.[50] 물론 20년 9월 중국 출신의 바이러스 학자인 옌리먼은 바이러스가 우한 실험실에서 인위적으로 만들어졌으며 이를 곧 입증할 것이라고 밝히기도 했다. 공산당이 사실을 공개하지 않고 한 달여 은폐하며 일을 키운 측면과 중국 내부에서 바이러스 상황을 폭로한 의사 리원량에 대한 압박은 비판적 시각에서 직시해야 한다. 다만 공산당이 봉쇄를 통해 일부의 인권이나 생활상 편의를 희생시키고 다수의 안전을 택한 전략적 운용은 나름의 특수배경 속에서 이루어진 적절한 조치로 볼 수 있다. 공산당 밀어붙여식 전략은 많은 인구 속에 인권에 종종 무시되는 일이 발생하고 이것이 관행으로 이루어져 왔다. 그래서 세계는 중국인 대다수를 피해자로 보지만, 중국 내 국민 13억 9,900만 명은 스스로 확진자로부터의 안전을 꾀하고 있다고 생각하고 있다.

50 스저리 우한바이러스연구소 센터장은 잡지 「사이언스」와의 인터뷰에서 우한연구소는 코로나19가 퍼진 후 연구를 시작했기에, 연구소에서 코로나바이러스가 퍼졌다는 주장은 시간이 맞지 않는다고 주장한다. 연구소가 코로나19 샘플을 제공받은 때가 2019년 12월 30일인데, 이 바이러스에 대해 연구한 적도 접촉한 적도 없어서 당시 정체불명 폐렴(不明原因肺炎)의 샘플로 불렸다고 한다.

세계가 중국을 향해 사과를 요구하지만 중국은 문혁 이후 잘못의 시인은 불이익이라는 경험이 있어서 사과하지 않고 도리어 이를 합리화시키는 경향이 있다. 애국 성향을 지닌 젊은 층의 당과 국가에 대한 충성심에 기대어 저자세를 취하지 않고 자신들의 계획대로 나가고 있다.

4) 한류와 혐한류

1990년대 들어와 한국 가요와 드라마, 영화 등 대중문화가 중국을 강타하였다. '한류(韓流, Korean wave)'라는 신조어와 함께 그 열기가 중화권에서 시작되어 아시아 및 세계로 확산되었다. 이 신조어는 1997년 타이완 <연합보(聯合報)>에 처음 등장하였고, 이후 1999년 11월 대륙 <베이징청년보(北京青年報)>에서 사용하였다. 당시 클론과 HOT가 공연을 통해 중국 청년들의 환영을 크게 받는 현상을 보도하면서 이 용어를 사용하였다. 국내 언론에서는 2000년 베이징 공인체육관에서 열린 HOT 공연 때 사용했으며, 2001년 홍콩 『아주주간(亚洲周刊)』은 배우 김희선을 표지모델로 삼고 '한류'라는 용어로 한국문화상품의 붐을 설명한 바 있다.

한류가 시작된 시점은 1990년대 중반 드라마 <사랑이 뭐길래>가 중국에서 방영되면서부터다. 이후 1990년대 후반에 K-팝 아이돌 그룹의 공연 그리고 드라마에 빠져들며 한류는 급속도로 확산되었다. 물론 S기업이 안재욱, 핑클 등 대중스타를 광고에 내세워 제품 영업이익의 극대화 전략으로 한류의 흐름이 조성된 측면도 있다.

대중가수 HOT, NRG, 핑클, 베이복스, 코요테, 이정현, 신승훈, 비, 빅뱅, EXO, 2PM, 싸이, 황치열, BTS 공연과 배우 전지현의 <엽기적인 그녀(我的野蠻女友)>, 김희선과 성룡의 <신화>, 장동건의 <무극>,

드라마 <순풍산부인과>, <사랑이 뭐길래>, <가을동화>, <겨울연가>, <별은 내 가슴에>, <모델>, <보고 또 보고(看了又看)>, <노란손수건(黃手帕)>, <인어아가씨(人魚小姐)>, <굳세어라 금순아(加油! 金順)>, <대장금>, <별에서 온 그대(來自星星的你)>, <태양의 후예(太陽的後裔)>가 사랑을 받았다. 2019년 JTBC에서 방영한 <SKY캐슬(天空之城)>은 중국 웨이보에서 3억 이상의 클릭 기록을 남겼다.

후난(湖南) 방송의 <대장금>은 밤 10시 방영에도 불구하고 47.8%라는 시청률을 보였고, 그 인기에 힘입어 한국 전통요리와 한복 붐의 대장금신드롬을 낳았으며, 후진타오 당시 주석도 시청을 즐겼을 정도다. 상하이에는 '대장금', '신대장금', '신장금'이라는 간판을 내건 식당들이 생겨났고, <대장금> 주제가는 중국 가수의 번역곡으로 재탄생하여 대중들의 인기를 끌었다. <별에서 온 그대(来自星星的你)>의 남자 주인공은 상하이 등 대도시 광고 모델로 활약할 정도로 인기가 높았다.

<런닝맨>, <슈퍼맨이 돌아왔다>, <아빠 어디가>, <나가수>, <불후의 명곡>, <무한도전>, <1박2일>, <은밀하게 위대하게> 등 예능프로 콘텐츠 수출도 늘어났다. 콘텐츠와 함께 영상기술 수출도 늘어나는 추세여서, 중국 흥행영화 빅10 중 3편이 한국 CG를 사용할 정도였다. 한류 현상 속에 한국을 좋아하는 합한족(哈韓族)도 생겨나고, 한국 기업 상품 판매도 호조를 이루는 것으로 나타났다. 한국제품은 안전하고, 디자인이 세련되고 가격 대비 성능이 좋다(質量高, 價格實惠)는 평을 받고 있다. 한류는 중국 커피 시장에도 영향을 주었다고 한다.

한국 드라마가 중국에서 인기를 끄는 요인으로는 우선 드라마에는 완전히 선량하거나 악한 주인공이 등장하지 않고, 노·중·청 3세대 배우 간 조화를 이루며, 속도감 넘치는 극 전개와 캐릭터 반전이

라는 3대 흥행요소를 지니고 있기 때문이다. 다음으로 가족 간 끈끈한 인정미와 서로를 배려하는 마음, 가족의 가치를 표현하고 있기 때문이다. 풍부한 내용으로 감동을 주면서도 때에 맞춰 새로운 형식으로 창조해내는 부분도 흥행 요인이다.[51]

또한 임금과 신하 간 충, 부자간 효, 어른에게 인사하는 예의범절과 미풍양속도 그 요인 중 하나다. 20세기 서구의 근대화 문화 굴레 속에서 채우지 못한 아시아인의 심금을 유교 문화에 뿌리를 두고 새롭게 창조된 한국 드라마가 울린 것이다. 문화대혁명으로 없어져 버린 유가사상을 한국 드라마 속에서 발견하고 그 보존의 양호함에 흐뭇함과 함께 전통을 공유한다는 문화적 근접성을 느끼는 것이다.(一直保存得很好) 한류에 대한 계층 간 반응도 달라서 노인층은 옛날 자신들의 어린 시절 정서를 드라마를 통해 회고하고 대리만족하는 반면, 젊은 층은 힙합이나 대중가요를 추구하며 인기 그룹을 통해 대리만족하였다.

한류 확산이 중국에서 가능했던 사회 내부요인은 다음과 같다. 개방 후 중국 경제의 발전과 소득향상, 대중문화에 대한 수요의 급속한 창출, 자본주의적 시장경제체제로의 전환에 따른 문화의 상업화, 상업자본의 유입과 광고 수입원의 폭증으로 인한 대중매체 발전, 외국문화에 대한 개방, WTO 가입 후 더욱 가속화된 시장개방, 전국적인 시청이 가능한 상업적이고 개방적인 지방 위성TV의 활성화, 급성장한 중국 드라마 시장의 존재와 중국산 대중문화상품 공급 부족, TV 수신율, 타이완·홍콩 등 중화권 문화시장의 사전 형성, 조선족과의 공존을 통한 한국문화에 대한 이해, 선진국 대중문화에

51 월드컵 저력, 촛불시위의 저항성, 올바른 가치 지향, 쌍방향 인터넷문화, 분단과 파행의 자본주의를 겪으며 굴절이 내포된 총체적 문화 등 근현대문화가 지닌 역동성과 활력이 한류를 만들었다는 견해도 있다.

대한 거부감에 따른 한국 대중문화 역할이 요인이 된다.

한류의 파급효과는 컸다. 아오란, 중마이(中脈), 유더그룹 같은 중국 기업들이 직원들을 한국에서 인센티브 휴가를 보내게 하고, 2016년 한해 250척의 크루즈선이 부산에 입항하면서 관광요식업이 호황을 이어갔으며, 식품과 화장품의 매출이 급증하고, 파리바게트나 뚜레쥬르 같은 프랜차이즈 기업과 복합쇼핑센터의 중국 각 지역 진출이 활발해졌다. 항저우 슈퍼브랜드데이 행사에서는 휴롬과 삼성, 아모레퍼시픽 제품이 광군제 히트 상품이 되기도 하였다. 유명 왕홍(인플루엔서)들이 한국 제품을 SNS에 소개하면서 홍보에 일익을 담당하기도 하였다.

2014년 방문했던 남부 장시성의 난창은 길거리나 택시 광고문구마다 "我来自韩国-韩美整形"라고 쓰여 있었다. 해석하면 "저는 한국에서 왔습니다-한미성형"이다. 한국에서 온 의사들이 개업한 성형외과 광고문구가 도시 전체에 퍼져있었고, 그곳 라디오 방송에서는 한국 노래가 계속 흘러나왔다. 난창의 홍뉴쥔팅(紅牛君亭) 호텔에서 계산을 위해 카드를 내밀자 직원이 "이게 한국 신용카드예요?"하며 신기해하는 모습도 기억에 남는다.

반면 한류 속에 동방위성TV 극한도전(限挑)이 무한도전을 모방하는 프로그램 표절 문제도 대두됐다. 모방으로 성장한 샤오미(小米)가 인기몰이하자 샤오미 모방 제품이 판매되어 이제는 자국 상품의 피해로 부메랑으로 돌아오고 있다. 중국 내 지적재산권 보호가 절실하다.[52]

---

52 중국의 프로그램 표절 현황은 다음과 같다. 후난위성TV <아가나소자>는 SBS의 <미운오리새끼>, 중국 아이치이 <우상연습생>, 동방위성TV <짜요미소녀>, 큐큐닷컴티비 <최강여단>은 Mnet의 <프로듀스101>, 후난위성TV <동경하는 생활>은 tvN의 <삼시세끼>, 동방위성TV <꽃보다 청춘>과 상하이위성TV <꽃보다 프렌즈>는 <꽃보다 청춘>, 후난위성TV <천애적객잔>은 JTBC의 <효리네민박>, 후난위성TV <가수>는 MBC의 <나는 가수다>, 장수위성TV <더 나은 소리>는 KBS의 <노래싸움-승부>, 중국 동영상 플랫폼 텐

중국 속 한국 식당

중국은 국가 차원에서 자국 콘텐츠 육성을 위해 해외 콘텐츠에 대한 진입 문턱을 높이는 등 반한류 현상도 나타났다. 2016년 중국 국가신문출판광전총국은 외국 방송 콘텐츠 규제 방안을 발표하였는데, 그 내용은 사전심의 승인을 받아야 하고, 7시 반-10시 반 사이에는 2개 이상의 해외프로그램을 방영할 수 없다는 것이다.

2016년 사드 갈등 후 한한령으로 한류가 주춤하게 된다. 한류방송 제한 소식에 한국 엔터테인먼트나 화장품 관련 주식도 급락하였다. 중국에서는 '한국 드라마, 영화, 예능 프로그램 및 한국 작품 리메이크 콘텐츠의 방송 금지 및 한국 배우의 예능 참여 금지'라는 지침이 각 방송국 책임자들에게 전달되었다. 한류 배우의 드라마 하차, 모자이크 처리, 팬 미팅과 공연 연기 등이 이어졌다. 송중기 출현 광고가 인기를 끌자 광전총국이 자국 문화콘텐츠 보호를 위해 <태양의 후예>를 홍보하지 말라는 지시를 내리기도 하였다. 콘텐츠 제작·유통사와 연예기획사는 중국 비즈니스를 중단해야 하는 상황이 되었다. 2019년 이후 양국 간 문화콘텐츠 교류가 회복되는 기미를 보이지만 한류에 대한 장벽은 당분간 지속될 것으로 전망된다.

이제 한류를 좀 더 승화시켜 끊임없는 생산 고리를 이어가며 누구나 쌍방향의 대화 소통이 가능하고 공존의 이념을 지향해야 한다는

센트비디오 <심동적신호>는 <하트시그널>을 모방하고 있다.

목소리가 나오고 있다. 한류가 일회성의 상업성과 문화패권주의로 흐를 가능성을 경계하는 목소리도 있다. 1960년대와 1970년대 한국에 풍미했던 홍콩과 타이완의 문화 물결과 1990년대 일본의 일류처럼 스쳐 지나가는 일과성 현상이 되지 않도록 노력해야 할 것이다.

최근 한국에서 중국 드라마(중드)와 영화가 방영되고 있고, 넷플릭스, TV, 또는 스마트폰을 통해서 감상하는 이른바 중류(中流)도 형성되고 있다. 쑨리의 <미월전>, <초한쟁웅>, 윤아와 자칭의 <무신조자룡>, 장서희의 <수당영웅>, 안젤라 베이비의 <고방부자상>, 리청의 <신환주격격>과 <난릉왕비>, <미인천하>, <대당유협전>, <진시명월>, <초한지>, <와신상담>, <척계광>, <무미랑전기>, <헌원대제> 등은 중국 신화와 역사를 배경으로 이야기가 전개되는데, 그 촬영기술이나 인물 연기, 소품과 고사 전개가 세련되면서도 대륙적인 면모를 보여준다. 고전 판타지 드라마 <주선청운지>, <삼생삼세십리도화>와 추자현의 <수수적남인(수수의 남자)>, <화목란전기>, <치아문단순적소미호(致我們單純的小美好)>도 인기리에 방영되었다. 2020년 디즈니에서 제작한 영화 <뮬란> 역시 꾸준하게 인기를 얻었다. 양국 간 쌍방향 교류라는 점에서 고무적인 현상이라고 평가된다.

5) 역사 문제

2000년대 들어와 중국은 동북공정(東北工程)이라는 프로젝트를 통해 고구려사와 발해사를 중국의 지방정권사로 흡수하려는 역사 왜곡을 시도하였다. 논란이 거세지자 한국의 중국에 대한 분함과 불만의 정서도 고조되었다. 중국은 우리에게 무엇이고, 우리는 중국을 어떻게 보아야 하는지에 대한 근본적인 문제가 던져졌다.

정치적 관점에서 보면, 남북통일 시에 조선족 거주 지역의 영토

문제와 조선족 정체성 문제를 원천 봉쇄하려는 포석이라고 볼 수 있다. 조선족이 많이 거주하는 동북 3성은 고구려 유적지가 많고, 그동안 우리와 지리 문화적 친연성이 깊은 지역이다. 북한과 접한 중국으로서 향후 한반도 변화에 대비하지 않을 수 없었을 것이다.

중국 내부의 다원적 사회구조의 모순을 해결하기 위해 역사에서 해법을 찾았다는 분석도 있다. 한국에서도 재외동포특별법을 제정하여 국적회복운동을 전개하면서 동북지역 사회의 안정을 해칠 우려가 높다고 판단하여 고구려와 발해 역사를 중국의 변방 지방정부의 일부로 편입하려는 것이라는 분석이다.

한족(漢族)의 중국 역사 왜곡은 예전부터 시작되었다. 한대 사마천의 『사기』에서 한족 중심의 역사 왜곡이 한차례 이루어졌고, 이후 역대 경학자와 주석가들에 의해 한족 중심주의 논리 속에 역사 왜곡이 강화되어 왔다. 하지만 고대 중국은 서방의 화하계, 동방의 동이계, 남방의 묘만계 등 여러 민족이 공동으로 일군 다민족 다문화 지역이었다. 중원 역시 여러 민족이 돌아가면서 문화의 꽃을 피웠다. 후에 황하문명, 양자강문명, 요하문명 등 다양한 문명권은 한족 중심으로 재편되고 단일문명으로 재구성된 것이다.

현재 중국이 14억의 인구에 한반도의 수십 배 공간을 차지하고 있다는 상황에 매몰되어, 현재 중국 내 유물과 유적을 모두 중국 것으로 간주하는 것은 커다란 오류가 된다.53 중국이 역사왜곡 문제

---

53 콩을 의미하는 '두(豆)'는 원래 제사 때 사용하던 제기의 상형문자다. 이후 콩을 의미를 지닌 가차문자로 바뀐다. 따라서 제기를 의미했던 당시에 출현한 문헌 속 '豆'를 콩으로 번역한다면 이는 오류가 된다. 역사왜곡 역시 오늘을 기준으로 어제를 논하는 잘못에 기인할 수 있다. 중국 내 고구려 유적이 중국 것이라면, 북한의 같은 유형의 유적은 어떻게 해석할 것인가? 중국이 조선족 언어문화를 자신들 문화의 일부로 보는 관점은 한반도의 한국어와 한복 같은 한국문화를 자신들 문화의 일부로 보는 것이기에 이러한 논리라면 한국의 독창성은 사라지고 마는 것이다.

를 가볍게 보고 현재 영토에 포함된 지역을 모두 중국사로 편입함으로써 이웃 나라의 역사주권의식을 침입했다는 중국학자의 지적도 나온다. 현재의 필요에 의해 고대 역사를 재단하는 이고위금(以古爲今)의 대표적인 예이며, 삐뚤어진 현대판 화이관의 표출이라고 비판한 것이다.

저우언라이 전 총리 역시 동북지역은 조선민족이 오랫동안 살아온 지역으로 요하(遼河), 두만강 유역의 발굴 문물에서 증명되고 있고 조선 문헌에도 그 흔적이 남아있다고 말해왔다. 두만강과 압록강 서쪽이 중국 땅이었다거나 고대부터 조선이 중국의 속국이었다는 주장은 역사왜곡이자 대국국수주의 관점이라고 분명히 못을 박았다.

그동안 고구려가 한국사라는 관점을 유지해온 중국이 80년대 중반 이후 갑자기 중국사회과학원 학자들을 내세워 역사 바꾸기 시도를 하였다.54 리뎬푸(李殿福), 쑨위량(孫玉良), 쑨진지(孫進己) 등 중국 연구자들은 국가에서 정해놓은 틀에 따라서 역사를 꿰맞추고 있다.

고구려사 왜곡 논란이 채 가시기도 전에 중국은 또 상고사 문제를 들고 나와 상고 문명마저 왜곡하려는 시도를 보이고 있다. 중국이 그동안 내세워왔던 중화문명의 원류인 황하문명과는 다른 새로운 신석기·청동기 문명이 현재 랴오닝 지역을 중심으로 발견되었다. 이에 신화시대를 역사로 편입하는 단대공정(斷代工程)과 탐원공정(探源工程)을 결합하여 동북 고대문명을 전부 자신들의 역사로 심으려는 문명사 훔치기 시도를 하고 있다.

우리는 중국과의 역사문제를 역사왜곡(historical distortion)으로 보는 반면, 중국은 역사분규(historical conflict)로 바라보고 있다. 우

54 1970년대에 중국학자들은 고구려를 신라, 백제와 함께 한국의 삼국시대로 파악했다. 80년대 중반에는 장멍산(姜孟山), 류쯔민(劉子敏)이 고구려사는 중국사와 한국사 모두에 속한다는 일사양용(一史兩用)론을 주장한다. 90년대에는 고구려사는 중국사라는 견해가 중국 학계에 정설로 굳어진다.

리 입장에서는 왜곡에 대해 신화학, 고증학, 고고학, 언어학 등 다양한 시각에 입각한 단호하고 끈질긴 논리적 대응이 필요하다.

6) 강력한 외교정책

한·중 양국은 동일 유교문화권 속에서 오랫동안 상호 밀접한 관계를 유지해온 연유로 문화적 동질성이 강한 편이다. 하지만 민족과 체제 그리고 사고방식이 달라서 이로 인한 불필요한 오해를 낳기도 한다.

양국 간 쟁점 이슈들이 외교 문제로 비화될 때, 중국 측의 처리 과정에서의 행태가 이해하기 힘들 정도로 무례하여 당혹스러움을 느낄 때가 종종 있다. 국방부 장관이 중국을 방문했을 때, 인민해방군 총참모장이 한국의 동맹국인 미국을 비난하는 연설을 10여 분간 일방적으로 하였다. 2015년에는 상호 영사협정이 무력화될 정도로 한국인 마약사범에게 사형집행을 하고, 6일이 지난 후에 통보하였으며, 중국어선의 서해 해상 침입에 대해 도리어 한국 측 과잉진압을 문제 삼기도 했다. 그들은 왜 종종 무시하는 듯한 외교 행동을 취하는 것일까? 그 근본 원인을 제대로 파악해야만 적절한 대응 방안을 찾을 수 있다.

첫째는 공산주의 밀어붙여 식 사고에서 나오는 일방적 무시 관행에 기인한다. 한때 파룬궁(法輪功) 회원이 공산당원보다 많이 늘어나자 중국 정부는 단번에 파룬궁을 사교로 규정하고 대대적인 단속을 실시하였고, 힘없는 티베트를 무참히 짓밟는 억압도 수차례 단행했다. 철저히 힘의 논리에 근거한 사고방식이 지배하는 것이다.

외국 언론 취재에 대한 과도한 보도 통제와 밀어붙여 식 강압적 태도로 인해 마찰을 빚기도 한다. 미국 대통령의 공항 환영행사 취재 금지 사건이나 한국 대통령의 방중 시 취재단 일부가 중국 경호원과 마찰을 빚으며 폭행당하는 사건, 캐나다 총리의 전속 촬영기사가 회담장에 들어가지 못하게 막은 사건 등이 그 예다. 아시아인프라투자은행(AIIB)의 한국인 부총재 사임 후 중국이 5위 투자국 한국을 무시하고 프랑스인을 임명하여 한국의 주도권을 박탈하는 사건 역시 밀어붙이기 스타일이 작동했기 때문이다.

둘째, 중화중심사상의 우월감에 기인한다. 한족 중심의 화하계 민족이 그 유대를 강조하며 중화사상을 발흥시키고, 이후 숱한 위기 속에서도 자신들이 중심이 되어 주변 민족과 문화를 편입시켜왔다. 이러한 동화사상과 우월감이 개혁개방 이후 경제발전의 자신감과 함께 고개를 들면서 정도에서 벗어나는 언행이 나오는 것이다. 우월적 중화사상은 현재 내셔널리즘과 애국주의 형태로 나타나기도 한다. 중국인이 멸망 위기의 지구를 구한다는 내용이 애국주의 색채가 강한 영화 <류랑디추>와 중국판 <람보>인 <잔랑2>도 흥행에 성공한 바 있다.

한국에서의 티베트영화에 대한 삭제를 요구하는 지나친 참견을 하거나 김치 파동 관련 협상 중에 주한중국대사의 협박성 태도에 이어 한국 상품을 보이콧 하고, 2001년 중국산 마늘에 대한 관세율을 인상하자 중국이 즉각 보복조치로 휴대폰과 폴리에틸렌 수입을 금지하였다. 달라이라마 방한 문제를 놓고 일개 주한중국대사가 단교를 운운하는 언사를 서슴없이 내뱉었으며, 사드 갈등 시에는 모든 책임은 한국에 있다고 하며 경제무역 보복으로 대응해왔다. 이렇게 한국을 압박하는 방식이 종종 도를 넘어서고 있다. 중국이 주(主)고, 주변국은 종(從)이라는 유교적 국제질서관이 그 배경에 깔려있다.

동중국해 내 이어도를 둘러싼 한·중 해양경계획정 협상에서 양국이 각각 주장하고 있는 배타적경제수역(EEZ) 중첩 지역에 이어도가 위치하는데, 이어도의 경우 마라도에서 149㎞, 중국 퉁다오(童島)에서 247㎞ 떨어져 있어 '중간선 원칙'을 적용하면 한국의 관할 수역이 된다. 국제사회에서는 EEZ가 두 나라 사이에서 겹칠 때 중간선을 적용한다는 원칙이 통용되고 있지만, 중국은 자국 해안선이 길고 인접지역 인구가 많다는 주장으로 보다 광활한 EEZ를 가져야 한다고 주장한다.

국제법 대신 중화패권의식과 자국 중심의 상하 위계질서에 따라 세계를 규정하는 유교적 사고관이 급속 성장한 경제, 군사력을 기반으로 본격 표출되고 있기 때문이다. 이춘근 한국해양전략연구소 위원은 "중국은 자신을 아버지 격인 대국으로 여기면서 주변 약소국을 아들이나 동생 격으로 생각하고 관계의 수직적 측면을 강조하는 면이 있다."면서 "유교적 국제질서라고 할 수 있는 중국 특유의 세계관이 국제법에 기초한 국제질서에 융합되지 못하는 것"이라고 진단하고 있다. 최근 베이징올림픽 개회식 때 오성홍기를 들고 입장하는 조선족의 한복이 이슈화되자, 중국 누리꾼들은 SNS를 중심으로 한복이 한푸(漢服)에서 기원하였고, 김치 역시 중국의 파오차이(泡菜)에서 유래하였다고 주장하였다. 이에 한국에서는 김치는 절임식인 파오차이와는 다른 발효식품으로서 명칭도 신치(辛奇)라고 해야 한다고 반론을 폈다. 중국의 문화공정 배경에는 중화우월주의가 자리하고 있음을 감지할 수 있는 장면이다.

셋째는 체면보다는 실리를 중시하는 그들의 심리 정서에 기인한다. 우리 입장에서는 관례적으로 최소한의 예의나 절차를 밟을 것이라고 예측을 하지만, 중국은 그 절차를 생략하는 경우가 많다. 2002년 탈북자가 진입한 주중한국대사관 영사부에 중국 경찰이 무단 난입하여 탈북자를 끌어내고 영사를 집단 구타한 사건이 발생했다. 중국은 체제위협이 된다고 판단하면 외교적 무례함도 서슴지 않는다. 2005년 베이징의 한 호텔에서 국회의원 4명이 탈북자 문제 관련 내외신기자회견을 진행하려다 신원미상의 중국인들이 들이닥쳐 무산된 사건도 있었다. 국제 규범과 외교적 관례를 무시하고 자국의 실리와 혈맹 북한과의 관계를 고려한 지나친 행동들이다.

이러한 행위들은 객관적으로 볼 때 중국의 외교적 무례다. 하지만 사회주의 중국에서 민감한 인권 문제를 외국인이 그것도 수도에서 기자회견을 열 때 그들이 어떤 대응을 할지에 대한 고려 없이 이루어졌기에 무례를 당하는 예견된 결과를 낳은 것이다. 후에 중국은 원만한 처리를 원한다고 발표했지만, 우리는 아무런 소득도 없었던 것이다.

영토 확장이라는 실리를 추구하는 외교를 펼치는 과정에서 중국은 외교상 무례함을 드러내기도 한다. 필리핀과 중국이 남중국해 영유권 문제로 분쟁을 겪으며 국제사법재판소 판결을 기다리는 와중에, 중국은 무력시위를 감행하고 판결 발표 전에 판결을 인정할 수 없다고 주장하며 배수진을 쳤다. 2016년 7월 국제상설중재재판소(PCA)가 남중국해 일부 지역이 중국의 고유영토라는 근거가 없다고 판결했지만, 중국은 아시아 회귀정책을 내세운 미국이 중국을 제지하는 정치적인 시도에 의한 결과물로 보고 무력화시키는 데 치중한 바 있다.

마지막으로 한국인의 결집력 및 발전상황에 대한 질투가 무시태도로 나오기도 한다. 2002년 월드컵 경기 시 중국방송의 일방적인 한국팀 매도와 조소, 근거 없는 음모설 제기 등 편파 중계를 하였는데, 당시 중국이 예산에서 탈락한 후 한국의 승승장구에 대한 질투 심리가 방송에서의 편파 보도로 이어진 것이다.

중국의 체제와 생리 및 정서를 이해하지 않은 채 '그냥 잘 되겠거니' 하는 생각만으로 중국과 일을 진행해서는 안 되며, 사전에 그들의 사유방식과 접근방식에 대해 미리 준비하고 대비하는 것만이 일방적 무례함에 대한 당황스러운 상황을 피하고 단호하고 신속히 대처하는 데 도움이 될 것이다.

이웃 중국은 친구이자 경쟁자이다. 그동안 중국의 영향을 좋든 싫든 받아 왔고, 향후 상호 영향을 주고받을 수밖에 없다는 전제하에서 중국과 중국인의 특성에 대한 정확한 인식이 필요하다. 다민족의 다원 체제 유지 이면에는 동화의 원리가 적용되었기 때문에 그들의 동화사상과 배타적 중화사상의 추이를 주시할 필요가 있다. 한편으로는 실용, 검소, 여유로움이라는 장점은 배우고 과장, 의심, 무질서, 뭉뚱그림 등 단점을 잘 파악해 두어야 한다. 중국과의 향후 관계도 민족주의, 폐쇄, 경직의 자세보다는 개방적이고 유연한 입장을 견지해야 한다. 현실 문제는 서로의 차이를 인정하고 다원성을 인정하는 관용 사상이 정착될 때 해결의 희망이 있을 것이다.

| 6 |

미국과 중국

1) 미 · 중 외교

미국과 중국은 1890년대에 공식 외교 및 무역 관계를 맺었다. 하지만 이후 동서 냉전체제 속에서 30여 년간 적대관계를 이어왔으며, 1950년 한국전쟁 당시에는 서로 총칼을 겨누었고, 베트남과 아프리카, 중동 등 제3세계의 분규와 전쟁 뒤편에서도 대치 관계를 형성해왔다.

양국 화해의 시작은 1972년에 당시 미국 국무부 장관인 헨리 키신저가 양국 간에 데탕트를 실현하면서부터다. 이후 미국 닉슨 대통령이 중국을 방문하여 마오쩌둥과 만나고 이어서 핑퐁외교를 거치며 상호 신뢰를 구축해오다가 1979년 공식적으로 국교를 수립하였다.

수교 후 미국은 장제스 정부가 이끄는 타이완 대신 중국과 국제문제를 논의하는 등 새로운 유대관계를 구축하였다. 미국은 반공이라는 이념적 동반자 타이완과 단교하고 실리를 좇아 중국과 손을 잡았고, 중국도 소련에 대응하여 미국과의 협력을 꾀하였다.

수교와 동시에 양국은 미국이 타이완과 비공식 관계를 유지하는 수교 공동성명에 합의했다. 미국은 이를 바탕으로 1979년 타이완을 국가에 버금가는 존재로 간주하고 타이완 안보를 위해 무기를 판매할 수 있는 '타이완관계법'을 채택하고, 이를 근거로 타이완에 무기를 수출하고 미사일 요격시스템인 TMD 체제 구축에 타이완을 동참시키는 등 미국은 타이완과 실질적 관계를 지속하였다.

중국의 불만이 고조되자 양국은 1982년 공격용 무기 수출을 금지하고 무기 수출을 감축한다는 '8.17 중미공동선언'을 발표하지만, 양국의 상호 견제는 이슈를 더하며 이어진다. 중국은 타이완을 고립시키고 하나의 중국이라는 원칙 속에 중국 주도의 통일을 이루겠다는 전략을 추구하였고, 미국은 하나의 중국 원칙에는 공감하며 중국과 공조체제는 유지하되 중국의 세력 확장과 중국 주도의 통일 저지를 위해 타이완을 지원해 나가며 통일도 독립도 아닌 하나의 중국과 하나의 타이완(一中一臺)를 유지하는 전략을 추구하였기 때문이다. 중국은 타이완에 대한 무력사용을 포기한다고 선언할 경우 타이완이 독립을 강행할 것을 우려하여 효과적인 억지 수단인 무력사용을 포기하지 않으려 하고 있다. 반면 미국은 현상유지를 위해 또한 중국과 타이완의 군사력 균형을 맞추기 위해 하나의 중국 원칙을 표방하면서도 무기판매 확대 등 암묵적 지원을 계속하고 있다.

1998년 클린턴 대통령의 방중에 맞추어 양국은 상호 건설적인 전략적 동반자로서의 새로운 발전단계로 진입한다. 미국은 중국이 원하는 국제적 지위 부여와 중국의 거대한 시장을 맞바꾸면서 2001년 중국의 WTO 가입을 지원한다. 이는 중국과 미국 중심의 이원구도 형성으로 국제정치 질서를 이끌어간다는 사실을 말해준다.

하지만 미국은 중국 확장을 견제하기 위해 2005년의 미·일 안보 공동성명에서 타이완 해협 문제의 대화를 통한 평화적 해결을 12개 공동 전략목표에 포함시킨다. 미국과 일본이 타이완 문제를 안보의 공동 전략목표로 삼아 개입함으로써 중국 발전을 억제하려는 의도에서다. 중국은 두 나라가 타이완에 대해 임의로 문서를 발표하는 것은 중국 주권을 침해하는 내정간섭 행위라고 반발하였다.

소련 붕괴 후 중국의 전략적 가치가 소멸하며 양국은 공조와 견제라는 아슬아슬한 관계를 이어왔다. 중국은 미국이 모든 수단을 동원하여 중국의 인권과 민주화 확산을 부추겨 공산당체제를 붕괴하려 한다고 생각하고 있고, 미국은 중국의 패권주의 추구 포기를 믿지 않고 중국의 군사력 증강은 미국의 독주에 걸림돌이라고 인식하고 있다. 미국은 줄곧 무역 불균형의 시정을 중국에 요구하고 우대관세 정책을 폐지하겠다는 으름장을 놓기도 했지만, 오랜 기간 중국에 대해 관세 우대정책을 유지하면서 무역역조 현상을 떠안은 채 관계를 유지해왔다.

양국의 미묘한 입장 차는 외교부 대변인 입을 통해서 느낄 수 있다. 중국 외교부는 소수민족과 타이완 독립 문제에 대한 미국의 인권적 접근과 반응을 공식적으로 내정간섭, 신간섭주의, 신패권주의, 분리주의라는 표현으로 불만을 표출해왔다. 미국이 인권과 민주라는 시각으로 중국 문제를 다루려는 데 대해서는 미국의 인권기록을 발표하며 미국에 대해 "너나 잘하세요" 식으로 맞대응하기도 하였다.

미국은 2019년 중국이 약 100만 명의 위구르족을 강제로 수용하는 등 반정부 세력에 대한 탄압 상황을 알리면서, 중국은 자유를 희생해 안정을 얻을 수 없는 세상에 산다는 사실을 곧 이해하게 될 것이라는 메시지를 보내고 있다. 2006년부터 미국 국무부는 중국 정부의 반정부인사에 대한 탄압과 출판 및 방송에 대한 통제 강화를 이유로 중국을 포함한 7개국을 조직적인 인권침해국으로 지목하였다. 2006년 당시 후진타오의 미국 방문 시 파룬궁 박해 중지를 요구하는 파룬궁 지지자들이 규탄 시위를 하였는데, 미국이 시위를 막지 않은 것은 중국 인권에 대한 비난과 맥을 같이 하고 있다.

현재 미국의 대중국 정책은 랜드연구소가 내놓은 봉쇄(containment)와 포용(engagement)의 합성어인 '캔게이지먼트'라고 말할 수 있다. 중국위협론을 내세워 봉쇄를 추진하는 전문가 그룹과 군사적으로는 봉쇄이지만 경제적으로는 포용해야 한다고 주장하는 그룹이 공존한다. 최근 발표된 미국 국방전략보고서(QDR)는 중국을 중요한 이익상관자(stakeholder)인 동시에 아시아에서는 미국에 대한 잠재 위협국으로 분류하고 있다. 최근에는 '해지전략' 즉 아시아 지역 군사력 증강으로 미래의 위협인 중국의 세력화를 사전 차단하고 분쟁 발생 시 군사력을 동원해서 신속히 중국을 제압한다는 전략을 실시하고 있다. 전략적 동반자와 전략적 경쟁자 사이에서 선택의 줄타기를 하는 것이다.

최근 미국과 일본의 군사동맹 체결은 한반도뿐만 아니라 미·중 관계를 긴장시키고 있다. 중국은 미국이 일본과의 군사동맹을 강화하는 것이 아시아의 안정에 위협이 된다고 보지만, 미국은 이것이 아시아의 평화와 안정을 촉진한다고 보고 있다.55 중국은 특히 일본이 미국 뒤에서 안주하면서 중국을 견제하는 태도에 못마땅해 하며 과거사 문제에 대한 태도와 총리의 신사참배 같은 팽창주의를

55 미국의 중국 견제는 타이완이나 일본을 통해 조절하기도 한다. 미국과 일본 정부는 밀월관계처럼 서로 의지하고 있다. 일본 정부는 일본의 이익과도 맞물리기 때문에 미국의 일본을 통한 동아시아에서의 영향력 확대에 동조하며 정치외교 및 군사적으로 공동보조를 취하고 있다. 미국은 자위대의 실질적 위치 상승 및 헌법 개정 등을 통해 중국과 일본을 한 경계선으로 삼고 있다. 역사적으로도 미국은 일본을 통해 중국을 견제해왔다. 청일전쟁 후 시모노세키조약을 통해 일본에게 양도되었던 타이완과 댜오위다오가 일본의 패배 후 조약 폐기로 중국에 반환되었다. 하지만 1951년 미국이 일본과 샌프란시스코강화조약을 맺으면서 류우쿠열도를 미국의 관할에 두기로 협정을 맺는데, 이때 중국으로 반환되었던 댜오위다오를 류우쿠열도에 편입한다. 1971년 미·일 간 반환협정 체결로 일본은 미국으로부터 댜오위다오를 돌려받는다. 미국 실수에 의한 일본 반환인지 고의적인 일본 반환인지 의견이 분분하지만, 미국이 중국의 잠재성에 대해 두려움이 있는 것은 사실이다.

우려하고 있다.

최근 아시아 지역의 단극 질서를 추구하는 미국이 인도를 끌어들이는 외교적 행동을 보였다. 중국과 러시아 및 인도를 축으로 하는 삼각 동맹을 와해하고, 중국의 해군 팽창 상쇄와 걸프 지역 석유 수송선 해로 방위를 목적으로 한다. 중국도 봉쇄 전략에 대해 러시아와 송유관 건설 등 경제협력을 강화하며 미국 독주를 견제하고 있다. 미국의 일방주의에 대한 견제를 하고 동북아 이슈 해결을 위해 다자외교를 펼치고 있다. 일대일로 정책도 고립 방지를 위한 포석이다.

외교란 다자간 이해 속에서 자국의 이익을 극대화하는 게임과 같아서, 오늘의 동지가 내일의 적이 되고 오늘의 적이 내일의 동반자가 될 수 있다. 양국 역시 이러한 원칙 속에서 타이완 독립, 북핵과 한반도 긴장 완화, 동북아 힘의 균형과 역할, 인권과 민주화, 무역 분쟁 문제들을 조정해 갈 것으로 보인다.

중국이 2021년 전면적인 소강사회 건설 완료 후 미국과의 패권경쟁 국면을 조성할 것이라는 예측과 달리 그보다 앞서 중국굴기를 내세우며 미국과 힘을 겨루기 시작했다. 하지만 중국은 총체적 국력이 앞선 미국이 중국의 안보에 위협적 존재라고 인식하며 미국에 대한 경계심과 두려움을 가지게 되었다. 아직은 미국의 힘의 우위 속에서 협력 관계를 유지하면서 실리를 추구해가야 하는 처지임을 무역 분쟁 과정 속에서 확인하고 있다. 미국도 중국의 협력 없이 한반도 비핵화 등 현안들을 풀기 힘들다는 인식을 하고 있다. 양국은 대립 속에서도 온실가스감축, 군사적 긴장 완화, 한반도 비핵화, 반테러 등 국제이슈 협력, 신형대국 관계 구축 등 사안별 협력을 지속할 것이다. 중국이 말하는 취동화이(聚同化異), 즉 같은 것은 취하고 다른 것은 화해한다는 논리가 적용될지 계속 지켜볼 일이다.

미·중 간 외교는 북핵 문제 등 한반도 미래에 직접적인 영향을 주기 때문에 우리가 예의주시해야 할 부분이다.[56] 양국은 한반도 입장보다는 자신들에게 유리한 한반도의 정치 경제적 미래를 모색할 것이다. 미국은 한국과 동맹 관계이면서도 전략적으로 활용하고자 하는 측면이 강하며, 중국은 한국을 주요 경제협력 상대국이지만 미국의 동맹국으로서 잠재적 위협으로도 보기 때문에 미·중 관계 악화는 한·중 관계에도 영향을 미칠 수 있다. 우리로서는 양국에 대해 한쪽에 치우친 불균형 상태가 아닌 상호 보완 관계로 보고 실용 외교를 펼쳐가야 한다.

2) 미 · 중 갈등과 패권경쟁

2018년 시작된 미·중 간 갈등은 무역에서 시작하여 기술, 체제, 영토, 국방, 외교 등 전 방위로 확산하면서 전쟁이라고 불릴 정도로 첨예한 대립 국면으로 치달았다. 일부는 그 원인이 중국이 샴페인을 너무 일찍 터뜨렸기 때문이라고 보고 있다. 암중모색하는 도광양회(韜光養晦)를 강조한 덩샤오핑은 향후 50년간 미국과 대적하지 말라는 유훈을 남겼지만, 시진핑은 20년이 채 지나지 않은 상황에서 중화민족의 위대한 부흥과 세계 1위 군대 건설이라는 중국몽과 강군몽을 주창하며, 중국굴기와 대국굴기의 기치를 꺼내 들며 미국을 자극하였다.

---

56 한반도를 둘러싼 중·미 관계도 긴장과 타협의 과정을 반복하고 있다. 미국은 주한미군을 남북 대치 속 힘의 균형을 추구한 기존 정책을 수정하여 동북아 안정이라는 커다란 틀 속에서 전략적 유연성을 취하고 있다. 즉 타이완과 대륙 간 분규 발생 시 개입하겠다는 의지로도 보여 중국 측을 자극하고 있다. 미국이 북한과 중국을 언제든지 하나의 적대국으로 간주하고, 그 대비책으로 일본, 한국, 타이완을 하나의 전선으로 구축하고 서쪽으로 인도와의 관계 개선을 통해 중국을 압박하는 정책을 실행하고 있다. 중국은 북한, 러시아와 관계를 더욱 긴밀히 함으로써 견제와 압박에 대응하고 있다. 결국 한반도는 고래 싸움에 새우 등 터지는 격이 될 수 있다는 우려가 적지 않다.

중국의 기술굴기를 선도하는 화웨이(Huawei)는 통신장비와 스마트폰에 국한하지 않고 5G, 반도체, 사물인터넷, 클라우드, 빅데이터 등 4차산업 선도 정책을 추진하며 미국과 마찰을 빚었다. 장웨이잉 베이징대 교수는 중국이 시장화, 기업가정신, 과학으로 이룩한 보편적 모델을 강한 정부와 국유기업, 산업정책으로 이룩한 것으로 잘못 해석함으로써 서구와 불가피한 충돌을 하였다고 평가했다.

양국 간 무역 전쟁 조짐은 2017년 8월 트럼프 대통령이 미국무역대표부(USTR)에 중국의 지식재산권 침해와 기술 강제이전 요구 등 부당한 관행을 조사토록 하는 행정명령에 서명하면서부터다. 2018년 트럼프 대통령은 연간 500억 달러 규모의 중국 수입품에 25%의 고율 관세 부과를 허용하는 행정명령에 서명한다. 관세로 시작된 무역 전쟁은 미국의 화웨이 제재와 중국의 희토류 수출제한 시사 등 기술 문제로 확대되고, 미국 국방부가 2019년 6월 타이완을 국가로 명시해 '하나의 중국' 원칙을 깨뜨리면서 체제 문제로까지 확산하였다.

USTR이 25%의 고율 관세를 부과할 500억 달러 상당의 1,333개 대상 품목에는 중국이 명운을 건 10대 핵심 산업 육성프로젝트인 '중국제조 2025'에 해당하는 고성능 의료기기, 바이오 신약 기술, 반도체, 통신장비, 항공우주 관련 제품이 다수 포함된다.[57] '중국제조 2025'는 중국 국무원이 제조업 체질 개선과 첨단산업 육성을 위해 내놓은 경제발전 전략으로 향후 30년간 3단계에 걸쳐 중국 제조

57 트럼프 대통령은 "2025년 중국이 세계 경제의 패권을 차지한다는 의미의 '중국제조 2025'는 매우 모욕적"이라며 "그런 일은 일어나지 않을 것"이라고 강조했다. 시진핑 국가주석은 "우리는 대화로 문제를 풀기를 원하지만, 미국도 중국이 택한 발전의 길과 정당한 이익 추구를 존중해야 한다."고 맞받았다. 중국 경제 발전을 위한 첨단산업 육성은 양보할 수 없는 영역이라는 의미다. 외교 소식통은 "중국이 국가 핵심 정책을 포기할 수 있겠는가?"라고 반문한 뒤 "트럼프 대통령이 어떤 근거를 갖고 얘기했는지 알 수 없지만, 중국이 포기했다고 볼 수 있는 징후는 없다."고 분석했다.

업의 고도화를 추진함으로써 제조 산업을 통한 초강국 지향이라는 내용을 담고 있다.

1단계(2015~2025년)는 미국·독일·일본·한국 등과 같은 글로벌 제조 강국 대열에 진입하고, 2025년까지 핵심 기술과 부품 및 소재의 자급화를 이루겠다는 것이다. 2단계(2026~2035년)는 글로벌 제조 강국 내 중간 수준을 확보하는 것이고, 3단계(2036~2045년)는 제조 강국 중 최선두로 나서는 것이다. 차세대 정보기술(IT)과 항공우주, 선박, 철도, 전기차, 로봇 등 10대 전략산업도 발표했다. 중국의 산업 고도화 추진은 선택의 여지가 없는 문제다. 시진핑 체제 들어 7%대 국내총생산(GDP) 성장률이 깨지고 2022년에는 5% 성장을 겨우 유지하며, 임금이 가파르게 올라 중국 내 생산기지가 동남아시아로 빠르게 이전되면서 '세계의 공장' 지위가 위협받는 상황에서 첨단산업 육성으로 새 먹거리를 창출하는 게 시급해진 것이다.

문제는 중국의 신성장 동력이 미국의 관심 분야라는 점이다. 더욱이 중국이 중국굴기를 외치며 미국을 제치고 글로벌 시장을 선도하겠다고 선언하자 미국의 심기가 불편해졌다. 글로벌경제 패권 유지를 위해 중국의 첨단굴기, 기술굴기, 경제강국으로의 부상을 견제하는 것이 중요해졌다. 환율조작, 무역수지적자, 기술 강제이전, 지적재산권 침해에 대한 보복 조치도 필요했다.

미국은 2018년 중국 상품 818개 품목에 25% 관세를 부과하면서 무역 전쟁을 개시했다. 중국도 농산물과 자동차 등 545개 품목에 관세를 부과하며 맞대응하고 미국을 세계무역기구(WTO)에 제소했다. 미국은 재 보복 차원에서 2,000억 달러 규모의 수입품에 10%의 관세를 부과하겠다고 발표했고, 이후 양국은 160억 달러 규모의 상대국 상품에 대한 추가관세를 부과했다. 2018년 G20 정상회의에서

합의점을 찾기로 약속하며 휴전 국면에 돌입했다. 무역 전쟁에서 주요 쟁점이 된 기술 강제이전, 지식재산권 보호, 비관세 장벽, 사이버 침입·절도, 서비스·농업 분야의 구조 변화에 대한 협상을 진행하기로 합의했다.

화해 양상 속에서도 미국은 멍완저우((孟晩舟) 화웨이 부회장 겸 최고재무책임자(CFO)를 체포하는 등 중국 기술 기업을 공격했다. 멍 부회장은 이란 제재 위반과 물품 우회 수출 과정에서의 금융사기 혐의로 미국의 요청을 받은 캐나다 사법 당국에 체포됐다. 중국은 인권침해라고 반발하며 미국과 갈등을 빚었고, 멍 부회장을 체포한 캐나다 제품 불매운동을 일으키며 3국의 갈등은 깊어졌다.

미·중 차관급 무역 대표단은 2019년 1월 베이징에서 휴전 후 첫 무역협상을 진행하고, 4월 미국 재무장관이 "미국과 중국이 향후 도출될 무역 합의 이행을 점검하기 위한 이행 사무소를 설치하는데 합의했다."고 밝히면서, 양국 무역협상 타결 전망이 일었다.[58] 그러나 5월 워싱턴 DC에서 열린 무역협상이 결렬되면서 사태는 다시 악화하였다. 미국은 중국 내 지식재산권 보호 조치 미흡, 기술이전 강제, 과도한 국가보조금 지급 등 구조적 문제를 해결하기 위해 합의안의 법제화를 요구했고, 중국은 주권 침해라고 맞섰다.

미국은 2,000억 달러 상당의 중국 상품 5,745개 품목에 25%의 관세를 부과했고, 중국은 600억 달러 상당의 미국 상품 5,140개 품목에 최대 25%의 관세를 매긴다고 맞대응했다. 트럼프 대통령은 추가로 3,250억 달러에 달하는 나머지 중국 상품 3,805개 품목에 대해

---

58 2019년 4월 일대일로 포럼에서 시진핑은 트럼프에 굴복하는 스피치를 했다. 위안화의 인위적인 평가절하는 없고, 수출단가를 낮추어 수출을 끌어올려 의도적인 무역흑자를 추구하지 않으며, 지적재산보호권을 강화하고 강제 기술이전도 없고, 중국시장을 더 개방하고, 투자확대를 추구할 것이라고도 했다.

서도 25%의 관세를 물리겠다며 경고하였다.

트럼프는 5월 미국 기업들이 국가안보를 위협하는 외국산 장비를 사용하지 못하게 하는 '정보통신 기술·서비스 공급망 확보' 행정명령에 서명했다. 화웨이·ZTE 등 중국 통신장비 업체가 주 타깃이라는 것이 중론이다. 미국은 화웨이가 5G장비에 백도어를 심는 방식으로 스파이 활동에 악용될 수 있다고 의심하고 있다. 화웨이에 대한 미국 조치는 '중국제조 2025'를 정조준한 것이다. 미국은 중국 정부가 국유기업에 각종 특혜를 제공하고, 중국에 진출한 외국 기업에 기술 이전을 강요해 미국 기업에 큰 피해를 주고 있다고 주장해 왔다.59

시진핑은 이에 대미 협상 총책인 류허(劉鶴) 부총리와 장시성 희토류 생산업체를 시찰하였다. 중·미 무역 분쟁에서 희토류 공급 카드를 활용할 수 있음을 시사하였다. 중국은 2010년 일본과의 영토 분쟁 당시 휴대전화, 반도체, 하이브리드 자동차 등 첨단제품 생산에 필수적인 자원인 희토류를 정치적 무기로 사용하여 수출을 금지한 바 있다.

무역 분쟁은 군사외교 분야로 확전되었다. 미 국방부는 <인도·태평양 전략보고서>에서 "인도·태평양 지역 민주국가로서 싱가포르, 타이완, 뉴질랜드, 몽골은 신뢰할 수 있는 미국의 파트너"라며 "네 개의 국가는 전 세계에서 미국의 미션 수행에 기여하고 있으며, 자유로운 국제질서 수호를 위해 적극적인 조치들을 취하고 있다."고 기술했다. 타이완을 미국 수행 임무에 기여하는 국가(country)라고

59 양국 갈등이 첨예해지는 시기에 미국의 무역정책 담당자 나바로 백악관 고문은 『Death by China』에서 환경오염, 자국 이기주의, 스파이 활동, 인권탄압, 소수민족 말살, 지구온난화, 쓰레기통에 태아 버리기, 어용 노조만의 존재, 독극물투성이 중국제품들, 멜라민과 해파리 파동, 해커, 우주 진출, 산업 스파이 등 정부 비호 없으면 불가능한 일, 알리바바 짝퉁 소굴 낙인(알리바바 쇼핑몰 타오바오는 위조 상품이 만연한 짝퉁 판매업체라고 꼬집음) 등 중국의 후진적 모습을 비판하였다.

명시하였다. 이는 미국이 하나의 중국(One China) 정책에서 선회해 타이완을 독립국가로 인정하는 것이다.60

미국은 중국과 수교하면서 타이완과의 공식 국교를 단절했고, 중국의 유일한 합법 정부는 중화인민공화국이며, 1972년 닉슨과 마오쩌둥이 동의한 타이완은 중국의 일부라는 하나의 중국 원칙을 인정해 왔지만, 트럼프 대통령은 하나의 중국은 협상의 대상이라고 언급하였다. 2019년 미 국방부 보고서는 타이완을 국가로 분류함으로써 하나의 중국 정책을 공식 폐기하였다고 말할 수 있다. 타이완에 탱크 등 20억 달러 이상의 무기판매도 추진하였다. 미국은 중국이 미국의 국익에 협조하지 않으면 하나의 중국 원칙을 고수하지 않겠다고 으름장을 놓았고, 중국은 미국이 공개적으로 타이완 독립을 지지하고 무기를 판매하는 것에 대해 항의하며 무력으로 타이완을 수복할 수 있다고 위협하였다.

한편 미국 국무부 장관은 톈안먼 사태 30주년 성명을 통해 "1989년 6월 4일 중국 공산당 지도부는 톈안먼 광장으로 탱크를 보내 민주주의와 인권, 평화 시위를 폭력적으로 진압했다."고 비판했다. 어두운 시기에 희생당한 많은 이들에게 위안이 될 수 있도록 사망·실종자에 대한 전면적이고 공개적인 조사에 나설 것을 촉구한다고 밝혔다. 신장위구르자치구 인권유린 실태도 언급하였다. 이에 중국 외교부 대변인은 미국이 악의적으로 중국 정치체제를 비난한 것은 물론 인권 문제를 거론하며 심각한 내정간섭을 했다고 반발했다.

중국 문화여유부(文化旅游部)는 미국행 중국인 여행객에게 안전 경고를 발동하고, 외교부도 "최근 미국이 출입국 취조, 방문 조사

60 이전에도 미국 트럼프가 37년 만에 타이완 차이잉원 총통과 정상 간 통화를 하였다. 중국은 타이완 장난질이라고 울컥하며 미국이 하나의 중국 원칙을 깨고 있다고 항의하였다. 트럼프는 또한 2016년 12월에 하나의 중국을 인정하지 않는다는 발언을 하면서 연일 통상마찰을 빚기도 하였다.

등의 방법으로 미국을 찾는 중국 국민을 괴롭히고 있다."며 미국행 안전 경고를 발표했다. 연간 1억 5,000만 명의 유커(遊客)는 중국의 외교 무기로서 활용되어 이들의 해외여행을 제한하는 방법으로 갈등을 빚는 나라에 압력을 가해왔다. 이에 미국은 중국 정부 검열을 거친 중화사상 교육 자료만 배포하고 첩보 활동도 한다는 의혹을 제기하며 미국 내 100여 개의 중국문화 교육기관인 공자학원에 대한 견제에 나섰다.

2020년 7월, 양국 간 무역 분쟁, 신장 위구르족 탄압, 홍콩보안법 통과, 코로나 사태로 인한 미국의 피해가 발생한 상황에서, 미국은 스파이 행위 및 지적재산권 절취 등을 문제 삼아 휴스턴 주미 중국 총영사관 폐쇄를 명령했고, 중국도 티베트 및 신장의 인권과 독립 관련 미국의 활동을 빌미로 청두 주중 미국총영사관의 운영 허가를 철회하였다. 미국은 2020 베이징올림픽에 공식 대표단을 파견하지 않음으로써, 양국 갈등의 골은 깊어지고 있다.

이처럼 양국 간에는 무역에서부터 기술, 국방외교, 문화관광까지 전선을 이동하며 전쟁과 휴전을 반복해오고 있다. 중국이 첨단굴기를 외치며 패권 강국을 목표로 하고 있고 미국이 이를 견제하는 상황에서, 양국 간 무역 전쟁의 완전한 종식에 대해서는 회의적 시각이 많다.

한편 미국은 중국이 '군사굴기' 즉 세계 일류 군대 건설을 목표로 군비 증강, 핵과 사이버 및 우주기술에 기초한 군사력 강화를 추진하면서 아시아태평양 지역 안보에 불안정성을 증대시키고 있다고 비판하였다. 중국은 중국의 군사 위협론은 정당한 국방 건설을 비난하는 것이라고 주장하였다. 중국의 2019년 국방비는 200조 원(세계 국방비 점유율 13%)으로서 미국에 이어 세계 2위다. 중국은 아프리카에서 해외기지 운용을 시작하고, 스리랑카의 항만 이용권을 얻었으며, 필리핀 및 베트남과 갈등을 빚는 남중국해 암초에 군사기지를 건설하고, 일본과 분쟁 중인 센카쿠열도에 대한 위협을 늦추지 않고 있다. 항공모함 랴오닝호 건조하여 태평양에 진출시키며 무력시위를 진행 중이다.

2017년 중국이 항공모함 무력시위를 진행하자, 미 해군도 남중국해에서 항행의 자유(Freedom of Navigation) 작전을 수행하며, 중국이 영유권을 주장하는 스프래틀리제도(중국명 난사군도, 베트남명 쯔엉사군도, 필리핀명 칼라얀군도) 내 항공기 발진이 가능한 인공섬 미스치프 암초(美濟礁) 근처 해역을 미국 군함이 항해하였다. 미국은 항행의 자유를 명분으로 삼고 있지만, 사실상 군사작전을 펼칠 수 있는 행동의 자유(Freedom of Action)를 원하고 있다.

중국 군사설비가 있는 파라셀군도(Paracel Islands, 중국명 시사군도(西沙群島), 베트남명 호앙사군도)와 인접한 필리핀 팔라완섬에 미 병력이 재배치되면서 남중국해를 둘러싼 갈등이 격화될 것으로 보인다. 남중국해 문제에서 베트남, 필리핀, 싱가포르, 말레이시아, 인도네시아가 미국을 지지하고, 라오스, 캄보디아, 브루나이는 중국을 지지하며, 미얀마와 태국은 중립을 지키는 등 각국의 이해관계도 서로 다르다.61

양국 갈등이 깊어지면서 미국은 중국 고립을 위해 한국의 탈중국 경제시스템에 동참하라고 압박을 가하고 있다. 문제는 미국 주도의 경제네트워크 참여 때 중국의 보복 및 공급망 차질이 우려되

61 남중국해 관련 국가 간 갈등은 그 전략적 가치에 기인한다. 1,200억 배럴의 원유, 천연자원, 어족자원이 풍부하고, 전략적으로 인도양과 대서양을 잇는 요지이며, 일대일로 바닷길의 핵심 지역이다. 중국은 필리핀과 분쟁 중인 스카버러암초 매립공사를 강행하고, 해상 핵발전소 20기 건설을 추진하며, 스프래틀리제도에 로켓군을 창설하였다. 인공섬에 이동통신망을 구축하고 민항기를 착륙시키며 시 청사를 짓는 작업도 지속하면서 긴장을 높이고 있다.

는 상황이다. 반도체의 대중국 수출액은 약 40%(373억 달러)에 이르고, 홍콩 경유 물량을 고려하면 수출의 절반을 중국이 차지한다. 반도체와 통신 및 전기차 사업 등 중국 기술 부상 분야로까지 갈등이 확산되면 그만큼 우리 기업의 위험 노출 가능성도 커진다는 점에서 고민이 깊어진다. 트럼프를 이은 바이든 미국 대통령의 대중국 정책 역시 큰 변화가 없다는 점도 주목할 대목이다.

| 7 |

타이완과 홍콩 문제

1) 타이완, 독립과 통일

타이완 독립 또는 중국의 통일이라는 선택의 문제는 양안(兩岸) 간에 여전히 뜨거운 이슈다. 중국은 타이완을 중국의 일부로 보지만, 타이완은 중화민국과 대륙의 중화인민공화국은 별개의 주권을 가진 정치적 실체라고 보기 때문이다. 이 문제는 중국의 대타이완 통일 정책, 타이완 내부의 통일에 대한 첨예한 대립, 미중 간 이해관계가 서로 엇물리면서 풀어야 할 과제로 남아있다.

1949년 장제스의 국민당 정부가 공산당에 밀려 타이완으로 쫓겨난 후에도 일정 기간 유엔 상임이사국으로서의 국제적 지위를 인정받았다. 하지만 중국이 미국 및 일본 등과 외교 관계를 수립하면서, 1971년 타이완은 유엔 대표권 지위를 박탈당하면서 축출되고, 미국, 일본과의 단교라는 외교적 충격도 받았다. 중국은 하나의 중국 원칙을 천명하고 국제사회의 원칙적인 동의를 받아낸 반면, 타이완은 실질적인 대표국에서 일반 독립국으로 바뀌다가 80년대 이후 중국의 한 지역이라는 인식 속에서 통일과 독립의 기로에 놓인 상황이다.

타이완은 국제법상 독립국가이지만 타이완이 주장하는 독립은 중국과의 통일을 접고 타이완은 중국이 아닌 단독국가로서 영원히 독립하는 것을 말한다. 물론 중국은 이러한 독립을 인정하지도 방관하지도 않는다는 입장을 견지하고 있다. 2004년 당시 후진타오 주석은 조지 부시 미국 대통령과의 만남에서 타이완이 독립을 위한 국민투표나 헌법제정을 감행할 경우 즉시 결판낼 것이며, 만약 미국이 타이완의 독립을 방관하면 타이완 해협은 통제 불능의 상태에 직면할 것이라고 경고했다. 시진핑 역시 이러한 기조를 유지하고 있다.

클린턴 행정부는 타이완 독립을 반대했지만, 부시 행정부는 타이완 독립을 지지하지 않는다는 표현으로 후퇴하였고, 양안 간 전쟁 발발 시 타이완을 지원할지에 대한 여부를 모호하게 함으로써 양측 모두를 견제하는 전략적 모호성(strategic ambiguity) 정책을 유지하고 있다. 타이완으로부터는 미국 지원을 전제로 독립 선포를 막고, 중국 측에게는 섣부른 전쟁 도발을 하지 못하도록 경고하는 일거양득 전략이다. 미국의 타이완 안전보장을 위해 무기를 판매함으로써 이익을 보고 있지만, 타이완에 대한 무기판매는 중국의 첨단무기 수입이나 자체 군사현대화를 촉발하는 부작용을 낳기도 한다.

최대 이해 당사자 타이완은 독립과 통일의 선택을 놓고 의견이 엇갈리고 있다. 타이완 국민당 정부는 1991년까지 중국의 유일한 합법 정부라고 주장하였지만, 리덩후이(李登輝) 총통은 양국론을 주창했고, 민진당 천수이볜(陳水扁) 총통은 고심 속에 타이완 독립 쪽으로 가닥을 잡았다. 이후 국민당이 마잉주(馬英九) 총통 당선으로 재집권하면서 중국과의 점진적 통일을 추진하지만, 2016년 민진당 차이잉원(蔡英文)62이 여성 총통으로 당선되고 2020년 총통 역시 그

62 객가인 아버지와 타이완 원주민 파이완족 어머니 사이에서 출생한 차이잉원은 국립타이완대학을 거쳐 미국 유학 후 귀국하여 민진당에서 활동하며 타

녀가 당선되면서 다시 독립 쪽으로 기울었다. 독립과 통일의 노선 경쟁은 타이완 정치 판도와 여론 그리고 중국의 위협 정도에 따라 흐름이 바뀌고 있다.

민진당과 리덩후이의 대련(臺灣團結聯盟)은 타이완의 탈중국화를 위해 타이완사를 분리 독립하고 중국사를 외국사로 보는 교과서 개정문제를 들고 나왔고, 중국 국부로 숭앙받아온 쑨원(孫文)을 외국인으로 판정하였으며, 타이완의 재외공관과 기업체 및 학교에서 중국이나 중화라는 이름을 타이완으로 고치도록 했다. 2006년 천수이볜은 통일을 위해 1990년 출범해 활동해온 국가통일위원회 활동을 중지했다.

2008년 집권한 국민당의 마잉주 총통은 현상유지를 통해 경제발전을 모색해야 하며 향후 통일 쪽으로 가야 한다는 입장을 견지하였다. 수십 년간 집권 여당이었던 국민당과 여기서 분할된 친민당은 타이완 독립 주장은 대륙의 무력간섭을 불러일으킬 수 있는 위험천만한 발상이라고 주장하였다. 특히 보수 세력, 경제인 및 타이완 독립이 가져올 양안 간 긴장과 전쟁을 우려하는 사람들은 현 상태 유지 속에 양안 긴장 관계를 해소하고 점진적 통일로 나아가기를 바라고 있다.

2005년 국민당 부주석의 중국 방문, 롄잔 국민당 주석의 베이징에서의 후진타오와의 56년 만의 국·공 회견, 친민당 쑹추위 주석의 대륙 방문, 2008년 우보슝 국민당 주석의 방문, 2015년 주리룬 국민당 주석의 시진핑과의 인민대회당 국·공 수뇌회담을 거치며 중국은 타이완 국민당 지도자들에게 힘을 실어주고, 민진당이 분열 활동을 시작했다고 비난하며 독립 의지 꺾기 전략을 펴고 있다. 중국은 타

이완 독립을 주창하였다. 2016년 총통에 당선되고 4년 후 연임에도 성공한다.

이완 당국의 공민투표와 헌법 개정 등 독립 시도 행위에 대처하기 위해 2005년 전국인민대표대회에서 반국가분열법을 통과시켰다. 타이완의 분열행위에 대해 경제 제재, 해협 봉쇄라는 비평화수단을 가한다는 내용이다.

타이완은 그동안 국민당 독재체제 속에서 60년 가까운 통치를 받았다. 타이완인에 의한 통치를 주장해온 세력은 억압 속에 투옥과 망명의 세월을 보내왔다.63 국민당 정부는 중국의 정통임을 내세우며 삼민주의(三民主義)로 중국을 통일하겠다는 계획 속에 행정구역도 통일 이후 체계로 구성하고 중국식으로 통치하였다. 그러다가 한국의 1970년대 한국의 민주화운동 영향을 받아 1979년 타이완 민주화운동의 분수령인 된 '가오슝(高雄)사건'이 터진다.64 국민당 정부는 이를 타이완독립주의자들의 정부 전복사건으로 규정하고 재야지도자 스밍더(施明德)를 구금한다. 하지만 재미 타이완 독립운동가들이 귀국하여 끈질긴 민주화 투쟁으로 1986년 30년간의 계엄을 중단시키고 민진당 창당의 쾌거를 이룬다.

국민 대다수인 타이완 민난인(閩南人) 지지를 얻은 민진당은 중국과의 불완전 관계를 청산하고 완전한 독립을 위한 운동을 전개하였다. 민진당에서 타이완 출신 총통이 출현하자 독립 열기는 더욱 불타올랐다. 베이징어 대신 타이완어 즉 민난어를 사용하는 운동도 일어났다.

---

63 1947년 국민당 폭정에 항거한 타이완인 수만 명인이 무참히 살해되는 2.28 사건이 발생한다. 항의하는 담배상을 때리고 이를 저지하기는 군중을 향해 발포하며 사상자가 발생하였다. 분노한 시민들이 타이완인의 자치권 요구 시위를 벌이자, 국민당은 계엄 선포와 무차별 진압으로 시민들을 학살한다. 1989년 허샤오셴 감독의 <비정성시(悲情城市)>는 이 사건을 다룬 영화다.

64 타이완 민주화운동 중심에 여성 정치인 뤼슈롄이 있다. 타이완대학 법학과를 수석 졸업한 그녀는 미국 유학을 마치고 1978년 타이완에서 진보 잡지 <메이리다오(美麗島)>를 창간하여 부사장을 역임하고 1979년 12월 남부 가오슝에서 계엄철폐를 주장하며 횃불시위를 주도하다가 징역 12년을 선고받았다.

국민당 정부 초창기인 1949년부터 1978년까지 양안은 긴장과 대립 관계를 유지하며 '대륙을 공격하고, 공산당을 소멸하자(反攻大陸, 消滅共匪)', '삼민주의로 중국을 통일하자(以三民主義統一中國)'는 구호 속에 담판도 타협도 접촉도 하지 않는다는 '3불정책(三不政策)'을 견지하였다.

1978년부터 1987년까지는 평화적 대치 시기로서 타이완의 3불정책 속에서 중국 대륙 주도의 여행, 친지방문(探親), 통신, 학술, 문화, 체육 방면에서의 민간차원 교류 실시를 촉구하며 타이완 동포의 대륙 교류를 이끌어내려는 시도가 이어졌다. 중국은 1979년 타이완을 무력 해방하려는 욕심을 버리고 <타이완동포에게 고함>이라는 평화적 중국통일 방침을 내놓는다. 양안의 우편, 항공, 상업 등 민간 방면의 직접교류를 실현하는 '삼통(三通)' 정책이다.[65] 타이완 여객기가 54년 만에 처음으로 중국 본토 상하이를 왕복하는 성과를 낳기도 했다.

1981년에는 <평화통일 9개 방침>을 발표하고, 1984년에는 덩샤오핑이 '일국양제(一國兩制)'를 제시하였으며, 1995년에는 장쩌민이 이를 재확인하는 등 주동적인 통일 정책을 견지해왔다. 국가의 주권은 중앙에 속하고 지역은 고도의 자치권을 갖는 것으로서 통일 후에도 타이완은 자본주의, 대륙은 사회주의 체제를 유지하며 군사, 입법권, 외사권, 사법권도 가지는 독립국 수준의 자치를 보장한다는 내용이다.

대륙 친지방문과 기업인의 중국투자를 통해 실질적인 교류가 이루어지면서 긴장과 대립에서 벗어나 평화공존과 평화경쟁이라는

---

65 삼통이란 중국 대륙에서 주장하는 양안 경제교류 방안으로서 통우(通郵), 통상(通商), 통항(通航)을 가리킨다. 통우는 직접적인 우편 및 간행물 교류와 직통 통신회로를 설치하는 것이고, 통항은 비행기나 선박의 직접운송을 하는 것이며, 통상은 직접적인 무역과 투자를 허용하는 내용이다.

화해 분위기가 조성되었다. 타이완이 중국의 믿음직한 투자자이고, 중국은 타이완의 매력적인 투자시장이 되면서 자유교역이 이루어졌다. 경제교류 30년 동안 타이완과 중국 방문객 수가 연간 400만 명에 이를 정도로 급증하고 무역 총액도 수천억 달러에 이르렀다. 타이완의 중국 수출 의존도가 40%에 육박할 정도로 대중국 수출이 타이완의 무역흑자를 지탱하고 있다. 타이완의 대중국 투자 규모도 해외투자 총액의 40% 정도를 차지하며 중국 내 타이완기업은 6만여 개까지 이르렀다.

대중국 경제교류 확대로 실질적 이익을 보는 측은 타이완이다. 중국에는 수만 개의 타이완기업이 600억 달러를 투자한 반면, 타이완은 중국의 해운, 항공, 금융회사의 진출을 막고 있다. 경제적 이해관계와 함께 중국이 강대국으로서 무시 못할 세력임을 염두에 둔다면 타이완 당국이 과감하게 독립 결단을 내리기는 쉽지 않다. 중국은 경제교류 강화로 중국에 대한 타이완의 경제 의존도를 높임으로써 타이완 독립을 저지하는 데 애를 쓰고 있다.

중국과는 달리 타이완은 '일국양구(一國兩區)', 즉 중국과 타이완이 주종관계나 중앙과 지방정부의 관계가 아닌 독립적 통치권을 갖는 대등한 실체로서 공존해야 한다는 입장이다. 중국 정부가 중국을 대표하는 합법 정부이며 타이완은 중국 일부라는 하나의 중국 원칙에 대해 타이완은 특수한 국가 대 국가라는 양국론(兩國論), 타이완 해협 양쪽에 각각의 국가가 있다는 일변일국론(一邊一國論)을 제시한 바 있다.

타이완 독립과 양안 관계의 현상유지를 꾀하는 차이잉원(蔡英文)은 취임하면서 하나의 중국에 대해 언급하지 않았다. 독립의사도 밝히지 않았지만, 흡수통일 근거가 될 수 있는 92공식(共識)66 수용도 밝히지 않았다. 중국의 하나의 중국 정책을 거부하고 중국과 대등하게 대화하겠다는 의지로 보인다. 중국 위협에 절대 굴복하지 않을 것이라고도 천명했다. 다만 평화, 대등, 민주, 대화라는 8개 글자를 강조하면서 양안대화 전개를 위해 계속 노력하겠다고 밝혔다. 아울러 미국 주재 타이완대표부 대표를 대사로 격상하고 일본과의 협력 강화할 것이며, 독립 여부를 묻는 국민투표법 개정을 추진하고 미국 주도의 환태평양경제동반자협정(TPP) 가입 의사를 밝히는 등 독립노선을 강화하였다.

타이완 총통 차이잉원
(출처: 바이두)

이에 중국은 타이완산 수입농산물 검역 강화, 중국인의 타이완 단체여행 축소 조치, 국제기구행사에 타이완대표단 참석을 봉쇄하는 조치를 취했다. 차이잉원 총통이 미국을 경유하여 중남미를 방문하자 중국은 항공모함 랴오닝호를 타이완 해협에 접근시켜 반발하였고, 타이완군은 전투기를 긴급발진하기도 하였다.[67] 중국은 하나의 중국에 반하는 조치에 대해 강한 항의와 함께 타이완 고립 전략을 구사하고 있는데, 예를 들면 메리어트호텔과 델타항공, 자라

---

66 92공식은 1992년 중국과 타이완이 하나의 중국을 인정하되, 각자 명칭을 사용하기로 한 반 관영기구 간 구두 합의를 말한다. 여기서 '중국'의 의미를 중국은 중화인민공화국으로 보았고 타이완은 중화민국으로 보았다.

67 차하얼학회는 중국이 타이완에 대해 평화통일을 접고 무력으로 통일할 가능성이 커졌다고 하면서, 그 근거로 독립성향의 차이잉원의 하나의 중국 원칙 불인정, 미국의 대중 압박 강화, 중국인의 무력통일 지지 확산을 제시하고 있다. 중국은 타이완 해역과 상공에 항모와 주력전투기를 진입시키고 상륙을 가정한 군사훈련을 강화해왔고, 타이완도 베이징 등 주요 도시를 타격할 수 있는 2,000km급 순항미사일을 개발하고 수중 기뢰 등 미국 무기의 수입도 확대하고 있다.

등 외국기업이 타이완과 티베트를 국가로 표기한 데 대해 사과 성명을 요구하였다.68

타이완 문제와 하나의 중국 정책 뒤에서는 미국과 중국 간에 팽팽한 줄다리기가 계속되고 있다. 미국과 타이완 간에 2조 원 규모의 무기 판매가 이루어지자 중국은 주중미국대사를 불러 타이완에 대한 무기판매는 국제법 위반이라고 항의하고, 관련 회사에 대한 제재를 가하였다. 한때는 중국의 전략폭격기 훙(轰)-6K가 타이완 상공을 비행하자 미국이 글로벌 호크 등 정찰기를 출격하는 일도 발생했다. 2021년에는 차이잉원 총통이 미군의 타이완 주둔을 인정하는 발언을 함으로써 미·중 간 군사갈등이 고조되기도 하였다.

1979년 미국과 중국이 수교를 맺으면서 타이완과는 직접적인 교류를 중단해왔지만, 2018년 타이완 고위 관료가 미국 관료와 접촉할 수 있도록 허용하는 타이완여행법을 통과시켰다. 이 법은 미국과 타이완 공무원의 자유로운 상호 방문을 허용하도록 한 것이다.

2018년 타이완은 올림픽 명칭 차이니즈 타이베이(Chinese Taipei)를 타이완(Taiwan)으로 변경하자는 건을 놓고 찬성 여부를 묻는 국민투표를 실시했다. 사실상 중국으로부터의 독립 의지를 묻는 성격을 갖고 있는데, 그 결과 25%의 유권자만이 찬성표를 던져 이 안은 부결되었다. 일단 차이잉원 총통의 집권 이후 양안 관계가 악화한 현 상황에서 실익 없는 독립 추구보다는 안정을 택한 것으로 분석된다.

2) 홍콩의 자치권

68 하나의 중국 원칙을 고수하는 중국은 서울 모 대학에서 문화행사 중 타이완 부스를 개설한 것에 대해 전한중국유학생·학자연합회가 하나의 중국 원칙을 침해했다는 비판 성명을 냈다. 중국은 하나의 중국 원칙을 지키기 위해 정부를 비롯하여 일반 시민까지 가세하는 형국이다.

아편전쟁 패배로 체결한 난징조약과 톈진조약에 따라 영국에 할양되었던 홍콩과 구룡반도가 1997년 100여 년의 조차지 신세를 벗어던지고 중국으로 돌아왔다. 금융시장의 메카 홍콩은 1980년대 말에서 1990년대 초 중국과 영국의 홍콩 반환 협상이 시작되면서 술렁거리기 시작했다. 홍콩이 중국으로 반환되면 자유가 없어지고 박해를 받을 뿐만 아니라 홍콩경제도 국제적인 신임을 잃으면서 도태될 것이라는 게 일반 홍콩 주민의 생각이었다.

홍콩 반환비

돈 있는 사람들은 안전보장을 위해 미국이나 캐나다로 이민 가기 시작했고, 호주나 말레이시아와 같은 동남아국가를 선택하여 이중국적을 획득하기도 하였다. 당시 미국 대학 캠퍼스에는 홍콩 이민자 자녀들로 강의실마다 북적거렸다. 자본주의에 익숙한 홍콩인들은 영국의 2등 공민이 될지언정 중국의 1등 국민은 되기 싫다고 말하였다. 선택의 여지가 없는 힘없는 주민들은 이민을 포기하고 그대로 홍콩에 남았다.

하지만 이 모든 것이 기우였을까? 홍콩 사회는 그런대로 무리 없이 돌아갔다. 중국 정부는 홍콩의 체제 보장을 위해 1국 2체제(一國兩制, 일국양제)라는 묘수를 두어 외교와 국방은 중국이 관할하고, 기타 행정과 모든 관행은 홍콩인이 통치하는 방식을 50년간 시행하기로 하였다. 특별행정구의 실험 무대는 어느 정도 성공적으로 보였다.

후진타오 정부는 홍콩특구 행정장관 쩡인취안과 만나 홍콩 정치의 개혁문제에 관해 중국 정부는 홍콩인에 의한 홍콩 통치와 고도의 자치를 통해 민주 권리를 행사하는 것을 지지하는 동시에, 안정과 현실을 고려하면서 점진적으로 홍콩의 민주제도를 발전시켜야 한다고 강조하였다. 홍콩의 자치를 보장하면서도 급격한 개혁이나 급진적 민주제도에는 제동을 걸면서 점진적인 발전을 이루도록 하겠다는 뜻이다. 홍콩과 중국의 왕래 시 비자가 필요할 정도로 홍콩의 자치권은 보장되었다. 하지만 홍콩에 중국 인민해방군이 주둔하고, 유사시 언제든지 강압적 조치를 취할 수 있는 시스템이라는 것도 현실이 되었다.

홍콩은 특구의 행정장관과 지역 대표를 자체 선거로 선출하지만, 중국 정부도 자신들의 의중을 따르는 행정장관을 지원하고 있었다. 입법의원 총 70명 중 1/2은 직선으로 선출하고, 1/2은 직능대표로서 그중 5명은 직선으로, 나머지는 직능별 선거인단 24만 명이 선출하는데, 이러한 선출 방식은 친중 인사에게 유리한 선거제도였다.

홍콩인들은 중국 정부로부터 자유로운 정치와 행정을 원하는 동시에, 중국 정부의 반민주적 사안에 대해 시위를 통해 자신들의 견해를 밝혀왔는데, 2014년 우산혁명이 바로 홍콩인과 중국 정부의 시각차를 보여주는 사건이다. 전국인대 홍콩 행정장관 선거(2017) 입후보자 자격 제한 선거안 철폐 요구로 시작된 1차 우산혁명은 친중 인사를 행정장관에 앉히려는 시진핑 정부와 이에 반대하는 홍콩인의 갈등으로 75일간 시위가 계속된다. 애드미럴티의 시위캠프를 철거하면서 평화적으로 마무리되었고, 2015년 2차 우산혁명이 일어나면서 선거안은 부결되었다. 우산혁명 후 젊은 층의 반중 표 집결로 2016년 입법위원에 반중세력연합과 민주파인 본토파가 1/3 이상 차지하면서 소수부결권을 각게 되는 결과도 얻는다.

홍콩전학생회 비서장은 “이번 시위는 젊은 청년들을 의식화시켰다는 점에서 성공적"이라며 "젊은 세대들이 향후 정국의 개혁적인 역할을 하게 될 것이다."라고 말했다. 반면 시진핑은 홍콩 시위를 반란으로 생각하며, 정치제도 개혁을 빙자해 정부 통제에서 벗어나려는 행위는 절대 허락할 수 없다고 제18차 4중전회에서 밝혔다.

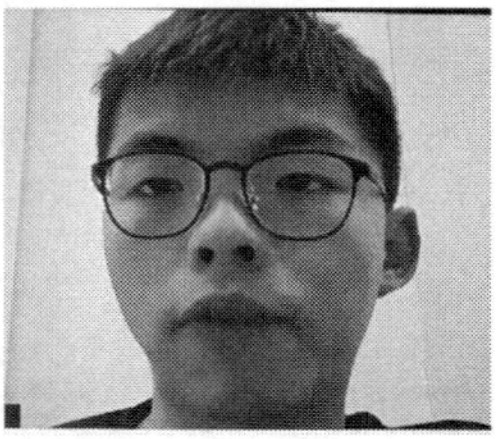

죠수웡

하지만 홍콩인들은 중앙정부로부터 더 많은 자유와 민주화를 요구하는 동시에 대륙 민주화에도 목소리를 냄으로써 중국 정부를 자극하였다. 매년 톈안먼사건 희생자 추모대회를 빅토리아공원에서 열어왔고, 30주년 대회에는 우산혁명의 리더 죠수웡이 참석하기도 하였다. 홍콩인들은 금융, 물류, 쇼핑의 중심지가 홍콩에서 상하이로 바뀐다는 점에 불만을 느끼고 있으며, 청년들은 특히 대륙인의 이주로 인한 치솟는 집값에 상대적 박탈감을 느껴왔다.

이러한 정서는 2019년 중국 정부가 추구하는 반송법,[69] 즉 범죄인 인도법 제정 반대여론과 결합하여 수개월 간 시위로 이어진다. 반중 인사는 언제든지 중국으로 송환되어 중국법으로 처벌받을 수 있는 악법으로 받아들여진 것이다. 청년들은 중국 오성홍기를 찢고 반중국 구호를 외치며 격렬한 시위를 벌였고, 경찰은 무력대응을

---

69. 반송법 배경이 된 사건은 이렇다. 홍콩의 20살 커플이 타이완을 방문하였고 커플 중 남자가 여자를 살해하고 홍콩으로 돌아온다. 이후 여자 아버지가 의뢰한 타이완 경찰은 남자를 범인으로 지목하고 홍콩 정부에 범죄인 인도 요청을 하지만, 홍콩 정부는 범죄인 인도조약이 체결되지 않아 살해범을 타이완에 넘겨주지 못한다. 홍콩 외부 범죄사건을 처벌하지 못하게 된 홍콩의 입법부는 이를 구실로 범죄인 인도법을 체결하려 한다. 문제는 이 법이 통과되면 홍콩에 있는 형사사건 용의자를 중국에서 송환요청 하면 보내줘야 한다는 점이다. 홍콩인은 홍콩기본법이 있기 때문에 중국 헌법의 적용도 받지 않아 중국 정부에서 홍콩 내 반중 발언을 한 사람들을 잡아다 처벌할 수 없었지만, 범죄인 인도조약이 체결되면 중국 정부에서 인도요청을 할 때 홍콩은 그 사람들을 중국에 넘겨줘야 하기에 중국에 대한 비판적인 의견을 내지 못하게 되고 중국의 간섭 역시 심해지게 된다. 이에 홍콩인들이 홍콩 입법부를 둘러싸고 시위를 한 것이다.

하면서 사상자가 발생했다. 한국 대학가에서도 홍콩의 고도의 자치권을 지지하는 학생들의 동맹 행동과 이에 반대하는 중국인 유학생의 항의 행동이 부딪히며 갈등을 빚기도 하였다.

범죄인 인도법안 반대 시위
(출처: 게티이미지코리아)

2020년 가을 신작 영화 <뮬란>이 홍콩, 타이완, 태국 국민의 보이콧 운동으로 어려움을 겪었다. 주인공 역을 맡은 류이페이가 "나는 홍콩 경찰을 지지한다. 홍콩은 부끄러운 줄 알라.(What a shame for Hong Kong)"라는 문구를 SNS 계정에 올렸기 때문이다. 자유와 민주주의를 위해 싸운 홍콩 시위대에 대한 경찰의 과잉폭력 사용을 지지했다는 사실에 분노하며 홍콩 시민과 온라인 연합체인 밀크티 동맹 타이완과 태국의 청년들이 민주화를 외치며 서로를 지지한 것이다.

2019년 이후 홍콩이 일국양제에 의한 고도의 자치권을 요구하는 운동이 거세졌다. 홍콩 내에서 친중 법률제정이나 반중 리더 제어 법률제정이 어려워지자, 중국 정부는 2020년 5월 29일 전국인민대표대회 제13기 3차 전체회의에서 홍콩보안법(홍콩에 중국이 관할하는 정보기관을 설치하고, 국가안전을 위해하는 행위를 금지하고 처벌할 수 있으며, 반정부나 반체제 시위를 공권력을 발휘하여 제동을 걸 수 있는 법) 초안을 의결한다.70 이 법은 외국 세력의 홍콩 내정 개입이나 국가분열, 국가 정권 전복, 테러리즘 행위를 금지하고 홍콩 내에 이를 집행할 수 있는 기관을 설치하는 것을 골자로 하고 있다. 홍콩 내에서 반중 시위 주도나 참여 시에는 엄중하게 처벌되는 상황을 맞게 된 것이다. 이미 2020년 9월 홍콩의 민주화 운동가 조슈아 웡이 경찰에 체포되었다. 중국은 홍콩 문제에 개입하려는 미국에 대해서도 대응 수위를 높이고 있다. 홍콩 시위를 지지하는 NBA에 대해 자국 기업을 통해 후원을 중단하는 조치도 취하였다.

홍콩보안법 통과후의 광둥성 군대 모습

(출처: 바이두)

중국인 역시 홍콩에 대한 불만이 높아지고 있다. 홍콩이 벌어들인 수입 중 한 푼도 중국으로 들어오지 않고 자체적으로 쓰는데, 중국에서 주민이 낸 세금은 인민해방군을 파견하여 홍콩 땅을 수호하는 데 쓰기에, 홍콩으로부터 얻는 소득은 없이 부담만 떠안고 있다는 것이다. 서로 다른 입장 때문에 미묘한 갈등이 존재하는 홍콩과 대륙은 현재 법적으로는 통일된 상태지만, 서구문화에 익숙하고 민

70 홍공보안법은 중국에서는 홍콩국가안전법(약칭 국안법)으로 불린다.

주화된 사회에 길들어진 홍콩을 실질적으로 통일하기까지는 아직 갈 길이 멀다.

미국이 홍콩보안법 제정에 대한 보복으로 홍콩에 대한 관세나 비자 등에서의 우대정책을 취소하는 등 홍콩의 특별지위 박탈을 위협하는 가운데 소식통은 "미국이 홍콩의 특수 지위를 박탈하겠다고 위협하는 가운데 사실상 홍콩의 역할을 대신할 수 있는 하이난 자유무역항 건설 계획의 공개는 미국에 밀리지 않겠다는 의지로 내비친 것이다."고 보도했다.

결국 미국은 홍콩의 특별지위를 박탈하는 조치를 시행하였고, 양국은 홍콩을 둘러싸고 갈등을 고조시키고 있다. 캐나다의 홍콩 보안법 반대조치, 영국의 홍콩인 시민권 부여 조치와 프랑스의 화웨이 사용 자제 권고에 대해 중국은 공정한 태도를 보이라고 경고하기도 하였다. 홍콩은 2019년도 글로벌 컴페티티브니스 인덱스(The Global Competitiveness Index) 4.0의 평가에 따르면 국가경쟁력이 약 80점으로 3위에 랭크될 정도로 경쟁력 있는 지역으로 평가받았지만, 향후 홍콩은 무역, 금융 허브로서의 기능을 기대하기 힘들 정도로 경쟁력이 떨어질 것으로 예측된다.

3 중국의 경제와 사회

|1| 중국경제의 과거와 현재

|2| 중국사회의 현실문제

|3| 변화하는 중국 & 빛과 그림자

|4| 중국의 현재와 미래

| 1 |

중국경제의 과거와 현재

전통적으로 농업생산을 기반으로 생활해오던 중국은 물자 풍부한 자립경제의 틀을 유지해왔다. 하지만 근대화 과정 속에서 서구열강과 일본의 침략, 장기간의 군벌 체제와 국·공 내전으로 경제는 파탄에 이르고 국민들은 말할 수 없는 고통을 받게 된다.

1949년 신중국 이후 사회주의 계획경제체제로 진입한 중국은 토지소유권을 실제 경작자에게 넘기는 토지개혁 정책을 실시하면서 농공업 부문이 성장하고 물가 안정이 뒤따랐다. 50년대 중반까지 공산당의 강력한 중앙집권 체제하에서 공업화와 경제회복이 빠르게 진행되었고 사회는 안정되기 시작한다. 제1차 5개년 경제계획기간(1953-1957)에는 신민주주의 경제 구도를 사회주의 경제 구도로 바꾸기 위한 첫발도 내디뎠다.

하지만 중국 현실을 무시한 채 무작정 중공업에 역점을 두는 소비에트모델을 채택함으로써, 농촌은 점차 농산물 저가격으로 희생되고 도시노동자는 노동자대로 저임금으로 고통받으며 경제 불균형이 심화하였다. 제2인자로 물러나게 될 위기에 처한 마오쩌둥은

1958년부터 1960년까지 인민공사(人民公社)를 설립하고 급진적인 대규모 동원운동인 대약진운동을 전개한다. 공업과 농업, 경공업과 중공업, 중앙공업과 지방공업을 동시에 발전시키고자 강철 중심의 공업과 식량 중심의 농업을 육성하는 데 목표를 두었다.

하지만 기술이 낙후한 상태에서의 분배와 평균주의 실시는 비효율적이었고, 마오쩌둥식 좌경모험 경제개발 노선은 농업생산 감소로 인한 식량 위기를 낳았다. 설상가상 3천만 명이 아사하는 기근으로 생활 수준은 바닥까지 떨어졌다. 대규모 군중 동원과 고저축 저소비 그리고 엄청난 인적 물적 자원 낭비로 인해 당시 중국의 GNP는 약 35% 감소하였다. 1960년 소련이 원조를 철회하고 자연재해까지 겹치면서 대약진운동이 실패로 끝나자 마오쩌둥은 주석직을 사임한다.

마오쩌둥을 이은 류사오치가 좌경식 개발모델을 중단하고 우경식 개발모형을 실시하면서 1965년까지 경제 조정기를 확보한다. 농업생산 회복에 역점을 두고 시장과 경제 자유화 정책을 폈으며, 공업 분야에서는 생산자를 위한 인센티브를 주고 기술·재무책임제 등 기업관리 제도의 개혁을 단행하였다. 그 결과 1965년 농공업 총생산액은 1957년 대비 80% 증가하였고, 국민소득이 증가하는 효과도 거두었다. 류사오치와 함께 전면에 나선 덩샤오핑은 <흑묘백묘론(黑猫白猫論)>을 제기하여 실용노선에 힘을 실었다.

하지만 마오쩌둥과 그의 추종세력은 시장경제요인이 사회주의 이데올로기를 후퇴시키고, 계급 불평등과 자본주의적 현상을 초래한다고 비판하며 류사오치와 덩샤오핑을 주자파로 규정한다. 그리고 백성을 억압하는 관료주의자 계급을 타도하는 문화대혁명을 일으키면서 중국 경제는 다시 혼란 속으로 빠져든다.

1970년부터 1975년까지 저우언라이가 다시 등용한 덩샤오핑의 경제회생정책 실시로 경제가 잠시 조정국면에 접어들기도 했지만, 1976년까지 4인방의 임금 평균주의라는 좌경정책의 실패로 인해 경제성장률과 효율성은 다시 하락하고 만다.

마오쩌둥 사망 이듬해인 1977년 제10차 3중전회에서 복권된 덩샤오핑은 1978년 11차 3중전회에서 개혁개방노선을 표방한다. 농민에게 토지 경작권을 부여하는 농가책임경영제를 실시하고 사영기업을 인정하는 정책을 시행한다. 이후 중국 경제는 180% 전환되면서 연 10% 이상의 경제 성장을 거듭해간다. 그의 실용적 사회주의 시장경제이론은 바로 <사회주의 초급단계론>이다. 사회주의 제도를 건립하기는 했지만, 아직 상품경제 발달이 낙후한 초급단계 수준에 머물러 있으며, 이 단계는 1980년부터 2050년까지 70년간으로서 이 기간에는 자본주의적 요소가 어느 정도 허용되어야 한다는 것이다.

경제건설 목표 첫 번째 단계는 국민들이 기본적으로 먹고 살 수 있는 원바오(溫飽, 1980-1990), 두 번째 단계는 중산층 수준에 올라서는 샤오캉(小康, 1991-2020),[71] 세 번째 단계는 중간선진국 수준 도달(2021-2050)이다. 이러한 목표 아래 덩샤오핑은 1980년 동남 연해 도시인 주하이(珠海), 선전(深圳), 산터우(汕頭), 샤먼(厦門) 등 4개 도시에 경제특구를 설치하고, 1984년 하이난다오(海南島)를 특구에 포함시킨다.[72] 이들 지역은 홍콩, 타이완과 인접하여 해외 및 화교

71 샤오캉은 '먹고 살만하다'는 의미로서 『예기』에서 끌어온 용어다.

72 중국은 1970년대와 21세기 최첨단 시대가 공존한다. 개혁개방 시점이 전 세계적으로 엄청난 도약과 변화를 가져다준 디지털시대 개막을 앞둔 대전환기에 이루어지면서 과거와 현재가 뒤섞여 공존한 것이다. 대도시는 첨단을 걷지만 외진 지역은 70년대 가난했던 우리 모습과 흡사하다. 시속 430km로 달리는 자기부상열차를 경험하는 동시에 타고 가던 낡은 버스가 고장으로 길바닥에 주저앉는 경험도 한다. 인공위성과 우주선이 날고 최신형 외제 차량의 홍수 속에 손수레와 마차가 공존하고 있다.

자본과 기술의 유입이 쉬운 곳이다. 값싼 노동력과 토지 및 세제상의 우대정책을 매개로 외국 자본과 기술을 유치하고자 하는 목적이 담겨있다.

1984년 텐진(天津), 상하이(上海), 랴오닝성 다롄(大連), 허베이성 친황다오(秦皇島), 산둥성 옌타이(烟臺)와 칭다오(青島), 장쑤성 롄윈강(連雲江)과 난퉁(南通), 저장성 닝보(寧波)와 원조우(溫州), 푸젠성 푸저우(福州), 광둥성 광저우(廣州)와 잔장(湛,江), 광시좡족자치구 베이하이(北海) 등 14개 연해개방도시를 개방한다. 1985년 창장삼각주, 주장삼각주, 샤먼-장저우-칭저우 삼각지대를 개방하고, 1988-1989년 랴오둥, 산둥, 보하이만 지역에 연해경제개방구를 설치한다.

동남 연해 지역을 우선 발전시키려는 배경에는 덩샤오핑의 <선부론(先富論)>이 있다.73 전체적으로 낙후된 상태에서 일부 지역의 경제를 발전시켜 우선 부유하게 만든 후 이를 기반으로 타 지역의 발전을 꾀하자는 것으로, 사회주의에서는 생각하기 힘든 불균형 발전전략이다. 경제개혁이 사회주의 포기가 아니라 더 좋은 사회주의를 만들기 위한 것이라는 취지로 보수파를 달랜 것이다. 경제개발을 위해 덩샤오핑은 사회주의 체제와 자본주의 경제모델을 혼합한 독창노선을 걷는다.

중국 경제는 1989년 톈안먼사건으로 외국투자기업의 투자심리가 위축되면서 난항을 겪는다. 경기 과열에 따른 개혁속도 조절을 위해 긴축조정노선이라는 조정기를 거치는 과정에서 고속성장도 제

73 그는 "우선 일부의 사람, 일부 지역을 부유하게 한다.(讓一部分人, 一部分地區先富起來.)"라고 말한다. "안정이 모든 것을 능가한다.(穩定壓倒一切,)", "발전만이 확고한 도리다.(發展才是硬道理.)", '흰고양이든 검은고양이든 쥐를 잡을 수 있는 고양이가 좋은 고양이다.(不管白猫黑猫, 能捉到老鼠就是好鼠.)"라고도 언급했다. 그의 공리적 실용주의는 중국 경제발전에 큰 역할을 했지만, 빈부격차, 환경문제, 사회복지 결여, 제도 개혁 정체, 민주화 퇴보 등에 직면함으로써 국가발전에 구조적이고 심각한 화근을 초래한 측면도 있다.

동이 걸렸다. 이에 덩샤오핑은 1992년 1월 남부지방을 시찰하면서 개혁개방을 독려하는 <남순강화(南巡講話)>를 발표한다. 계획경제든 시장경제든 경제발전에 유리하다면 어느 것이든 문제가 되지 않으며, 세계 각국의 선진 경영방식과 관리방식을 과감하게 흡수하고 향후 100년간 변함없이 개혁개방을 추진할 것임을 강조한다. 남순강화는 개방 범위를 내륙지역을 포함한 전역으로 확대하였으며, 긴축 조정기를 짧게 끝내고 시장경제를 촉진하는 촉매 역할을 하였다.

상하이 자유무역구(FTZ)의 확대와 함께 톈진, 푸젠성, 광둥성에도 자유무역구를 추가로 설치하였다. 주변 2선 도시의 성장도 유도함으로써 소비성장, 서비스 비중 확대, 지역균형발전, 생태 문명 건설을 목표로 하였다. 베이징, 상하이, 광저우, 선전 외에 1인당 GDP가 높은 청두, 충칭, 톈진, 항저우, 우한, 난징, 선양, 다롄, 시안 등 9개 도시가 성장을 이끌어가도록 계획하였다. 최근에는 베이징을 중심으로 하여 톈진과 허베이성 등 2,000만 명이 거주하는 징진지(京津冀) 지역과, 상하이를 중심으로 하여 저장성과 장쑤성을 포함하는 장삼각 지역 역시 통합개발을 위한 계획을 실행 중이다.

현재의 중국경제는 거의 모든 분야에서 고속성장하며 세계의 공장이자 거대 소비시장으로 우뚝 솟아있다. 개혁개방 40여 년 동안 경제발전은 괄목할 만한 성장을 이루었다: 국내총생산은 369억 위안에서 82조 위안(2019)으로 증가하여 점유율 약 15%를 차지하며 세계 2위 규모가 되었다. 1인당 GDP는 381위안에서 5만 9,600위안으로(선진국과 후진국의 기준은 1인당 12,000달러), 세계 500대 기업은 0개에서 115개로, 특허출원은 0건에서 138만 건으로, 고속철길이도 0km에서 2만 5천km로 증가하였다. 외환보유고 역시 3조 1,000억 달러로서 중국은 미국 다음으로 많은 달러 보유국이다. 농촌의 빈곤 인구는 현재 3,000만 명으로 1/25로 줄었다. 결국 중국 경제의 성장은 개혁개방 정책의 영향이 결정적이었다.

중국의 경제발전은 구매력으로 이어졌다. 11월 11일 쇼핑의 날인 알리바바의 광군제(光棍節)가 바로 현재 중국인의 구매력을 보여주는 행사이다.74 중국의 블랙 프라이데이인 광군제 매출액(成交額)은 30조 원을 넘을 정도로 호황이다.

중국경제를 이끌어가는 기업들의 활약도 크다. 전자상거래업체인 창업주 마윈의 알리바바, 인터넷 모바일 게임업체인 마화텅의 텐센트, 포탈검색업체인 리옌훙의 바이두 등 BAT, 통신업체인 런정페이의 화웨이, 전자제품업체인 레이쥔의 샤오미, 부동산기업인 왕젠린의 완다의 활동이 주목을 끈다. 텐센트는 2011년 출현한 위챗(WeChat, 微信)의 사용자 9억 명의 힘으로 매출과 시장가치를 끌어올리며 온라인 쇼핑몰 징두의 최대주주가 되었고, 완다그룹은 세계최대 영화관 체인 AMC와 카마이크를 인수하고 영화 인터스텔라 제작사인 레전더리 엔터테인머트 지분도 인수하는 등 확장세를 이어가고 있다.

중국 비보의 X21과 같이 별도의 센서 없이 스마트폰 화면이 지문을 읽는 지문인식기술 분야, 화웨이의 트리플 카메라, 중국이 이미 세계시장의 70% 이상을 석권한 상업용 드론 분야, 인공지능 빅

---

74 11월 11일이라는 날짜는 1로 표현되는 고독한 싱글 4명을 형상화하면서 만들어진 날이다. 광군제 기원은 난징대학 기숙사에서 시작된다. 1993년 기숙사 침실에서는 4명의 4학년 싱글 남학생들이 매일 누워서 어떻게 하면 싱글 생활에서 탈출할 수 있을까 하는 문제에 대해 토론하였다. 이야기 도중 다가올 11월 11일을 광군제로 하여 조직활동을 하기로 정한다. 이후 광군제는 난징대학과 각 지역 대학에서 점차 캠퍼스취미문화로 발전한다. 이들이 학교를 떠나고 광군제는 자연스레 사회에 퍼진다. 싱글 남녀들이 늘어나고 인터넷 매체를 통한 소통이 활발해진 것이 그 요인이다. 광군제는 발전하여 탈싱글데이(脫光節)가 되고, 알리바바 등 기업들의 상업적 마인드가 침투하며 싱글을 위한 상품 구매 촉진 활동으로 이어지면서 쇼핑의 날로 자리매김한다.

데이터, 모바일 결제시스템, 핀테크, 스마트 의료 같은 4차 산업 분야 등은 우리가 리버스 이미테이션 즉 모방을 통해 따라가는 분야가 되었다. 텐센트가 2010년 모바일 메신저 카카오톡을 모방해서 만든 위챗이 2013년 위챗 페이를 선보이자 한국에서도 모바일 페이 열풍이 일어났고, 중국에서 이미 QR코드 결제가 이루어진 후 한국에서 카카오 페이가 서비스를 시작하는 등 ICT 분야에서 리버스 이미테이션이 이루어지고 있다.

다만 2020년 중국 우한(武漢)에서 발생한 코로나19(新型冠狀病毒感染症)가 중국 전역 그리고 세계로 확산하면서 중국 경제는 세계 경제에 영향을 미쳤고, 이는 다시 중국 경기 둔화라는 악순환으로 이어지는 상황을 겪었다.

2) 중국 경제 전망과 문제점

세계인의 필수품인 스마트폰은 수많은 반도체의 집합체다. 저장장치인 D램·낸드플래시 등 메모리반도체, 스마트폰의 두뇌 역할을 하는 AP(애플리케이션프로세서) 등 시스템반도체가 다양하게 활용되고 있다. 중국 스마트폰 제조업체들은 자국 시장 석권에 이어 글로벌 시장에서도 화웨이를 필두로 과반을 점유하고 있다.

하지만 반도체 자급률은 10%대 초반에 그치고, 스마트폰 판매량이 늘어날수록 삼성전자와 SK하이닉스, 마이크론, 퀄컴 등 글로벌 반도체 기업들을 배불려 불려주는 형국이다. 핵심 기술과 부품을 확보하지 못한 탓에 단순 조립 이상의 부가가치를 창출하는 데 어려움을 겪고 있다. 푸젠진화와 허페이창신이 D램, 칭화유니 계열의 창장메모리(YMTC)가 낸드플래시 양산 임무를 맡는 등 중국이 반도체 자급 달성을 목표로 설정한 이유다.

미국과 한국이 장악한 반도체 시장에서의 반전이 어려울 수 있다는 판단하에 인공지능(AI) 반도체 등 아직 시장 판도가 유동적인 분야에 집중하고 있다. 메모리 반도체 분야에서 걸음마를 뗀 국유기업과 달리 알리바바와 텐센트, 바이두, 화웨이 등 민영기업은 이미 확보한 기술을 토대로 AI 반도체 개발에 박차를 가하고 있다. 하지만 이 시장 최대 경쟁자는 인텔과 IBM, 구글, 애플, 퀄컴 등 미국 기업이다. 미국 기업과의 경쟁에서 승리하기 위해 미국 압박에도 '중국제조 2025' 프로젝트를 진행하고 있다.

'중국제조(Made in China) 2025' 개요

10대 전략산업	9대 과제	5대 프로젝트
차세대 IT	제조 혁신력 제고	제조혁신센터 구축
신소재	제조 기초역량 강화	스마트 제조 육성
항공우주	제조 국제화 제고	공업 기초역량 강화
해양 선박	IT제조 융합	첨단장비 혁신
로봇	서비스형 제조 육성	환경친화적 산업구조
선진 궤도교통설비	친환경 제조 육성	
신에너지 자동차	품질 브랜드 향상	
전력설비	구조조정	
농업기계장비	10대 전략사업 육성	
바이오		

전세계 AI 영역의 인재는 약 30만 명인데, 필요 인원은 100만 명 수준이다. 현재 전 세계 핵심 인재 500명 중 미국은 14.6%, 중국은 13%를 차지하고 있으며 한국은 1.4%에 불과하다. 그만큼 중국의 4차 산업 인재 양성에 적극적으로 대응하고 있음을 알 수 있다. 차상균 서울대 빅데이터연구원 원장은 "빅데이터와 AI는 4차 산업혁명 시대의 핵심 기술로 모든 산업과 학문에 영향을 미치고 있다."면서,

중국의 빅데이터와 AI 경쟁력은 미국도 두려워할 정도로 공산당 중심으로 민·관·학이 한 몸으로 이끌고 있다고 평가하였다.

차이나 스피드로 바이두는 AI와 자율주행 독자운영체제로 실리콘 밸리에 도전하며 AI굴기를 실천하고 있다. 그 배경에는 자본, 기술, 시장, 정책의 구비와 14억 명의 인구, 11억 명의 스마트폰 이용자, 7억 5천만 명의 인터넷 이용자, 2억 대의 자동차가 있다.

노점상 모바일 결제

현재 중국에서는 거지도 알리페이나 위챗페이로 적선을 받고, 길가 노점상도 현금 대신 모바일 결제를 요구하고 있다. 현금 거래를 주요 수단으로 하고 신용카드 보급이 높지 않은 상황에서 곧바로 스마트폰 결제가 전국적으로 보급되리라고는 예상하지 못할 정도로 중국의 정보기술(IT) 환경은 급속도로 발전하였다. 온라인쇼핑몰인 타오바오가 세계 최초로 온라인으로 제트기를 경매하였고, 주유소 및 외국의 섬까지 경매로 팔기도 하였다.

상하이 홍차오공항에는 화장실 지능안내 전광판이 사용 가능한 화장실을 구분해주고, 제어시스템이 공항 화장실 이용 현황을 알 수 있도록 해주고 있다. 공항이나 역 밖에서는 공유자동차와 카셰어링 서비스를 이용할 수 있다. 고속철 개찰구에는 안면인식을 통해 자동 심사가 가능하고, 승객 위치를 알려주는 내비게이션, 좌석 예약과 식사 주문의 모바일 결제, 역사 내 편의시설을 알려주는 AI로봇, VR 기술을 활용한 역사 내 안내 서비스를 이용할 수 있도록 개선하였다.

중관춘의 창업대가(創業大街)에는 스타트업 기업들이 매년 폭발적으로 증가하면서 IT 관련 매출도 크게 증가하고 있다. 전자상가에서 출발한 중관춘은 창업 장려정책에 힘입어 창업 자금과 인재의 용광로 역할을 하고 있다. 리커창 총리가 "모두가 혁신하고 창업하자.(萬衆創新, 大衆創業.)"고 독려하는 가운데, 전 직원이 하나의 회사처럼 창의력을 발휘하도록 한 하이얼 기업의 벤처부활정신(샤오웨이방식)을 국가 차원으로 확대 적용하였기에 가능한 일이다. 창업 유도정책에 따라 교육업, 드론업, 뉴미디어, 공유자동차 등 영역에서 창업으로 일군 자수성가형 바링허우 세대(80년대 이후 세대)가 중국 부호대열에 등장하며 경제 주역으로 떠오르는 상황도 일어나고 있다.

중국은 전기차 생산에도 박차를 가하는데, 개혁개방의 심장인 선전은 시내 2만여 대 택시와 버스를 모두 전기차로 교체하였다. 전기차 회사 BYD와 배터리 회사 CATL 등 세계 수준의 기업이 등장하고 연간 100만 대 이상의 차가 판매되면서 세계 최대의 전기차 시장이 형성되고 있다. 에어컨 회사 거리((格力)도 전기차에 도전장을 내밀었고, 바이두가 개발하는 무인차가 안후이성 우후시에서 시범운행을 하며 2021년 무인차 양산을 시작하였다. 미국의 전기차 생산업체인 테슬라와 독일의 벤츠와 폭스바겐도 중국과 합작에 나서고 중국 생산기지를 확보하며 중국에 올인하고 있다. BYD, 베이징자동차그룹(BAIC) 등 중국의 '전기차굴기'를 계기로 폭발적으로 성장한 중국 완성차 업체들은 최근 한국시장에서 시장점유율을 높여가고 있다.

전기차 육성과 전기차 베터리 개발에 막대한 보조금을 지원하고 삼성·LG 등 외국산 배터리 탑재 차량은 보조 대상에서 제외하는 정책까지 동원해 얻어낸 결과다. 미국 CNN은 "세계 최고의 자동차 기업을 보유한 유럽이 전기차 미래 경쟁에서 중국에 뒤지고 있다." 라고 평가할 정도다.

'중국제조 2025'에 따라 자국 내 민간 항공기 시장의 10%, 세계 소형 제트기 시장의 10~20%를 차지하겠다는 계획도 실천에 옮기고 있다. '2018 주하이 에어쇼'에서 독자 개발한 스텔스 전투기 '젠(殲·J)-20'이 미사일을 싣고 비행하는 모습을 최초로 공개했는데, 개방된 무장창에는 미사일 4기가 실렸고, 측면에 각각 미사일 1기가 탑재됐다.

드론 산업도 중국의 도약이 주목받고 있다. DJI는 세계 최초로 일체형 드론을 선보인 기업으로, 글로벌 드론 시장의 70%를 장악하고 180억 위안(약 2조9,400억 원)의 매출을 올린 바 있다. 상업용 드론은 한국이 중국을 따라가는 분위기다.

로봇굴기 표방 아래, 시아순, 회이보, 캉리, 에스콘, 슈쿵 등 10개 중국 기업이 로봇동맹을 결성하였고, 중국 1위 가전업체 메이디가 독일 로봇제작업체 KUKA 인수를 제안하고 2020년 연간 10만 대 규모로 성장하고 있다. 중국은 자금력으로 산업로봇 업체들을 인수해나감으로써 로봇 시장 규모도 중국이 가장 클 것으로 전망된다.

우주굴기를 표방하면서 우주 개발에도 박차를 가하고 있다. 2018년 쓰촨성 시창위성발사센터에서 발사된 중국의 무인 달 탐사선 창어-4가 2019년 1월 3일 달의 반대편 아이켄만(먀사두 Basin)에 착륙한 후, 창어에 탑재된 로봇 탐사차 위투(玉兎)가 활동을 개시하였다. 미국보다 먼저 양자통신 위성도 쏘아 올렸다. 모쯔(墨子)호가 지상 500킬로 떨어진 궤도에 안착했는데, 도청에서 안전한 차세대 통신기술을 지니고 있다.

항공사업 발전을 위해 중국항공발동기그룹(AECC)이 최근 출범하였다. 8조 이상의 자본을 투입하고 10만 명의 직원을 고용하고 있으며 중국판 보잉을 만듦으로써 세계 최대 민항기 시장으로 부상하게 될 중국 자신을 겨냥하고 있다.

IT굴기 표방과 함께 자율주행자동차, 웨어러블기기, 가상현실(VR), 증강현실(AR), 3D프린팅, 샤오미와 TV를 허브로 삼아 가전을 연결하는 사물인터넷에서도 앞서가고자 노력 중이다. 현재 중국의 감시 카메라, 세탁기, 냉장고, 가정용 에어컨, 컴퓨터, 풍력발전기, 태양전지, 담배는 세계시장 점유율 1위를 차지하고 있다.75

중국에서 출현한 중의에 대한 육성에도 박차를 가하고 있다. 중국 경제발전 5개년계획에 중의학 육상 방안을 포함할 정도로 비중을 두고 있으며, 중의학 혁신의 현장인 베이징 순이구의 캉런탕(康仁堂)에서는 한약을 차처럼 물에 타서 먹는 배방과립제(配方顆立劑. 傳承不泥古, 創新不離宗)를 개발하고, 호주에 중의센터도 건립하고 5년마다 30명씩 국의대사(國醫大師)를 선발하는 등 중의굴기 실현을 위해 애쓰고 있다.

이밖에 통화굴기 기치 아래 중국의 위안화는 2016년 국제통화기금에 기반통화로 정식 편입되어 달러, 유로, 엔, 파운드와 함께 세계 5대 통화 반열이 올랐고, 얼마 전만 해도 볼품없던 헬스케어(CT, MRI 등) 산업이 정부 지원 하에 한국산보다 좋아지는 등 의료굴기가 벌어지고 있다. 택배 산업 역시 빅데이터와 결합하여 1년에 1000억 건 이상으로 증가하였고, 춘제 때도 전자상거래 성장으로 물건을 사전에 택배로 고향에 보내는 사람들이 많아지면서 선물 보따리를 들고 다니는 사람들의 모습은 사라지고 있다.

2020년부터 전면적인 소강사회 즉 중산층사회라는 목표 도달 후, 명목 GDP를 15조 달러로 끌어올릴 것으로 전망된다. IMF는 2030년 중국 GDP가 세계에서 가장 큰 국가가 될 것으로 전망하고 있다. 하지만 중국의 증시와 외환시장이 불안하고, 상하이 증시에서 주식

---

75 한국의 세계시장 점유율 1위 분야로는 초박막TV, 액정패널, 스마트폰 유기EL패널, 리튬이온전지, D램, 낸드플래시메모리, 조선, 스마트폰이 있고, 일본은 디지털카메라, 산업용 로봇, 자동차, 탄소섬유가 있다. 중국의 전기전자, 에너지 품목이 바짝 뒤쫓고 있으며, 사물인터넷 등 제조업 디지털화를 통한 제조업 경쟁력도 10년 내에 일본 수준에 다다를 것으로 전망하고 있다.

가격이 떨어지고 위안화 가치가 절하되는 등의 모습도 보이고 있다. 그동안의 고속성장에서 최근에는 마이너스 성장이라는 경착륙 현상도 보이고 있다. 중국의 부채 증가가 세계 1위라는 얘기도 나오고 있다. 이를 정부의 미숙한 대응과 경제 운용능력 부족 때문에 나타나는 현상으로 보는 시각도 있다. 향후 '차이나 리스크'가 단기 현상인지 아니면 장기적인 추세인지, 그리고 2020년 이후 모든 국민이 기본적인 의식주를 충족하는 사회인 샤오캉 사회 목표가 달성될지는 지켜볼 일이다.

전문가들이 지목하고 있는 중국의 경제 불안요인은 증시 불안과 함께 기업 부실, 구조조정과 국유기업 개혁, 경영난과 부실 채권 증가, 신용 버블, 부동산 버블, 고정자산 투자 부진, 생산자 물가지수 연속 하락으로 인한 디플레 압력, 경제성장률 둔화, 지역 불균형, 과잉생산 등이 있다. 중국은 초점을 서비스업 위주의 산업구조, 소비 주도의 수요구조, 도농 간 격차 축소, 소득분배 등 양극화 개선에 맞추고 이의 달성을 위해 주력하고 있다.

중국 경제의 호불호는 세계 경제에 큰 영향을 미친다. 한 예로 중국 경제성장이 정체되어 철광석 수요가 줄면서 호주는 중국으로의 철강제 수출이 줄고 가격도 내려 몸살을 앓는 현상이 발생하기도 했다. 세계 2위 경제대국 중국이 주춤하면 세계는 불황(recession) 공포가 급속하게 확산된다. 그래서 중국 경제 추이를 세계가 주목하고 있다.

빠르게 고령화 사회로 진입하고 있는 점도 중국 경제의 부담이다. 경제활동 인구가 이제 감소세로 돌아서고 있다. 최근 4천만 명이 종사하는 민간 및 공공분야의 연금제도를 개혁 중이며, 월급 8%의 연금보험 납입 외에 월급 20%의 퇴직 연금 적립도 시행 중이다. 노동력과 소비가 늘면서 경제성장을 이끄는 구조인 인구보너스 시대가 막을 내리고 고령화 사회에 진입한 중국은 향후 의료, 위생,

양로 등 생활서비스업 문제도 해결해야 할 과제다.

중국은 자원 강국이다. 차세대 자원이자 산업 재료로 필수적인 다양한 종류의 희토류는 중국이 세계에서 가장 많고 석유 매장량도 세계 3위다. 자원 강국이지만 수요가 그에 비례해서 많아지기 때문에 다양한 자원을 수입에 의존하고 있다. 일대일로 사업은 주변 친미 국가의 봉쇄를 가정하여 육상과 해상의 교통망을 연결하여 유럽과 아프리카로 진출하면서 자원을 공급받기 위함도 있다. 중국의 자원 확보가 관건이 되며, 이를 위한 노력이 향후에도 지속될 것으로 전망되다.

국내총생산의 증가와 농촌 빈곤 인구의 7억 명에서 3,000만 명으로의 감소라는 긍정적 성과도 있지만, 지니계수가 0.16에서 0.467로 증가하는 사실에서 보듯이(0.4가 넘으면 사회는 불안한 상태임) 악화하는 빈부 격차와 농민공 증가(2억 8,652만 명)가 문제가 되고 있다.

다만 중국이 기술 강국에 초점을 맞추고 있다는 점은 긍정적인 측면이다. 국무원은 첨단 산업 육성 의지 속에 기술 강국을 향한 속도를 올리고 있다. 특허 보유 건수나 특허 신청 건수를 올리고 지적재산권 보호에도 박차를 가할 것으로 전망된다. 외국기업의 진출도 꾸준히 이어지고 있다. 포드가 하얼빈의 하페이(Hafei) 자동차를 인수하고, 도요타는 광저우에 10만 대 규모의 공장을 신설하였으며. 현대자동차는 중국 허베이성 창저우에 30만대 규모의 제4공장, 충칭에 제5공장을 건설하였다.

중국 경제는 임금상승과 원가상승 및 기술혁신 부족이라는 삼중고로 인한 성장률 둔화 상황도 극복해야 한다. 미·중 무역 분쟁과 코로나19 사태로 인해 다소간의 조정기와 불경기도 겪을 것으로 예측된다. 하지만 거대 소비시장으로서 세계의 자본이 몰리고 세계경제에 큰 영향을 미친다는 점을 고려한다면 중국 경제의 거센 흐름은 상당 기간 이어질 것으로 전망된다.

| 2 |

중국사회의 현실문제

1) 소수민족 문제

환경오염, 빈부 격차, 인구 문제와 함께 중국 내 소수민족과 한족 간 갈등도 중국 사회의 주요 이슈 중 하나다. 2011년 네이멍구(內蒙古)자치구 시린하오터(錫林浩特) 시정부 앞에서 학생들이 유목민 모르건(莫日根)의 죽음에 항의하는 대규모 시위를 벌였다. 한족 트럭 기사에 의한 유목민 압살 사고에 대한 부적절한 처리가 몽골족 시위를 촉발하였다. 무장경찰이 배치되어 경계를 서고, 네이멍구사대 등 대학들은 봉쇄당한 채 출입이 금지되었다. 2020년 30만 명의 몽골족 학생들이 등교를 거부하고 항의시위를 벌였다. 몽골어로 가르치던 수업을 중국어로 대체한다는 조치 때문이다.

중국 속에서 중국인 신분으로 살아온 55개 소수민족들은 차별에 저항하면서 독립이나 고도의 자치권을 확보하려는 노력을 이어왔다. 특히 대륙 외곽에 거주하면서 고유의 혈통과 언어문자 및 문화 관습을 보존해온 신장 위구르족과 티베트 짱족은 소수의 의지만으로 강력한 중앙정부의 통제를 이겨내고 독립을 실현할 가능성이 희박함에도 독립 쟁취를 위해 끊임없이 정치투쟁과 무력항쟁을 지속해왔다.

안정과 조화를 염두에 둔 중국 정부로서는 대가족 틀 속에서 나름대로 소수민족 우대 정책을 실시해왔다. 문혁 이후 민족 평등 정책으로 소수민족 문화 보존에 지원을 아끼지 않고, 다수의 자녀 출산도 허용하며, 대입 가오카오(高考) 가산점 우대 및 무상교육도 제공하고 있다. 자치구에는 종교의 자유와 자치정치 활동을 허락하여 자치 조례 제정권과 예산집행권을 부여하고 있고, 전국인민대표대회 소수민족 대표 비율을 총인구수에서 차지하는 비율을 웃도는 12%로 조정하고 있다.

아울러 소수민족 지역으로의 한족 이주 정책과 이민족 간 결혼 유도를 통한 동화정책도 병행하고 있다. 신장 투루판 50만 명 중 위구르족과 회족 및 한족이 차지하는 비율도 변하여, 위구르족은 90%에서 70%로, 회족은 9.6%에서 7.6%로 줄어든 반면 한족은 1%에서 22%로 급증하였다. 현재 티베트의 성도 라싸는 인구 절반이 한족인 상태다.

하지만 소수민족은 실생활에서 취업, 승진 및 보수 등에서 보이지 않는 차별과 불이익 때문에 상실감을 느끼고 있다. 삶의 터전에서의 주도권 상실과 경제적 격차에 대해 상대적 박탈감 속에 중앙 정치 진출에 제약과 견제를 받으면서 그 불만을 시위로 표출하고 있다. 소수민족이 민족, 종교, 언어, 문화의 연대 속에서 독립 쟁취의 의지가 있는 한 갈등과 소요 및 희생은 반복될 것이다.

중국 당국은 소수민족 분리 독립 움직임이 있을 때마다 무력이라는 채찍으로 강경 진압하고 있다. 소수민족이 거주하는 변방지역이 전 국토의 37%를 차지하며, 그중 티베트에는 금광, 신장에는 커라마이(克拉瑪依) 유전과 석탄, 내몽고에는 철광, 윈난성에는 대리석 등 상당한 천연자원이 매장되어 있다. 중국 정부는 이 지역을 포기할 수 없기 때문에 신사협정 대신 무력 진압을 택하는 것이다.

(1) 신장위구르(新疆維吾爾)와 서북공정(西北工程)

2008년 윈난성 쿤밍(昆明) 등에서 버스 연쇄 폭발사건이 신장위구르자치구의 독립을 추진하는 동투르키스탄 이슬람운동(ETIM)의 주도로 비밀리에 감행되었다는 소식이 전해졌다.

2009년 우루무치(烏魯木齊)에서는 정부에 저항하는 시위가 일어났다. 광둥성 완구 공장에서 한족과 위구르족 간 집단 난투극 과정에서 위구르족 여성 2명이 구타로 숨지는 사건이 도화선이 되었다. 위구르족은 진상조사와 책임자 처벌을 요구하면서 반한(反漢) 독립시위를 하였다. 당국이 해당 지역을 봉쇄하고 1,000여 명의 병력을 투입하면서 140명의 위구르족이 사망하고 828명이 다쳤으며 수백 명이 체포되었다. 신화통신은 "시위대가 행인을 무차별 공격했고 폭력시위를 벌였다."라고 전했고, 위구르족은 "시위가 평화롭게 시작했지만 공안의 과잉 진압으로 충돌이 발생했다."라고 주장하였다.

2011년에는 신장 허톈(和田)에서 위구르족이 평화 시위를 하는 도중 경찰과 충돌하면서 20명이 사망하였고, 며칠 후 카스(喀什)에서도 유혈 충돌이 발생했다고 전해졌다.

유혈사태 배경에는 위구르족의 중국 정부와 한족에 대한 뿌리 깊은 불신과 민족 차별에 대한 반감이 깔려있다. 그들은 체포된 위구르족 처벌 중단과 정치범 석방 및 저임금 강제근로에 시달리는 위구르 소녀들의 귀환을 외치고 있다. 동투르키스탄 이슬람운동(ETIM) 또는 세계위구르대표대회와 같은 독립 추진 단체는 신장의 독립을 목표로 행동하고 있다.[76]

위구르족은 중국의 전설시대인 하(夏)나라 때부터 존재했던 역사 깊은 유목민족이다. 서역이라고도 불렸던 이곳은 250년 전 청나라에 패한 후 청 왕조에 의해 신장성이 설치되고, 1955년에는 신장위구르자치구로 개칭되면서 중국 지배를 받았지만, 고유의 문자와 언어가 있고 혈통적으로는 돌궐 즉 터키인 및 카자흐스탄인 등과 친연성이 깊어 독립을 향한 꿈은 쉼 없이 이어져 왔다. 위구르 지역에서 기차나 버스를 타보면 위구르족, 후이족, 한족이 따로 앉아서 자신들의 언어로 이야기하는데, 그 분위기 속에는 묘한 긴장감이 흐른다.

뮌헨에서의 위구르족 시위

중국 정부는 종교와 혈통이 전혀 다른 이들에게 민족 배려 차원에서 독립을 허용한다면 막대한 손실을 본다고 판단, 독립운동을 분리주의와 테러리즘으로 규정하고 무력제압으로 일관해오고 있다. 이 지역은 중국 최대 포도 산지이면서 127종의 광물자원이 나오는데, 그중 8종은 전국 1위를 차지하고 있고, 중국 전체 석유 매장량의 1/4,77 천연가스 매장량의 1/3, 석탄 매장량의 절반을 차지하고 있다. 신장은 중국에게는 포기할 수 없는 전략 지역인 것이다.

현재 55개 소수민족과 한족으로 구성된 다민족 국가인 중국은

---

76 신장위구르족 외곽조직이 두 개 있다. 미국 워싱톤 D.C.에 있는 동투르키스탄 이슬람운동 망명정부와 독일 뮌헨에 본부를 둔 세계위구르대표대회이다. 전자는 중국으로부터의 독립을 주장하고 있고, 후자는 세계 각국의 위구르족 조직을 통괄하는 최대조직으로서 고도의 자치권을 주장하고 있다.

77 2017년 중국의 최대 석유기업인 페트로차이나(중국석유)의 신장유전공사가 신장에서 매장량 10억t급 초대형 유전을 발견하였다. 신장 카라마이 유전을 하나 더 얻게 된 것이다.

기타 민족들의 연쇄 독립운동 발생도 신경 써야 한다. 유화정책 및 동화정책을 병행하면서도 소수민족의 독립 추구에는 어떤 희생을 감수하고서라도 강제진압 한다는 방침을 고수하는 이유다. 위구르족은 독립 의지를 꺾지 않고 있고, 중국 정부는 분리 운동에 대해 희생자가 발생해도 진압 의지를 굽히지 않는 상황에서 희생자는 계속 늘어나고 있다.

최근 중국 당국의 위구르족 체포 및 강제수용소 감금 이슈가 화제가 되었다. 유엔 인권 패널은 100만 명의 위구르족과 소수민족이 초법적 구금 상태에 있다는 보고서를 내놓았다. 미국과 이슬람 국가들은 위구르족 불법구금 및 무급 또는 저임금 강제노동 행위를 중단하라고 촉구하고 있다. 고대 돌궐족으로 불리던 투르크인들이 중앙아시아를 거쳐 터키에 정착한 까닭에 위구르족과 친연성이 깊은 터키에서는 위구르 민족성과 종교를 말살하기 위한 집단 비밀 강제수용소 또는 재교육 노동 교화소 폐지를 요구하고 있다.

강제수용소에 수감된 바 있는 위구르족 여성 미흐리굴 투르쑨은 의자에 손발이 묶인 채 전기고문을 받았는데 의식을 잃기 전 위구르족인 것 자체가 네 범죄라는 말을 들었다고 증언하였다. 감방 수용자 60명은 순번을 정해 잠을 자야 했고 화장실 앞에는 감시카메라가 설치되어 있었으며 공산당 찬양 노래를 불러야 했다고도 증언하였다.

중국 정부는 수용소는 위구르족이 사회 복귀 시 재활을 돕기 위한 직업 재교육 캠프이며, 이 문제로 비화되는 내정간섭은 용납할 수 없다는 입장이다. 국무위원 겸 외교부장관 왕이는 신장위구르 소문은 믿어서는 안 되고 신장은 국내문제라고 말하면서 국제사회의 비난을 일축하였다. 그러면서 티베트와 신장에 투입되는 안보 비용은 늘어나고, 이슬람 국가들과 맞닿는 위구르 외곽에 5,700km

의 국경 장성을 세울 계획으로 있으며, 신장위구르자치구 방문 외국인의 휴대폰에도 감시 앱을 설치한다는 소식도 전해진다. 분리독립 저지를 위한 이론 무장을 위해 중국은 서북공정(西北工程)을 추진해왔다. 신장의 과거 역사를 중국 측에 유리한 쪽으로 재편하는 작업이자 중국과 위구르의 관계사를 왜곡하는 작업이다.

신장 문제에 대한 현실적 대안은 위구르족의 자치권을 확대하고, 민족 간 차별에 대해 근본적인 제도를 마련하는 것이다. 위구르 사태에 대한 중국 네티즌들은 강경 진압을 선호한다는 설문조사 결과가 나왔다. 인권과 인도주의 정신을 한 번쯤 숙고해주었으면 하며, 국제사회도 적극적인 관심을 가짐으로써 희생자 발생을 막아야 할 책임이 있다.

(2) 티베트와 서남공정(西南工程)

티베트 독립시위와 이로 인한 희생은 어제오늘의 일만이 아니다. 1949년 10월 중국은 티베트 영유권을 선언하고, 1950년 10월 인민해방군 3만 명이 무기를 소지하지 않은 4천명의 티베트 저항군을 무력 점령하였으며, 1951년 5월 '평화해방' 협정을 체결하여 티베트를 합병하였다. 그리고 1965년 9월 1일 이 지역에 티베트자치구를 설립한다.

1959년 3월 10일 14대 달라이라마가 머물던 노블랑카 궁전 앞에서의 대규모 독립시위 중 12만 명의 장족 즉 티베트인이 목숨을 잃는 사건이 발생한다. 1989년, 1993년, 1996년에도 대규모 시위에 대한 무장진압과 탄압으로 지금까지 100만 명이 희생되었다. 2008년 베이징 올림픽 개최를 앞두고 티베트에서 독립시위가 발생했고, 인민해방군과 무장경찰의 진압으로 100여 명이 희생되는 유혈 참사로 막을 내렸다.

2010년 10월 티베트 학교 수업에 중국어만 사용하도록 한다는 소식에 분노한 학생들의 시위가 일어났고, 시위는 칭하이성 티베트 짱족 거주지까지 확산되었다. 티베트어 학습권 보장을 외치며 평화 시위를 벌였지만 무장군인들에 의해 진압되고 만다. 2011년에는 승려의 불법 포교 활동을 이유로 승려에 대한 법률 교육을 실시하자 20살의 승려가 이에 항의해 분신자살하였고, 이어 승려들의 대규모 시위가 일어났다. 치안부대가 승려 300명 이상을 체포하는 과정에서 2명이 사망하였다.

문혁 시기에 티베트사원이 거의 파괴되고 티베트인이 신성시하는 조캉사원(대소사)을 돼지우리로 사용하면서 티베트인의 자존심은 크게 상처받았다. 한족과의 차별정책, 한족의 기득권과 고위직 독점, 티베트인의 중앙 진출 제약 등도 그들이 저항하는 이유다. 서부내륙에 독립적으로 거주하며 자신들의 전통문화 보존 정서가 강한 상황에서 독립의 열정은 타 소수민족보다 강하다.

라싸는 현재 구시가지와 신시가지로 나뉘는데, 신시가지는 타지에서 이주한 한족들에 의해 제법 현대적으로 변한 반면, 티베트인 거주 구시가지는 여전히 낙후되어 있다. 반강제적으로 한족을 이주시키고 이민족간 결혼 유도를 통해 자치구 동화를 유도하고 있다. 이제 절반이 넘는 한족이 거주하는 티베트에서 저항을 조직화할 수 있는 거점 기반은 약화되고 당국의 철통 감시 속에서 독립 실현 가능성은 더욱 희박해졌다. 그럼에도 불구하고 그들의 독립의지는 꺾이지 않고 있다.

중국 정부는 티베트 독립시위 및 서방세계의 티베트에 대한 탄압 중지와 인권보호 요구에 대해 공식적으로 내정간섭 또는 신간섭주의, 분열주의, 분리주의, 제국주의 세력의 음모와 망동이라는 표현으로 대응하고 있다. 중국 국내공항에서 티베트로 가는 여행객 통로는 따로 마련되어 있을 정도로 경비가 삼엄하다. 티베트 여행은 반드시 여행사를 통해야 하고 5명 이상 단체여야 하며 허가 지역에 한해 현지가이드가 동행해야 한다. 중국 비자 외에 따로 퍼밋(permit)을 받아야 한다.

오체투지 장면

중국 정부는 티베트의 분리 독립을 막기 위해 근본적으로 서남공정(西南工程) 작업을 통해 이론 무장을 꾀하고 있다. 티베트의 과거 역사를 중국 측에 유리한 쪽으로 재편하고 편집된 고대사를 통해 현실을 합리화하는 작업인 것이다.

티베트는 당 왕조 시절 강력한 토번국(吐蕃國)으로 존재했고, 명·청 때 주권국가였으며, 그들의 라마불교문화, 고유의 언어문자 등 민족문화 특질을 간직하며 티베트와 간쑤성, 쓰촨성, 칭하이성 등 동티베트 지역까지 영향력을 행사했던 국가였기에 중국의 침공을 인정하지 않고 있다. 프리 티베트(Free Tibet)를 외치는 민족 자부심 강한 티베트인과 종교와 문자의 말살 정책과 한족이주 및 동화 정책 그리고 폭력제압으로 현 상황을 유지하려는 중국의 갈등 국면에서 희생을 막기 위해서는 중국의 티베트에 대한 차별 폐지, 정치범 석방, 고도의 자치권 부여 그리고 티베트인의 독립 포기가 현실적 방안일 것이다. 국제사회도 더 이상의 희생이 나오지 않도록 평화무드 조성 노력에 힘을 기울여야 한다.

2) 빈부격차와 사회통합

빈부차이로 인한 사회적 갈등은 어느 나라나 존재한다. 거대한 인구를 보유한 중국도 동서 간, 지역 간, 계층 간, 도농 간 빈부격차가 사회 불안요인으로 작용하고 있다. 통계에 따르면 최근 도시와 농촌의 소득격차가 최근 3.2배로 늘어나고, 고소득 상위 10%와 저소득 하위 10%의 계층 간 소득격차는 10배 이상으로 확대되었다. 소득 불평등을 나타내는 지니계수도 사회불안 상태를 말해주고 있다.

중국을 여행해보면 대도시의 부유와 농촌의 가난을 극명하게 느낀다. 상하이 와이탄의 빌딩은 하루 몇 시간 조명을 위해 수억 원의 전기를 소비하는 반면, 시골 촌가들은 전기를 아끼려고 전등 하나 정도만 켜고 지낸다. 산골 학생들이 땔감과 야채를 들고 등교하여 점심을 만들어먹는 모습이 TV에 방영될 정도로 고속성장과 경제발전 속에서도 5억 명의 빈곤층은 한 달에 수십만 원 정도로 생활하고 있다.

경제 평등이 중국의 최우선 과제가 되고 있고, 문제 해결에는 약 50년이 걸릴 것이라고 전문가들은 전망한다. 소득격차 확산이 빈부 대물림 세습으로 나타나고 있는 양극화 현상도 우려스럽다. 상류층 자제는 부모 찬스로 안정된 직장을 보장받는 전문인으로 성장하는 반면, 시골 출신의 힘없는 아이들 대부분은 그러한 혜택을 누리지 못한다.

중국에서는 금수저를 홍써(紅色)귀족이라고 하고, 대를 잇는 관직을 관얼다이(官二代)라고 한다. 리펑 전 총리의 장남 리샤오펑 산시성 성장, 덩샤오핑의 손자 덩줘디 광시 핑궈현 부서기, 후진타오 전 주석의 아들 후하이펑 저장성 자싱시 시장 등이 대표적인 예다. 농민공 출신 쥐샤오린이 중화전국총공회 부주석(차관급)으로 임명되는 경우도 있지만 소수에 불과하다.

여론조사에 따르면 최근 몇 년간 소득격차가 심화되며 불안감을 느낀다는 응답이 많았고, 부정부패와 분배의 불공정이 격차 급증의 원인으로 보았다. 국유기업 구조조정에 따른 실업자 대량 발생과 토지구획정리 과정에서 헐값에 토지를 빼앗긴 농민들이 빈곤계층으로 전락한 것도 원인이다. 이것이 고급승용차 파괴, 기업가 살해 등 졸부 '처우푸(臭富)'에 대한 증오 심리로 표출되고 있다.

사회갈등의 심각성을 인식하여 전국인민대표대회에서 조화사회(和諧社會) 건설을 목표로 제시하였고, 농민에게 자주적 영농권을 부여하고 정부가 보조금 지출을 늘리는 정책을 실시하는 등 나름대로 해결방안을 모색하였다. 11차 5개년 기간에는 농촌, 농민, 농업 등 삼농문제 해결을 위해 새마을운동을 벤치마킹한 신농촌(新農村) 건설운동, 성장방식 전환, 지역 간 협력 발전 등을 정책 목표로 제시하였다. 정책 면에서는 '선부론(先富論)' 대신 '균부론(均富論)'으로 선회하였다.

개혁개방을 실시하면서 한정된 재원을 경제발전 조건이 맞는 일부 지역에 집중하여 그 지역을 우선 발전시키는 불균형 전략을 취하며 경제개혁과 고성장을 이루었지만, 이제 빈부격차를 최소화하는 균형전략이 필요한 시점이 되었다. 시진핑 정부도 후진타오 정책을 계승하여 빈부격차 해소와 함께 잘사는 소강사회 건설에 역점을 두고, 공부론(共富論)을 주장하고 있다.

빈부격차 해소를 위한 가장 큰 사업인 서부대개발은 1999년 시작하여 2050년까지 진행된다. 이 야심 찬 장기계획은 동부와 연안도시 및 대도시를 중심으로 한 발전과 부의 편중을 서부로 돌려 중앙의 투자자금을 낙후한 서부지역 인프라 건설에 집중 투자하여 경제를 진작시키고 부의 평형을 이루겠다는 시도다. 동부지역에 서부지역의 광대한 잠재 내수시장을 제공하고 서부 지역의 풍부한 지하자원을 개발하는 이중 효과도 노리고 있다. 낙후 지역 거주 소수민족의 불만을 잠재우고 사회적 안정을 꾀하려는 의도도 담겨있다.

중·서부의 저렴한 노동력과 전체 수자원의 75%, 천연가스의 58%, 석탄의 30% 매장이라는 유리한 조건을 바탕으로 곳곳에 중점 도시를 건설한다. 지역거점 확보 후 거점들을 연결해서 선을 형성하고, 선과 선을 면으로 확대하는 점-선-면 전략은 무궁무진한 수요 창출과 지속적인 고성장을 가능하게 하는 동력이 된다.

해당 지역은 국토의 60%를 차지하는 5개 자치구와 산시성, 간쑤성, 칭하이성과 쓰촨성, 충칭시, 윈난성, 구이저우성 등 총 12개 직할시·성·자치구다. 그중 간쑤성 란저우 신구는 국가 지정 금융, 산업 교통의 요충지로 부각되며 서부대개발의 거점도시가 되고 있다. 구이저우성도 2017년 중국 경제성장률 1위로서 인프라 투자 속에 IT중심 산업구조로 전환하면서 중국의 빅데이터 수도로 불리고 있다.

서부대개발의 인프라 건설 사업은 네 가지다. 서부 천연가스와 전기를 동부로 수송하는 서기동수(西氣東輸)와 서전동수(西電東輸), 남부 수자원을 북부로 끌어오는 남수북조(南水北調), 전국을 도로로 연결하는 팔종팔횡(八縱八橫) 사업이다. 100조원을 투입하여 칭하이와 티베트 철도 등 35만km의 도로를 건설하고 타림분지에서 상하이까지 4,212km의 천연가스 파이프라인을 건설 중이다. 사막화 방지를 위한 산림녹화 등 생태환경 보호사업도 추진하고 있다.

현재 간쑤성, 쓰촨성, 윈난성 등 서부 외곽지대를 중심으로 기간산업과 도로망, 댐을 건설하며 지속적인 산업발전을 도모하고 있다. 그중 가장 큰 규모의 사업은 물의 원활한 공급과 홍수 방지 및 전력의 안정적 공급을 위해 건설하기 시작한 창장(양자강) 싼샤(三峽)댐이다. 2006년 5월 20일 착공 11년 6개월 만에 완공되었다.

싼샤댐

싼샤댐에 이어 두 번째인 쓰촨성과 윈난성에 걸친 시루오두 발전소를 건설하는데, 환경영향 평가는 받았지만 건설로 인해 생태자원과 소수민족의 삶의 터전이 파괴될 것이라는 전망도 나온다. 중국경제의 미래 성장 동력으로 여겨지는 서부대개발을 통한 지역 간 격차의 축소는 전국토의 71.5%를 차지하는 지역을 개발하는 사업으로서 이에 대한 평가는 시간을 두고 장기적으로 지켜보아야 할 것이다.

문제는 빈부격차 해소와 분배 공정 및 사회적 약자에 대한 재정지원을 통해 사회통합을 이루고자 하는 다양한 노력에도 불구하고, 가진 자들과 특권 지본주의가 낳은 기득권층의 저항 및 재원마련의 어려움에 비추어볼 때 문제 해결은 쉽지만은 않다. 자칫 부의 분배정책 실시가 농민공의 귀농으로 이어져 공장 일손이 부족해지면서 제조업 경쟁력이 약화되는 침체의 늪에 빠질 가능성도 있다. 중국의 미래는 빈부격차로 야기되는 갈등을 어떻게 효과적으로 통합하는가에 달려있다.

3) 언론자유, 인권, 민주화

공영방송 KBS에 해당하는 중국의 대표 방송국은 중국중앙방송국(CCTV)이다. 전국망을 갖춘 이 공중파 방송국은 종합보도, 재경(財經), 종합예술(綜藝), 중문국제, 체육, 영화(電影), 군사농업, 연속극(電視劇), 영어, 과학교육(科教), 희극, 사회와 법(社會與法), 뉴스(新聞), 음악 채널 등 다양한 전문 채널로 구성되어 있다. 각 성(省)과 그 산하 시에서 운영하는 방송국도 있다. 산둥성 지난시에서 TV를 켜면 중앙 방송국, 산둥성 방송국인 산둥타이(山東臺), 지난시 방송국인 지난타이(濟南臺)나 치루타이(齊魯臺) 채널을 볼 수 있다. 유선 TV 채널까지 합치면 그 수는 헤아릴 수 없이 많다.

중국 거주 외국인들이 중국어와 중국 상황을 단기간에 습득하려면 TV 시청이 지름길이다. TV는 다양한 사회상을 간접적이나마 이해할 수 있게 해주기 때문이다. 연속극은 중국인의 사고방식과 가치관을 이해하는 데 도움을 주고, 뉴스와 문화교양 프로그램은 시사문제와 중국 문화에 관한 일반 상식을 넓히는 데 도움을 준다. 한국의 가요, 드라마, 영화도 TV를 통해 시청할 수 있다. 한류가 한국 프로그램 방영으로 이어지고, TV의 방영이 다시 한류를 이끌어가고 있다.

신문으로는 전국망을 갖춘 인민일보(人民日報)와 환구시보(環球時報)의 국내판과 해외판이 있다. 중국의 관영언론으로서 중국 정부와 공산당의 입장이 바로 반영되고 있다. 조간신문은 조보(早報), 일간신문은 일보(日報), 석간신문은 만보(晩報)라고 하는데, 조간신문은 별로 없고 대부분 일간이나 석간이다. 다양한 인터넷 신문도 간행되고 있다.

한편 국가안보와 사상안보 강화라는 명목하에 중국은 자국 내 사이트를 직접 관리하고 있다. 13차 5개년 계획(16-20) 기간에는 국가 인터넷 안전보장 체계를 보완하였는데, 2015년 이후 13,000개의 인터넷 사이트를 폐쇄하고 반정부 성향의 웨이보 계정 1,000만 개를 삭제하였으며, 반체제 인터넷 운영업체 대표를 소환하기도 하였다. 중국에서는 페이스북이나 트위터를 사용할 수 없으며, 자체 개발한 웨이신(위챗), 웨이보 등으로 소통하고 있다. 인민일보와 환구시보 등 언론매체는 중국 공산당 선전부가 주관하고 있으며, 쓰촨의 청두미디어 그룹 CEO도 현직 공무원이 겸직하고 있다. 정부 입맛에 맞는 기사를 쓸 수밖에 없다.

중국 언론매체에는 우리나라 언론매체의 시끌시끌한 시위나 데모 관련 보도는 별로 없고 희망적인 보도가 대부분이다. 정부 비판적 보도나 민감한 정치이슈에 대한 논설은 찾아보기 힘들다. 순조로운 모습은 부러운 측면이지만, 한편으로는 그만큼 언론 통제가 심함을 말해준다. 중국의 방송과 언론을 보면 장점도 많지만 정치에 대한 획일적 통제는 결국은 개선해야 할 부분이다.

언론은 공산당과 정부 관련 소식을 주요 뉴스로 장식한다. 서열에 따라 공산당총서기 겸 국가주석인 시진핑의 동태가 전면에 나오고, 이어서 총리와 전국인대 상무위원장 관련 소식이 등장한다. 이를 통해 중국 권력의 서열과 향후 변화도 예측이 가능하다.

공산당을 홍보하는 프로그램도 자주 등장한다. 예를 들면 '영원히 당과 함께(永遠跟黨走)'라는 당의 행사를 실황으로 중계한다. 사회의 밝은 면을 많이 보도하는 것은 긍정적인 영향을 주지만, 사회 현상에 대한 다양한 시각과 국민들의 요구가 애써 사장되고 다양한 언로가 제공되지 않음으로 인해 결국 사회여론이 기울어질 수 있다.

획일적 정치 보도와는 달리 드라마는 다양하면서 적나라한 문제들을 다루고 있다. 자오웨이(趙薇) 주연의 연속극 '깊은 정 내리는 비(情深深雨蒙蒙)' 같은 근현대기의 상황을 묘사하는 드라마와 함께 사회상을 다룬 경찰드라마도 인기를 끈다. 경찰드라마는 사회의 어두운 면을 많이 다루는데, 성상납과 성매매, 강간, 마약, 조폭, 밀수, 부패, 부도덕, 가정폭력, 외도 등 적나라한 면을 그대로 담고 있다. 공산당과 권력 성역만 건드리지 않으면 어떠한 내용도 자유로운 편이다. 정치 외적 영역으로 시선을 돌리는 전략으로 볼 수 있다.

중국 정부의 언론 통제 정책은 인권 사각지대를 만들면서 불만을 키우고 있다. 국경 없는 기자회 통계에 따르면, 중국의 언론자유는 170위권으로 매우 열악한 편이다. 2015년 톈진항 물류창고 폭발참사 시 정부의 위기대처능력 허점과 함께 사건 은폐에 대해 민심이 들끓었다. 유엔 바스쿠트 특별 조사관은 "중국 정부가 위험 폐기물 관리와 보관에 관한 정보를 공개했다면 참사 피해가 제한적이거나 아예 발생하지 않을 수 있었다."며 책임이 중국 정부에 있다고 비판했다.

중국은 현재 곳곳이 인권 사각지대다. 2005년 광둥성 둥저우 마을에서 인민해방군 소속 무장경찰이 주하이 발전소 건설 반대 주민 1천여 명을 해산시키는 과정에서 실탄을 발포해 시위자 중 4명이 숨졌다. 서부대개발의 상징인 싼샤댐 건설로 이주민들이 발생했을 때, 정부는 이들에게 겨우 8000여 위엔(100만원) 정도의 이주비만 주고 쫓아냈다. 공무원들의 이주비 착복 등 나쁜 관행에 대해 이주민들이 텐트 생활을 하며 반정부 시위를 벌였지만 별 소득이 없었다.

정부의 억압 속에 조용히 살아온 주민들이 시위에 나서는 이유는 정부와 국영기업 관리의 부패, 지방정부의 불투명한 행정처리, 열악한 근로조건에 대한 불만, 도시재개발에 따른 무분별한 토지수용과 턱없이 낮은 보상, 국유기업에서 구조조정으로 인한 실직 등으로 불만이 쌓였기 때문이다. 문제는 권리회복과 생존투쟁 수단으로서의 시위에 대해 정부기관이 인권 무시 방향으로 가고 있다는 점이다.

시진핑 신시대 중국특색 사회주의를 선언한 중국은 135곳의 하층민 저소득층 집단 거주지역의 철거 등 정리 작업에 나서자 시진핑 측근인 차이치 베이징시 서기가 순이구 농민공 밀집촌 임대아파트에서의 연이은 화재를 구실로 모든 불법 건축물 철거를 지시하는 동시에 10만 농민공을 강제로 퇴거시키고 금지어를 지정하여 SNS 게시글을 삭제토록 하였다. 이와는 별도로 천연가스가 부족한 상황인데도 대도시 대기오염을 줄인다는 명분 아래 석탄 사용을 금지하자 하층민(低端人口)들이 생활난을 겪으면서 큰 반발을 불러일으키기도 하였다.

709는 2015년 7월 9일에 300명에 달하는 변호사, 교수, 인권운동가, 예술가, 블로거, 상팡(上訪: 민원인이 억울함을 호소하기 위해 베이징 정부청사를 찾아가는 행위) 민중 및 친척을 대대적으로 잡아서 비밀감옥에 억류한 사건이다. 당시에 인권운동가들은 구금되고 고문과 허위자백을 강요당했다. 공산당 통치 유지를 위한 공포정치의 수단으로 볼 수 있다. 왕루이는 난징 출신으로 반체제 정치단체인 중국범람연맹 지도자로 중국 인권침해를 비판하다가 타이완을 거쳐 미국으로 망명하였다. 쿵창둥 베이징대 교수 등이 마오쩌둥주의 활동가 장위판의 석방을 요구하는 서한을 보내고, 베이징시 강제철거, 농민공 부당대우, 현 지도부 노선비판, 빈부격차를 비판했지만 역시 제지를 당하고 있다.

결국 공산당 일당 독재체제와 국가 권력에 의한 언론 통제가 문제점으로 드러나고 있다. 사유재산을 헌법이 보장하지만 공익을 앞세운 국가 권력 앞에서는 쓸모가 없으며 공산당과 정부 체제를 부정하는 행위에 대해서는 무조건 제압을 한다는 수뇌부의 사고와 국민이 올바르게 판단할 수 있도록 도와주는 정보를 원천봉쇄한 언론통제 구조 하에서 인권은 갈 데가 없다.

국제인권 NGO 엠네스티는 종교탄압, 토지수용, 환경, 농촌호적, 검은 감옥, 인권활동가 탄압, 소수민족 인권, 인터넷 검열과 제한 등의 항목을 검증한 결과 중국의 인권 상황은 개선되지 않았다고 결론내렸다. 외국인 기자는 전원이 스파이, 외국기업은 정보기관, 외국인 교사와 연구자는 전원이 선교사라고 생각하여 감시하고 있다고 한다.

또한 엠네스티는 중국의 사형수 수가 매년 증가하고 있다고 보고하였다. 중국 언론은 1,000명이 매년 사형 집행된다고 발표하지만, 치안 유지를 위해 공개처형으로 공포를 조성하는 상황에서 실제 인원은 훨씬 많을 것으로 추산하고 있다. 너무 많은 사람들과 다양한 민족이 공존하는 사회에서 유대감은 희박해지고 몇 명의 사고사는 신문기사거리도 되지 않는다. 더불어 산다는 생각보다는 내가 우선 피해 받지 않고 살아남아야 한다는 절박감 때문일 것이다. 죄수에 대한 노동 착취는 말할 것도 없고 착취를 해도 주변의 무관심 속에 인권 무시는 지속되고 있다. 계층 간 격차가 커지는 기운데, 농민, 시골에서 무작정 올라온(盲流) 농민공, 빈곤자, 힘없는 자 등 하층계급은 연민보다는 무시와 무관심 속에 고된 삶을 살아간다.

인권과 함께 중국의 민주화는 지금까지 험난한 여정을 걸어왔지만 쉽게 이루어질 것 같지는 않다. 얼마 전 광둥성 타이스촌에서 마을주민들이 부패한 탐관오리 촌위원회 주임을 파면시키고자 서명운동을 벌였다. 무장경찰은 시위대를 강제 해산하고 변호사 구오페이슝을 '군중 선동과 사회질서 교란' 혐의로 구속함으로써, 시위는 실패로 끝났지만 서민들의 권익의식을 높였다는 평을 듣고 있다. 최근 시위 상황은 주민들의 생존권 보장 차원을 넘어 관리의 부정부패를 규탄하는 형태다. 지방 차원이지만 민권의식이 담긴 시위라는 점에서 주목을 끈다.

중국에서 민주화를 향한 움직임은 이전부터 있었다. 개혁 개방 흐름 속에 자유와 민주에 대한 갈망이 표출되면서, 웨이징성(魏京生)이 선두에서 정치민주화를 주장했다. 아래로부터의 혁명을 용납하지 않는 공산당은 1979년 군사기밀누설죄로 그에게 15년 실형 판결을 내렸다. 1986년 사회주의 국가의 민주화운동에 자극 받아 안후이성 과학기술대학 학생들이 민주화운동을 벌였고 전국에까지 확산되었지만, 당내 보수파의 진보세력 축출에 의해 실패로 끝난다.78

총서기 후야오방의 사망으로부터 촉발된 톈안먼사건은 정점을 치닫는다. 베이징 학생과 시민들이 그의 사망을 애도하면서 정부에 그의 명예회복을 요구하였다. 학생들은 ①후야오방 재평가와 사임 이유 밝힐 것, ②부르조아 정신오염 정화운동 중단, ③교육정책 실패 인정과 책임, ④언론 자유 보장, ⑤학생운동 탄압 책임자 색출, ⑥공안당국 간부의 수입 공개, ⑦관리 부정부패 철저조사라는 7대 강령을 발표하고 시위를 시작하였다. 공산당 타도와 덩샤오핑 등 지도자 퇴진이라는 성역까지 확대되었으나 결국 무력 진압으로 끝나고 만다.

국내외에서 중국 공산당의 실체를 알리고 공산당 탈당 운동을 벌이고 있는 파룬궁 단체가 <대기원시보(大紀元時報, Epochtimes)>를 부정기적으로 발간하고 있으며, 공산당 학정을 분석한『구평공산당(九評共産黨)』도 출간하였다. 정부가 공산당 당원보다 많은 회원을 보유함으로써 공산당을 위협할 수 있다는 위기감이 파룬궁 탄압과 사교집단으로의 매도로 이어졌고, 이에 탄압 받는 파룬궁 회원들은 공산당에 대해 반감을 갖게 된 것이다.

인권단체들은 중국 죄수의 시신이 '인체의 신비전'에 활용되고

---

78 중국 학생운동 역사는 1919년 5월 4일 일본의 21개조 요구(1915년)와 베르사이유 평화회담 산둥결의안 등 중국정부의 열강에 대한 굴욕 정책에 항의하며 베이징 학생들이 애국주의와 반제국주의를 외친 5.4운동(May Fourth Movement)으로 거슬러 올라간다. 다시 거슬러 기원전 1세기 3천 명의 대학생 시위, 서기 2세기 당파논쟁, 송대 왕립대학 학생들의 대외정책 관련 시위, 명대 당파싸움에 휘말린 학생운동 등 그 전통과 역사는 유구하다.

있다는 의구심을 갖고 있는데, 이 시신들이 파룬궁 신도 시신일 가능성이 크다고 말한다. 수년간의 파룬궁 수련자 탄압과 박해에 대해 인권변호사 가오즈성(高智晟)이 2005년 후진타오 당시 주석에게 공개

焦點
武汉每日肺炎死者恐不低于200
逾60国实施入境管制
新冠状病毒人传人蔓延全球

대기원시보

서신을 보내, 파룬궁 수련생들이 당국으로부터 받는 야만적인 박해를 중단하고 인민과의 관계 개선을 호소하였다. 그 후 본인은 압력과 위협 속에서 새로운 진상조사 활동을 벌이고 실상을 세상에 알려나갔다. 이밖에 <남방일보> 기자들도 국민의 알 권리를 충족시키고 국가 이익을 위해 사스(SARS) 관련 사실을 있는 그대로 보도하였다. 하지만 당국에 의해 구속당한 후 유기징역 8년을 선고받았다.

문제는 중국의 권력구조나 당의 세력이 워낙 굳건하여 민주화운동의 성공률이 높지 않다는 점이다. 중국에서는 노동운동 역시 정권의 위협으로 보기 때문에 노동운동가들에게도 반정부 운동자라는 낙인을 찍어 탄압을 가하고 있다. 정부는 전국노동조합에 해당하는 공산당 외곽조직인 중화전국총공회 외의 독립 노조를 일체 허용하지 않고 있다.

중국과학원 캉샤오강 연구원은 사회자원이 당의 권력자들에 의해 독점되었기 때문에 변혁 추진 역량이 끊어졌다고 지적한다. 워싱턴 카네기국제평화기금의 페이민신도 중국은 반대 엘리트들이 없는 사회로서, 반대 엘리트들이 면죄 받아 고용되거나 감옥에 들어가거나 해외로 망명하여 전국적인 세력을 형성할 수 없는 상황이라고 진단

한다. 중국의 지식인들은 중국 상황에서 아직까지는 다양한 민주체제보다는 일사불란한 체제로 가는 것이 현실적 대안이라고 말한다. 그들의 의식구조 변화 없이는 개혁은 요원한 일이 아닐 수 없다.

인권, 소수민족 독립운동, 민주화를 놓고 중국 정부가 대외적으로 공격적인 외교정책을 구사하는 기술도 민주화를 가로막는 역할을 한다. 중국 입장은 주권이 인권보다 우선하기 때문에 인민의 의식주 해결 즉 생존권 문제를 최우선으로 한다. 경제발전을 위해 우선 안정이 돼야하고 불안을 야기하는 행위에 대해서는 엄격한 법률적 잣대로 처벌하는 것을 원칙으로 한다. 인권과 생존권이 공존할 수 있다는 서방 개념과는 다른 발상인 것이다. 미국이 중국의 인권과 민주화 문제를 제기하면 미국 내 소수인종에 대한 차별과 세계에서 자행되는 미국의 인권유린을 거론하며 역공한다. 동시에 그러한 문제 제기를 내정간섭이라고 일축함으로써 인권문제를 협의 대상에서 배제하곤 한다.

중국의 권력승계는 일부 지배집단 사이에서 이루어지고 국민들은 근본적으로 참여할 수 없기 때문에 통치자들은 국민으로부터 통치의 정당성을 확보받기 힘들다. 이러한 정당성 문제를 해결하지 않고는 중국의 정치 혼란은 언제 어디서든 발생할 소지가 있다. 중국의 인권과 민주화 문제는 미완의 과제로서 현재진행형이다.

공산당 총서기를 직선제로 뽑자고 제안한 공산당 당교 교사가 국가전복선동죄로 기소되었는데, 그는 시진핑이 권력 강화에만 몰두하여 인권변호사와 반체제인사를 탄압하고 있다고 비판한 바 있다. 기본적으로 정당 결성권, 입후보할 권리, 투표권, 공정선거, 삼권분립, 언론 자유, 알 권리가 민주주의의 필수요소인데, 중국은 역사상 민주화 운동은 있었지만 민주화를 실현한 적이 없다. 중국의 정치는 당의 영도, 의법치국 그리고 인민민주 삼자의 통일 형태라서 서방의 민주주의와 다르다. 당, 국가 그리고 사회의 삼자가 유기적으로 통일하여 상호 협력하는 것이다. 공정한 선거, 사법의 독립 그리고 언론보도의 자유라는 기본적인 기준에서 볼 때도 중국 시스템은 민주주의와 거리가 있다.

4) 부패, 환경오염 등

얼마 전까지만 해도 경찰 드라마는 암흑사회를 현실감 있게 묘사하고 마약, 폭력 등을 사실적으로 보여주는 드라마로서 인기를 끌었다. 흑사회(黑社會) 뒤를 봐주거나 그들과 동업하여 돈을 벌어들이는 관리의 부패가 묘사되기도 하고, 관리와 당위(黨委) 간부가 부패에 연루되어 체포되는 장면을 연출하기도 하였다. 실제로 '총체적 부패공화국(Republic of total corruption)'으로 불릴 정도로 중국은 심각한 지경까지 이르렀었다.79

개혁개방 후 물질만능주의와 배금주의(向錢看)가 팽배해졌고, 관리나 당의 간부도 경제적 이익을 위해 권력을 남용하는 정경유착 사례가 늘어나면서 경제 부정과 부패는 심해진 것이다. 개혁개방을 하면서 일정한 범위의 권한을 지방에 대폭 이양하면서 지방정부마다 지방 우선주의와 님비현상이 일어났고, 지역 간 과열경쟁에 편승한 지방 관료 브로커의 부당한 이익 추구로 이어지며 부패는 더욱 심해졌다.

---

79 중국이 안고 있는 문제점으로 따로 가는 중앙과 지방 행정, 세계화 속에서 세계주의와 중국의 자기 정체성과의 충돌, 배금주의, 관료주의, 지방 관료의 부패, 밀수의 횡행, 뇌물수수, 치안(마약, 매춘), 인플레이션, 소득 불균형, 실업 및 해고, 빈부 격차, 인재개혁, 경제발전 속도, 에너지 환경, 사회 기풍 문제들이다. 그중에서도 사회 안정을 해치는 4대 요인으로 부패, 관료주의, 실업 및 해고, 빈부 격차를 꼽고 있다.

부패의 원인으로는 원칙과 규율보다 관계를 중요시하고 상관에 아부하는 관습을 꼽을 수 있다. 특히 연금 상태였던 개혁파 인물 자오쯔양 전 총서기는 이미 거대한 이익집단으로 변한 공산당에 그 부패의 근본 원인이 있다고 지적했다. 공산당이 모든 권한과 자원을 통제하기 때문에 부패할 수밖에 없고 그 확산이 빠르게 진행되며, 지금 상태가 계속되면 서민 정서는 결국 폭발할 수 있다고 경고하였다.

계획경제와 시장경제가 공존하면서 부패 공간이 형성된 측면도 있다. 국유기업 개혁의 시기를 틈타 정부 관리와 당 간부들이 공적 자원을 이용하면서 막대한 사적 이익을 취득하는 도덕적 해이를 불러일으켰다. 지방 관리의 부패는 뇌물수수, 밀수 방조, 마약 방조, 유흥업소 뒤봐주기, 권력 오남용, 배임과 공금 횡령, 부당이익 취득, 탈세 방조 등 다양하였다. 권력 개입과 정경유착을 일컫는 '권력경제', 돈과 권력의 교환을 뜻하는 '금권(金權)교역', 성 상납으로 특혜를 얻는 '권색(權色)교역'이라는 신조어가 생겨나기도 했다. 공군, 해군, 육군 다수가 군함, 비행기, 군용열차를 동원한 최첨단 기법으로 밀수에 참여한다는 관리들의 자조 섞인 이야기도 나왔다.

중국 정부는 부패 해소를 위해 부패 관리를 주기적으로 색출하여 공개 처형함으로써 본보기를 삼았다. 전국인민대표대회 등 큰 행사를 앞두고 범죄자들을 시민들에게 공개하고 처형하였다. 하지만 이러한 극단적인 처방도 임시방편일 뿐이었다. 후진타오 역시 부패가 정부를 붕괴시킬 수도 있다는 절박감 속에 공산당의 부패에 대해 전면에 나서 8영8욕이라는 사회주의 영욕관을 지침으로 만들기도 했다.

시진핑 역시 그 심각성을 감지하고 당과 관료의 부정부패에 대해 엄단을 하겠다고 공포하고, 의법치국의 구호로 법치를 정착시키려 애써왔다. 공무원 간 값비싼 명품 선물 금지, 해외 출장 기간 제한, 공금을 사용한 사적 식사 금지, 회식 시 과도한 음주와 여흥 제한, 식당에서의 음식 과도한 주문 제한 등의 조치를 통해 도덕적 해이와 낭비 및 부패를 차단해나갔다. 보시라이, 저우융캉, 링지화 등의 부패 행위에 대한 엄벌은 정적 제거와는 별도로 그의 부패 척결 의지를 보여준다.

한편 난징의 한 노부부가 심각한 스모그로 인해서 집을 찾지 못하고 9시간이상 길에서 헤맸다는 뉴스가 나올 정도로 중국의 대기오염 상태는 심각하다. PM2.5 수치가 악화될 정도로 심각한 대기오염으로 인해 중국인의 기대 수명이 2년에서 5년 정도 단축될 것이라는 전망도 나온다. 중국의 고속성장의 부정적 측면인 환경오염이 문제로 대두된 것이다. 한 마을이 집단 오염으로 전체가 암 마을로 변한 적도 있다. 2015년 톈진 항구의 물류창고에서 화재폭발이 일어나면서 일대가 중금속 오염물질로 몸살을 앓기도 하였다. 지린성의 벤젠 공장에서 유출된 오염 띠가 하얼빈시로 빠져나가면서 주민들이 탈출하는 소동이 벌어졌고, 광둥성에서 160여 명의 어린이가, 저장성에서 500명의 어린이가 납 중독으로 심각한 고통을 받기도 하였다. 납 중독으로 기형 물고기와 알을 낳지 못하는 오리 수가 늘어났다는 보도도 나왔다.

청두 화력발전소의 대기오염으로 검은 산성비가 내리기도 했다. 언론은 "공업화가 먼저 진행되었던 광둥성의 상징인 잿빛 흙비가 쓰촨성에도 상륙했다."라고 묘사할 정도다. 중국 당국조차 중국의 3분의 1 지역에서 산성비가 내렸고, 동남부 공업지대에서는 일년 내내 산성비가 내렸다고 인정한 바 있다. 언론은 '환경재앙 화약고'라고 말한다.

중금속과 오염물질을 포함한 황사(沙塵)는 계절풍을 타고 한반도에 영향을 미치고, 일본과 미국까지 피해를 줄 정도로 환경오염 문제는 이제 국제적인 이슈가 되었다. 특히 베이징, 톈진, 허베이성을 통칭하는 징진지(京津冀)에서 발생한 스모그가 서풍을 타고 한반도에 영향을 미치고 있다. 우리에게 더 큰 문제는 방사능 위협이다. 중국은 현재 원전 13기에 27개를 건설 중이고 추가로 188개를 건설할 계획이다. 중국의 30여 년간의 대형 핵실험으로 인해 신장의 실크로드가 방사능에 심각하게 오염되고 수십만 명이 희생되었으며, 핵 오염 모래와 방사능 대기오염이 주변국을 위협하는 상황에 이르렀다. 한국이 중국의 동쪽에 있기에 문제가 더욱 심각하다. 다자간 협력으로 공동전선을 펼쳐야 한다.

곳곳에서 지뢰밭처럼 생태계 파괴와 환경재앙이 일어나는 이유는 죽의 장막을 걷고 개혁개방 드라이브를 걸면서 환경을 무시한 채 하루빨리 선진국이 되겠다는 성장 일변도의 공업화 추진 때문이다. 환경재앙의 위협이 현실이 되자 중국 인권단체에서는 환경문제 해결을 촉구하는 활동을 개시하였고, 각 지방정부도 환경친화적 발전을 구호로 내세우기 시작했다. 하지만 경제성장에 미칠 영향을 우려하여 오염원 배출공장에 대한 적극적인 단속은 펴지 못했다.

후진타오 정부 시절에는 에너지절약형, 환경친화적 경제건설을 통해 지속 가능한 발전을 추구한다는 과학적 발전관에 입각한 중국 사회주의 현대화 건설을 강조하였다. 환경오염의 원천 제거, 에너지 소비량 감축 기술 개발, 중점지역 환경문제 개선사업에 치중하면서, 공무원 인사고과에 환경보호실적 반영 조치를 취하는 적극성을 보이기도 했다.

시진핑 정부도 환경을 우선순위로 놓고 오염 방지를 위해 애써왔다. 베이징 주관 국제회의나 전승절 행사를 앞두고는 시내 공기오염 방지를 위해 차량 2부제 등 통행 제한을 실시하고, 공장 가동을 중단시키거나 오염원 공장을 단속하는 적극성을 보였다. 하지만 행사가 끝나면 대기오염으로 인한 스모그 현상이 재현되는 아쉬움을 남기기도 했다.

미세먼지 농도 특정 지표가 되는 공기질량지수(AQI)가 북부지역에서는 300-400으로 공기오염 최고등급(6등급)의 심각한 단계다. 허베이성 한단시는 철강, 석탄 산업이 집중되어있는 관계로, 스모그가 비처럼 떨어지는 현상이 자주 발생한다. 2020년 석탄 소비 비중은 60%를 넘어 세계의 석탄 소비 비중 29%를 훨씬 상회할 정도로 에너지원 중 석탄이 차지하는 비율이 높은 데 기인한다. 석탄 소비량을 줄이고 태양광, 풍력, 지열, 바이오 등 신재생에너지 활용 비중을 높이는 방법을 강구중이지만, 전문가들은 최소 20년은 걸릴 것으로 전망한다.

환경보존을 위해 성장을 희생할 것인지에 대한 회의적 시각이 있지만, 환경 보호론자들이 적극적으로 우려를 표명하고, 정부도 '선오염, 후 정화'라는 과오를 되풀이하지 않겠다는 의지를 보이고 있다. 상하이 근교 둥탄, 허베이성 팡좡, 베이징 인근 랑팡에 도시와 농촌이 유기적으로 결합한 생태도시를 건립하였다. 시민들도 환경오염으로 인한 피해를 피부로 느끼면서 그 심각성을 인식하고 있다.

한편 매년 1,300만 명 이상의 졸업성이 사회로 나오기 때문에 중국 정부는 일자리 창출에 신경을 많이 쓰고 있다. 농촌에서 일자리를 찾아 도시로 이주해 온 농민공 2억 8천만 명의 일자리 보전만 해도 쉽지 않은 과제인데, 사회에 진입하는 사회 초년생 수가 엄청나고, 그중 대학 졸업생 수만도 820만 명이 넘기 때문이다. 교통카드를 사용하는 중국이지만 버스 안내원을 고용하고, 아파트 엘리베이터 담당 안내원을 두는 등 고용인원을 최대화하려는 노력을 기울이고 있다.

상하이 훙차오 고속철 역사

양질의 직장에 취업하기가 어려워지자 정년이 보장된 안정된 직장을 선호하는 청년들이 늘면서 공무원시험인 궈카오(國考)의 경쟁률은 높아지고 있다. 인기 있는 세무, 검역, 중국계획생육(산아제한)협회, 중앙 당군 기관은 평균 몇 백 대 일의 경쟁률을 보이고, 직무에 따라서는 2,600대 1을 기록하기도 한다.

| 3 |

변화하는 중국 & 빛과 그림자

1) 변화하는 중국

70년대 말 중국에서 개혁개방이 시작될 때 우리는 그 잠재력이 무궁무진할 것이라고 예상을 했지만 실감하지는 못했다. 2000년대 들어서 중국이 서서히 세계 자본을 유치하고 제조업 공장들이 활발히 움직일 때 변화를 실감했지만, 그 속도는 아직 빠르다고 느끼지 않고 '중국은 아직 멀었지!'라는 생각도 했었다. 하지만 2010년 무렵부터는 자동차, 인터넷, 스마트 통신, 교통, 서비스, 관광 분야에서 첨단기술과 서비스를 즐기고 있는 중국인 모습에서 중국이 광속으로 변해가는 있음을 실감하게 되었다. 소비시장은 상전벽해라는 표현이 어울릴 정도로 크게 변모하였다.

변화의 상징물인 고속철(動車, 高鐵)의 보편화는 수송과 유통 혁명을 일으키고 있다. 베이징에서 산시성 시안, 상하이에서 푸젠성 샤먼, 베이징에서 네이멍구 후허하오터, 쓰촨성 청두에서 산시성 시안으로 열차로 이동하려면 오후에 침대칸을 타고 차내에서 1박 한 뒤 다음날 오전이나 점심 무렵에 내리는 것이 일반적이었다. 하지만 지금은 반나절이면 도착할 수 있게 되어 대부분의 도시가 일일생활권으로 바뀌었다. 2020년 29,0000km의 고속철도가 완공된 상태다.[80]

하이난성에서도 하이커우에서 싼야까지 고속철이 놓였고, 하얼빈에서 선양, 상하이에서 샤먼, 이우에서 난창까지도 고속철이 건설되었다. 최근에는 지린에서 훈춘까지 백두산을 비롯한 중국 동북지역 주요 관광지를 경유하는 창훈 고속철이 개통되었다. 상하이에서 쿤밍까지의 2264km의 후쿤고속철, 선전과 홍콩을 잇는 고속철도 개통되었고, 시속 350km의 차세대 고속철인 푸싱호가 베이징과 상하이 사이를 오가고 있다. 충칭에서 쿤밍, 청두에서 라싸까지의 고속철도 건설 중이다. 사막이나 고원지대 외 대부분 지역이 고속철화 되고 있다. 철도 등 교통인프라 구축에 850조 원을 쏟고 있으며, 하이퍼루프라는 차세대 이동수단으로 진공터널에서 자기부상열차를 시속 1,224km 속도로 운행하는 초고속건설도 추진 중이다. 고속철 화해호 동차팀(和諧號動車組)은 새로운 길을 확충해가며 교통혁명의 역사를 만들고 있다.

고속철은 수송과 유통의 혁명을 이루는 것 외에 지방 도시들의 성장과 특성화 및 관광산업 육성에도 큰 도움을 주고 있다. 문화와 관습과 이념의 전달속도도 빨라져 첨단과학기술문화의 교류와 함께 전통가치의 전달 역시 빠르게 진행되고 있다.

철도혁명에 따라 도시마다 대규모 최신 역사(驛舍)가 건설되면서, 쾌적하고 고급스러운 환경과 소비문화를 누릴 수 있게 되었다. 기차에서 흡연 시에는 벌금 2,000위안을 물게 하고 기차표에는 이름

80 철도와 함께 도로 확충에도 많은 투자를 하여 현재 전국에 4,500,000km의 도로가 그물망처럼 형성되어 있다. 여기에 신장 카스에서 이얼커스탄까지 신 실크로드 도로가 건설되어 중앙아시아 및 유럽까지 연결된다.

과 신분증 번호가 있어서 개찰 시 신분증을 함께 대조하기 때문에 안전한 여행을 즐길 수 있다. 열차 내부는 쾌적하고 넓으며, 자리마다 충전할 수 있는 편리함을 갖추고 있다. 시속 350킬로 이상으로 달리는 열차 안에서 사전 주문으로 배달된 식사도 즐길 수 있다.

고속철 화해호(和諧號)

고속철 내부

차내 주문음식

고속철 티켓

인터넷과 스마트 통신 혁명도 거세다. 중국 내에서 애플과 삼성을 제치고 샤오미, 화웨이, 비보, 레노버(전신은 모토롤라), 쿨패드, ZTE 등 중국 제품이 그 자리를 차지하고 있다. 중국브랜드 점유율은 70% 정도에 이른다. 중국인들은 인민은행에서 발급한 유니온페이(銀聯) 신용카드를 사용하고, 알리바바(Alibaba)[81] 구매사이트를

81 알리바바의 창업자 마윈(馬雲)은 회사를 2014년 9월 19일 세계 주식시장에 상장하면서 중국 제1갑부가 되었다. 재물신의 상징이 된 그는 입지전적 인

통해 알리페이(Alipay, 支付寶) 또는 카톡에 해당하는 웨이신(微信)의 텐페이 스마트 모바일 결제시스템으로 물건을 구매한다. 모바일 쇼핑 시장은 인터넷 쇼핑과 엇비슷하게 급성장했고, 2025년경 중국의 중산층은 5억 명을 넘어설 것이기에 쇼핑 시장은 더욱 활성화될 것이다.82

중국의 주식시장에 후강통(滬港通)이라는 말이 생겨났다. 간접적으로 중국 주식에 투자해온 외국 투자자들이 중국 주식을 직접 매입할 수 있는 길이 열린 것을 말한다. 상하이와 홍콩 증시 사이에 교차거래를 허용하는 중국 정부의 후강통 조치를 통해 중국인은 홍콩 주식에, 외국인은 상하이 주식에 자유롭게 투자할 수 있게 되었다.

중국에서는 여행 숙박회사인 상하이진장국제주점발전(上海錦江國際酒店發展)이 설립한 중저가 고품질 비즈니스호텔 진장즈싱(錦江之星)이 전국망을 형성하여 100여 개 호텔을 개장하면서 인터넷이나 스마트폰으로 예약하고 합리적인 가격으로 여행과 숙박을 즐길 수 있다. 대도시 어디든지 볼 수 있는 이 호텔은 깨끗하고 서비스도 체계화되어있다. 중국인이 먹고 쇼핑하는 데는 돈을 아끼지 않지만 숙박은 저렴한 곳을 원하기 때문에 고 서비스의 중저가 호텔을 운영하는 것이다.

물이다. 항저우에서 3수 끝에 항저우사대를 졸업하고 1999년 17평 아파트에서 사업을 시작하여 2003년 당시 생소했던 전자인터넷상거래회사인 타오바오(淘寶)를 설립하였으며, 후에 ebay와 대결에서도 승리하였다. 2015년 중국 2위 가전 유통업체인 쑤닝커머스와 손을 잡아 판매 전선을 확대하였다. 현재 그는 알리바바에서 물러나 새로운 인생을 개척해나가고 있다.

82 중국은 현금에서 모바일 결제시스템으로 바로 넘어갔기 때문에 신용카드로 결제하지 못하는 상황이 자주 발생한다. 장시성 난창서역은 전체 지역이 신용카드사용이 안 되고, 상하이 톈쯔팡(田子坊) 지역에서는 신용카드 사용 시 50원이 할증된다. 상하이 식당 일부는 저녁에는 신용카드가 결제가 잘 되지 않는다고 카드결제를 피하기도 한다.

중국의 쇼핑시장도 대규모 몰 형성으로 빠르게 전환되었다. 1,200만 명 인구가 거주하고 있는 쓰촨성 청두에 환구구물중심(環球購物中心, Global Center)이 세워졌는데, 코엑스 네 배 크기인 200만 평의 이 센터는 쇼핑, 워터파크, 호텔, 오피스텔 등이 갖추어져 있다. 900만 명 인구의 허난성 정저우에는 중다먼(中大門)이 세워졌고, 서비스 산업인 발마사지 업소도 급속도로 늘어나 현재 1,000만 명이 넘는 인구가 발마사지에 종사할 정도로 확대되었다.

중국의 소득수준 향상은 놀이공원과 쇼핑시설을 겸비한 테마파크 붐으로 이어진다. 우한의 부동산 재벌그룹 완다의 테마파크, 상하이 디즈니랜드, 저장성 안지현의 헬로키티 테마파크에 이어, 2016년에는 상하이 드림센터, 2019년에는 베이징 유니버설 스튜디오가 건립되었다.

중국 사회의 또 하나의 큰 변화는 고학력 증가로 취업문이 좁아지자, 7월 졸업생들이 취업 전 단계로 인턴을 하는 경우가 늘어나고 있다. 경제성장 폭에 비해 고용 증가는 미미하여 뱀의 입(jaw of snake)처럼 그 격차가 벌어지고 고용불안 현상이 나타나고 있다. 기차역에 가면 역무원 실습생이 창구에서 실습하고, 대학에서 컴퓨터 전공 후 부업으로 여행 가이드를 하는 모습도 어렵지 않게 볼 수 있다.

최근에는 창업에 뛰어드는 청년들이 늘어나면서 베이징대, 칭화대, 런민대 사이에 위치한 중국의 실리콘 밸리이자 벤처기업 양성소인 중관춘(中關村)이 창업을 하려는 촹커(創客)들로 붐비고 있다. 신랑(新浪) 역시 중관춘의 처쿠(車庫)카페에서 시작하여 성공적 신화를 낳았다. 1980년대 후반부터 IT 제조 및 판매 중심지로 성장하며, 신창타이(新常態) 즉 대기업 위주의 성장에서 중소 벤처기업 주도 혁신경제로의 이동을 추진하고 있다.

중국의 변화 특징 중 하나는 다국적기업의 중국 진출 시 현지화 전략에 노력을 기울이고 있다는 점이다. 수준 높은 요식업, 서비스업이 중국에 들어오면서 현지화 전략으로 중국 고객의 마음을 얻고 있고, 중국인들은 상대적으로 높은 서비스를 향유한다. KFC는 중국인이 즐기는 콩국 더우장, 기름 튀김 밀가루 막대 빵인 유탸오, 발효오리알 죽인 피단저우, 에그타르트 등 중국식 음식을 자신들의 기존 음식과 함께 팔고 있다. 맥도날드에서 된장국을 팔고, KFC에서 김치볶음밥을 판다면 이상하지만 중국에서는 지금 벌어지고 있는 현지화의 모습이다.

KFC의 중국음식 판매

80년대 후반에서 90년대까지는 중국 국영기업 대표의 한국 기업 방문 및 투자유치 활동이 주를 이루었다. 전자제품을 선물로 받았으면 하는 표정도 읽을 수 있었다. 학교 간 교류를 통해 유학생 자국 유치를 위해서도 안간힘을 썼다. 하지만 최근에는 한국의 중국인 유학생 수가 급증하고, 서서히 공격적으로 해외로 나가자(走出去) 전략을 구사하면서 이제는 중국의 자본이 거꾸로 침투해 들어오고 있다.83 부동산과 주식채권 등 자본시장에 상당한 투자가 이

83 중국은 기업의 해외 진출을 지원하고 있다. 해외 투자 사전 승인 규제를 철폐하고, 투자금을 직접 송금할 수 있게 하여, 과잉설비의 해외 이전을 유도하고 있다. 중국 자본과 싱가포르 화교의 자본이 도쿄 고급주택과 교토 별

루어진 상태다.

최근 영종도 공항신도시가 형성되면서 카지노와 복합리조트단지 건설 투자에 중화권 자본이 밀려오고 있다. 제주도와 부산 해운대 땅 및 수도권 아파트와 빌딩, 상가, 오피스텔, 호텔을 매입하고, 서울의 차이나타운 연남동에 쇼핑센터와 면세점이 들어섰다. 신촌-홍대-합정을 잇는 쇼핑 거리의 상점과 가로수길 카페식당을 매입한 후 중국과 한국을 오가면서 쇼핑도 즐기는 중산층 복부인 '다마'들이 늘어나고 있다. 중국 안방그룹은 우리나라 동양증권을 인수하기도 하였다.

여러 분야에서 중국이 한국을 바짝 추격하는 형국이지만, 중국의 항공, 우주(우주발사체 기술), 에너지, 자원(자원탐사기술), 극한기술, 의료, 바이오, 기계, 제조, 공정(첨단무기 기술) 등 13개 영역에서 중국이 앞서가고 있고, 과학기술 종합평가에서도 중국이 앞섰다. 샤오미나 화웨이 등을 앞세운 전자, 조선, 화학, 제조업도 강세다. 게임시장도 역전되어 중국 모바일 게임인 천투, 리버스 월드, 도탑전기가 역수입되었고, 콘텐츠의 질적 발전 속도도 놀라울 정도로 빠르다.

중국의 영향권 확대를 위한 정부의 변화 노력도 재빠르다. 아시아개발은행에서 위치를 확보하지 못한 중국은 아시아 인프라 투자은행(AIIB)과 일대일로 프로젝트 가동으로 아시아 경제통합을 주도하고 있다. 일대일로 사업에서 카자흐스탄에 대해 중앙아시아 거점

장을 구입하는 등 일본 부동산 시장에 대한 투자도 확대되었다. 태국, 라오스, 미얀마, 캄보디아, 베트남, 말레이시아, 싱가포르 등 동남아에 교통인프라 투자를 이어가고 있다. 인도에도 200억 달러의 인프라 산업단지 사업에 투자하였다. 나이지리아에서 철도 프로젝트를 수주하여 중앙아시아-남아시아-유럽-아프리카의 실크로드 길을 열었다. 케냐, 우간다, 남수단, 르완다, 부룬디, 탄자니아를 연결하는 철도도 건설하였다. 남미 에콰도르, 베네수엘라에도 침투하고 있다. 베네수엘라에는 에너지, 제조업, 부동산 등에 21조원을, 278km의 니카라과운하 건설에 500억 달러를 투자하여 착공하였다. 발칸반도에도 100억 달러를 투자하여 부다페스트와 베오그라드 잇는 고속철을 건설하였다.

국가로서 공을 들이고 있고, EEU, 즉 유라시아경제연합에도 손을 뻗고 있다. 중국이 주도하는 다자간 FTA인 역내포괄적경제동반자협정(RCEP)에 한국, 일본, 호주, 뉴질랜드, 아세안(ASEAN) 등이 정식 서명함으로써 역내 경제교류 활성화의 디딤돌이 되었다. 아울러 중국은 이를 통해 미국의 무역 제재를 뚫고 다자간 협력의 길을 만들고 있다.

중국의 수송, 유통, 전자, 서비스 영역에서의 급진적인 변화와 획기적 발전은 우리에게 위기이자 기회가 될 수 있다. 중국인의 구매력 확대는 우리 상품을 대량 구매한다는 점에서는 기회이지만 경제적으로 점차 종속되는 상황으로 갈 수 있다는 점에서는 위기다. 중국 내 외자기업의 현지화 경영전략이 호응을 받는 바, 이 점은 수용적 자세로 주목할 대목이다. 한류 관련 상품 판매와 관광 연계도 방안이 될 수 있다. 중국인의 정서와 기호를 배려하며 쌍방 교류를 통한 한류 유지도 필요하다. 다만 모방으로 인한 손실에 대한 대비도 필요하다.

푸둥의 고층 건물 표지

푸둥(1995)

푸둥(2005)

푸둥(2020)

중국의 역동적인 변화 속에서도 몇 가지 불변의 요소들이 있다. 첫째, 공산주의, 사회주의, 자본주의가 공존하는 사회 시스템이 작동하고 있다. 둘째, 밀어붙여 사고와 무례한 외교적 언행, 언론을 통한 여론 형성, 하나의 중국 원칙 고수 등이 불변의 관행이자 정책이다. 셋째, 다민족 다문화 속에서 대동이라는 공존사상과 함께 인권보다는 생존이 우선시 되는 흐름이 있다. 넷째, 기다림의 관습이 있으며 이에 따라 협상 역시 긴 시간 이어가며 진행된다. 다섯째, 실리적이고 계산적인 실용주의가 우세하며, 형식에 치우치지 않는 대신 실례와 결례가 빈번하다. 아울러 민주적 다양성 추구보다 통일되고 일관된 조직 하에서 효율적인 통치에 중점을 둔다. 다섯째, 한족 중심의 중화사상에 근거한 애국주의와 애당심이 결합된 형태의 내셔널리즘이 주류를 이룬다. 마지막으로 역사문화에 대한 자부심과 미래에 대한 낙관론이 팽배한 반면 영토 확장주의 등 대국의 포용적 기질과는 동떨어진 위화감을 조성하는 언행이 주기적으로 나타난다.

2) 빛과 그림자-균형적 시각

우리가 중국 사회를 바라보는 시각은 긍정과 부정의 극단으로 나뉜다. 대국, 역사 유물, 인구와 무한한 잠재력, 요리 천국, 소림사 무술, 세계의 공장, 유인우주선, 고속성장, 외환보유고, 올림픽과 엑스포라는 긍정 이미지와 역사왜곡, 지저분함과 시끄러움, 짝퉁, 혐한류, 사드와 코로나19, 중화패권, 공산당이라는 부정 이미지가 극명한 차이를 보이면서 공존하기 때문이다. 그래서 중국에 거지가 많아서 우리나라 과거 모습 같다고 말하는 사람과 중국의 거대한 유물과 유적에 매료되어 대국으로서 존경심을 갖게 되었다는 사람을 모두 보게 된다.

중국의 빛과 그림자, 겉과 속, 긍정과 부정을 사진과 함께 살펴보면서 극단적인 측면을 모두 수용하는 균형적 시각에서 통합적으로 관찰해보고자 한다.

아래 좌측은 상하이 마당루에 위치한 대한민국임시정부 유적지이고, 우측은 고대 동이계 민족의 신화 속 리더 치우(蚩尤)를 괴물 형상화한 그림이다. 중국은 일제 강점기 시절에 위기에 처한 대한민국 임시정부의 활동을 물심양면으로 도왔던 우방인 동시에, 과거 우리 민족과 친연성이 깊은 동이계 내지 묘만계 수장인 신화 속 치우 형상을 폄하하고 왜곡하는 모습도 보였다. 곤경에 처한 우리를 도운 긍정 이미지와 동북지역 영토 문제에 대비하기 위한 동북공정이라는 역사왜곡이라는 부정 이미지가 동시에 공존한다.

대한민국임시정부유적지

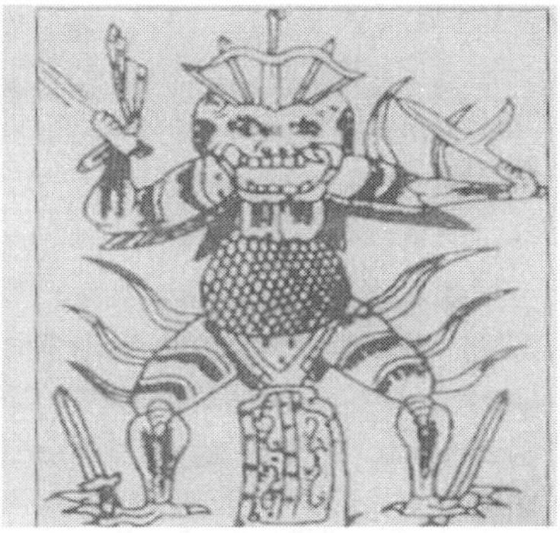

치우 형상

아래 좌측은 중국의 화려하고 깨끗한 도시의 발전된 모습을 보여주는 상하이 푸둥국제공항의 모습이고, 우측은 산시성 관광지의 불결한 화장실 모습으로서 서로 대조적인 이미지다. 현대 중국의 외관과 규모 면에서 화려하게 변하고 있지만, 문명 저편에 지저분한 모습도 여전히 공존하고 있다.

상하이 푸둥국제공항

관광지 화장실

아래 좌측은 1952년 설립된 중국의 일기(一汽)자동차 회사에서 만든 승용차 홍치(紅旗)로서 마오쩌둥이 타고 다닐 정도로 중국의 위상을 드높인 자동차다. 우측은 우리나라 마티즈를 모방한 중국의 짝퉁 마티즈이다. 중국의 자동차 역사나 기술이 우리보다 앞선 자동차 대국이면서, 짝퉁 대국이라는 오명도 함께 지닌 현실이 지금의 중국이다.

홍치(紅旗)

짝퉁 마티즈

아래 좌측처럼 중국 상하이 푸둥공항과 시내를 잇는 자기부상열차는 중국의 자존심이다. 우리나라 KTX의 시속보다도 훨씬 빠른 450km 이상을 주파한다. 한편 2011년 7월 중국에서는 또 큰 사고가 발생했다. 시속 300km 이상을 주파하는 고속철 둥처(動車)가 저장성 원저우(溫州)를 지나가다가 열차 탈선과 전복으로 30여 명이 사망하고 100여 명이 부상당했다. 이 고속철은 중국이 독자개발 했다고 자랑하던 열차로서 중국 공산당 창당 기념일에 맞추어 조기에 개통한 후 잦은 고장이 이어지다가 개통 한 달 만에 대형사고가 터진 것이다. 중국의 독자개발, 최고의 시속, 공산당 주도 고속철은 겉모습은 선진국 형태이면서 내부 운영체계는 아직 선진 문턱에 미치지 못하고 있다.

상하이 자기부상열차

고속철 둥처(動車) 사고현장

네이멍구 방송국 방송 현장

무장경찰의 삼엄한 경비

위의 좌측은 네이멍구 방송국에서 한족과 몽골족 아나운서가 베이징어와 몽골어로 공동 진행하는 프로그램을 담은 사진이다. 56개 민족이 공존하는 대륙에서 민족 간 화합의 모습을 보여주는 대목이다. 우측은 소수민족의 독립운동을 저지하려는 삼엄한 모습의 무장경찰이다. 강온 양면의 극단적 모습을 보여주고 있다.

아래 좌측은 중국의 일반 음식들이다. 낙타발, 오리구이 등 다양한 재료를 활용한 다채로운 요리를 맛볼 수 있다. 그래서 중국 하면 떠오르는 이미지가 음식 천국이다. 우측은 매미 · 메뚜기 · 애벌레 · 번데기 · 바퀴벌레 모듬 튀김 · 야생 거북이찜, 오리 혓바닥 튀김, 잠자리 튀김 요리다. 다양한 요리와 독특한 요리가 대조적이다.

위로부터 일반음식, 초대음식,
낙타발, 오리구이

위로부터 벌레모듬, 야생거북이,
오리 혀, 잠자리 튀김

한류스타

2002월드컵 관련 뉴스

위의 좌측은 한류스타 포스터이고, 우측은 2002년 한일 월드컵 당시 한국팀에게 매수된 심판들이 유럽팀을 사살한다는 내용을 이미지화시킨 중국의 한 신문 표지다. 한류라는 큰 조류 속에 일부 혐한류 또는 반한류도 이어지는 이중적 정서가 공존한다. 2003년 사스(SARS, 非典型肺炎)에 크게 놀랐던 중국이 2015년 여름 한국의 메르스(MERS, 中東呼吸綜合症) 환자가 중국에 입국하자 한국을 비난하는 글들이 인터넷에 올라오기도 했고, 2020년 코로나19 상황에서는 한국의 중국을 향한 도움의 손길에 호응하여 친화적 태도를 보이기도 했다.

난징대학살기념관

타이완 총통부

위 좌측은 1937년 중일전쟁 당시 일본군이 상하이를 점령하고 난징으로 진격하여 30만 명의 민간인을 학살한 난징대학살을 기리는 기념관 모습이다. 당시의 수모를 영원히 잊지 말자는 의미에서 300,000이라는 숫자가 새겨져 있다. 우측은 타이완 총통의 집무실인 총통부로서 일제 식민시대의 건축물을 그대로 사용하고 있다. 시먼딩(西門町)이라는 번화가에도 일본상품이 넘쳐흐를 정도로 일본 제품 선호 기류가 강하다. 대륙과 타이완의 일본에 대한 반감과 호감 정서가 공존한다.

베이징 고궁

네이멍구 고분벽화 유적지

위의 좌측은 베이징 고궁, 즉 자금성(紫禁城)으로서 명대 이후 현재까지 보존이 잘 되어있는 문화재다. 우측은 네이멍구의 한 고분 입구 모습이다. 원래는 상태가 안 좋은 내부 벽화의 보존을 위해 입구를 막고 출입을 금지하고 있지만 돈을 지불하면 내부 관람이 가능하도록 막아둔 입구를 열어준다. 찬란했던 영화를 영원히 잊지 않으려는 노력과 유적지 파손 위험에도 돈을 위해 개방을 하는 마인드가 공존한다.

아래 좌측은 상하이 와이탄의 야경 모습이고, 우측은 수리공이 무언가를 수선하는 모습이다. 부와 빈, 빛과 그림자가 공존하는 모습

상하이 와이탄 난징루

길거리 수선공

을 대조적으로 보여준다. 이밖에 많은 사상자를 냈던 가짜 맥주 파동 사건, 2008년 6명이 사망하고 30만 명이 신장결석 증세를 보였던 멜라민 분유 파동, 2011년 우유회사 멍뉴(蒙牛)를 본뜬 짝퉁 우유가 유통되면서 많은 사람들이 구토와 복통에 시달린 사건, 2015년 창장싼샤(長江三峽)에서의 배 전복사건, 톈진과 산둥의 화재폭발 사건 등 암울한 뉴스들이 전해지고 있다. 겉으로는 화려한 선진적인 하드웨어 속에 소프트웨어 측면에서의 불편함과 문제점도 존재한다.

중국은 빛과 그림자가 극명한 만큼 자칫 한쪽의 특정 면만을 보면 편견으로 치우칠 수 있다. 중국은 양면성이 공존하기에, 있는 그대로의 모습을 볼 수 있는 객관적, 중립적, 균형적 시각이 필요하다. 언제 방문했고, 어디에서 생활했고, 얼마 동안 체류했고, 누구와 주로 접촉했는가에 따라서 중국에 대한 시각이 달라진다. 개인의 특수한 체험에 의한 주관적 관점, 이해도의 천심에 따른 견해에 너무 의지하는 것보다는 전문가 의견을 청문하는 등 통합적인 균형감각을 잃지 않고 다양한 시각에서 중국을 바라보고 이해하려고 노력해야 한다.

| 4 |

중국의 현재와 미래

1) 세계화와 중국굴기

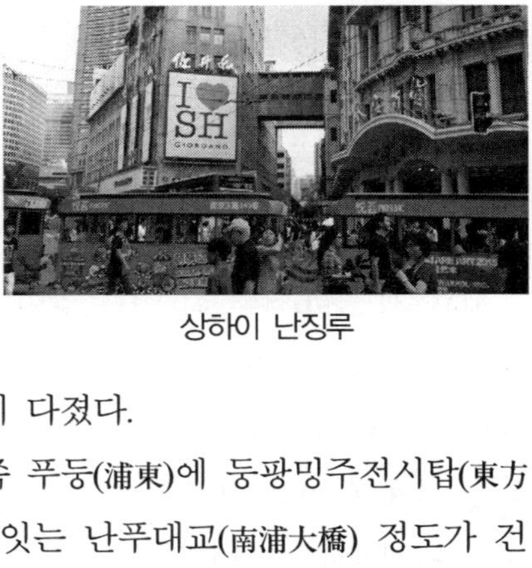

상하이 난징루

경제수도 상하이는 중국 유일의 상품선물시장을 비롯해 무역과 금융 업체가 몰리면서 세계의 금융 메카로 우뚝 솟아올랐다. 특히 2010년 상하이 세계 엑스포 개최 이후 국제도시의 면모를 더욱 확고하게 다졌다.

1990년대 초반 상하이는 동쪽 푸둥(浦東)에 둥팡밍주전시탑(東方明珠電視塔)과 황푸강(黃浦江)을 잇는 난푸대교(南浦大橋) 정도가 건설되어 있었지만, 현재는 지상 88층, 높이 402미터의 진마오빌딩(金茂大厦, Jinmao Building)을 선두로 환추금융센터(環球金融中心, Shanghai World Financial Center), 타이핑금융타워(太平金融大廈, Taiping Finance Tower), 상하이국제금융센터(上海國金中心, Shanghai International Finance Center), 2015년 완공된 세계 2위의 고층빌딩인

상하이타워(上海中心大厦, Shanghai Tower)가 세워지면서 미국의 월스트리트 기능을 수행하고 있다. 개인소득 1인당 2만 달러, 1인당 녹지 면적 10㎡, 지하철 노선 17개, 해저터널 20여개, 상하이항 물동량 세계 3위, 시속 430km의 자기부상열차, 동북아 허브 푸둥국제공항, 화려한 조명의 난징루(南京路)는 이 지역의 풍요로움을 말해준다.[84] 중국은 이러한 경제적 성장을 바탕으로 세계화 전략과 중국굴기를 실현하고자 부단히 노력하고 있다.

중국과 세계의 관계는 몇 단계로 나눌 수 있는데, 제1단계는 진의 통일 이전 시기로서 여러 민족이 다양한 문명권을 형성하며 분열된 상태로 존재하면서 천하주의를 표방했던 시기였고, 제2단계는 진 이후 2,000년간 동아시아의 최대 강국으로서 중국 중심주의를 오랫동안 이어온 시기였다.

제3단계는 19세기에서 20세기 초까지의 조정 시기로서 열강의 무력 침입에 무기력하게 무릎을 꿇고 모욕을 감수해야 했던 고통의 시기였고, 제4단계는 1960년대에서 1970년대 초기까지로서 세계와 적대 관계를 형성하며 고립주의에 빠져들었던 시기였다.

제5단계는 70년대 말 이후 맞이한 개방주의와 세계주의 시기다. 개방 초기에 이룩한 성과를 바탕으로 연해지구에서 내륙으로 개방정책을 확대하고 WTO 가입을 시작으로 세계 경제 법규범을 공유하는 단계에 이르렀다. 그 사이 빠른 속도로 국제기구에 가입하는 등 세계체제에 편입하였고, 수천 년간 이룬 전통적 강대국이 대국으로 다시 부활하려는 과정에 있다.

84 변화 속에서도 낙후된 모습이 공존한다. 개발을 기다리는 뒷골목 낡은 건물이 즐비하고 세탁물을 긴 막대기에 걸어 창문 밖에 걸어놓은 세탁물도 보인다. 길거리에 침 뱉기, 개천에 오폐수 버리기, 아무 곳에서 흡연하기, 버스 내 쓰레기통을 놓고 창밖으로 휴지 버리기, 무단 횡단하기와 행인을 아랑곳 하지 않고 질주하기, 역주행과 경적소리 내기 등의 행위도 여전하다.

중국은 세계체제로의 편입에 있어서 수동적으로 따라만 가겠다는 것이 아니라 국제 질서에 불합리한 것은 언제든지 수정하겠다는 자세다. 개방주의나 세계주의는 바로 중국의 천하주의로의 복귀이며, 세계 핵보유국, GDP 세계 2위, 유인유주선 발사 등 종합경쟁력 상승을 통해 그 흐름을 이어가고 있다. 2050년에는 모든 부분에서 미국을 따라잡지는 못하겠지만 기본적인 현대화를 달성하여 중등 선진국가로서 세계대국이 되는 부활을 꿈꾸고 있다. 이제 중국 특색 사회주의를 통해 중화민족의 위대한 부흥을 실현하는 것이 중국인의 역사적, 시대적 사명이 되었다.

외교 역시 미국 등 서방의 인권외교와 신간섭주의 정책에 맞서서 내정불간섭 원칙을 고수하고 있다. 동시에 다극화 체제 속에서 상당히 적극적이고 긍정적인 태도로 바뀌고 있다. 톈안먼사건 이후 대외정책 기조인 '도광양회(韜光養晦)', 즉 몸을 낮추고 때를 기다리는 정책에서 '유소작위(有所作爲)', 즉 문제를 회피하지 않고 적극적으로 대처하는 외교정책으로 선회하였고, 시진핑 정부는 중국굴기(中國崛,起), 즉 앞장서서 세계질서를 이끌어 가겠다는 포부를 밝히고 있다. 중국은 외교 중점을 우선 대국들과의 관계 강화에 두고, 그 다음으로 주변국과의 관계 개선 및 개발도상국과의 관계 유지에 두고 있다. 거대한 잠재력과 빠른 성장을 바탕으로 향후 대국외교 정책을 펼쳐가려는 전략이다.

하지만 2019년 전후로 미국의 견제와 무역 갈등이라는 암초를 만난 상황이다. 이를 타개하고자 중국은 개방적 태도로 자유무역 견지와 다자간 협력시대를 표방하고 있다. 열강으로부터 받았던 굴욕 외교에서 벗어나 대국적 자신감과 방식으로 대국과의 관계를 중시하며 국제사회의 책임을 다하고자 노력하는 모습을 보일 것으로 예상된다.

2020년 말 현재 거대한 내수시장 활성화로 소비를 끌어올리고 경제를 활성화시키려는 정책을 추진하고 있지만, 수출도 중국경제 발전에 중요한 몫을 차지한다는 점에서 보면 미국 등 서방세계의 봉쇄정책은 당분간 상당한 영향을 끼칠 것으로 보인다. 시 주석은 13차 5개년 경제계획(2026-2020) 중 경제운영의 안정, 경제 구조의 최적화, 농업 현대화, 빈곤 해결이라는 성과를 내었다고 말하며, 이를 바탕으로 14차 5개년 경제개혁(2021-2025) 기간 중에는 국내순환 즉 내수를 근간으로 하면서도 국제순환 즉 수출이 함께 발전해갈 수 있도록 추진하는 데 역점을 두고 있다고 밝히고 있다. 거품경제로 인한 붕괴 가능성 우려, 즉 세계 최고 빌딩의 건축시기에는 호황의 정점에 있지만 해당 건물의 완공 시점에는 불황이 도래하는 경우가 많다는 '블루스카이 이코노믹스' 이론에 따른 우려 역시 현존하고 있다.

2) 중국어 세계화 전략

중국굴기의 흐름 속에서 중국어를 영어에 이어 세계 공용어 위치에 올리기 위한 공격적인 노력도 이어지고 있다. 한 나라가 가지는 언어의 영향력은 국력과 비례한다고 볼 때, G2 구도로 세계를 디자인할 정도로 경제, 군사, 외교 등에서 강국을 자부하는 슈퍼차이나에 걸맞게 중국어의 영향력을 행사해가고자 하는 것은 당연한 일일지도 모른다.

미국이나 영어권 국가 국민들 중에 제2외국어가 그다지 필요하지 않다고 생각하는 사람들이 많지만 적극적으로 이중언어(bilingual) 구사의 필요성을 인식하는 계층도 생기면서 중국어 학습 열기도 높아지고, 중국 유학을 가는 영어권 학생들 숫자도 증가하였다.

사드나 코로나 이슈 등으로 중국과의 갈등 국면이 전개되는 상황 속에서도 한자문화권에 속하는 우리나라 학생과 일반인의 중국어 열기는 이어지고 있다. 초등학교 방과 후 학습, 어린이 중국어 방문학습 및 방학캠프 등 그 기류가 저변으로 확대되었고, 중국어를 제2외국어로 선택하는 고교생 수가 늘고 있으며, 복수전공으로 중국어를 배우는 대학생들도 적지 않다. 70년대 말 전국에서 8개 대학만 중문과를 개설하였지만, 지금은 대부분의 대학에 중국어 관련 학과가 있을 정도로 중국과 중국어의 중요성에 대한 인식과 함께 관심도 확대되었다. 중국어의 조기교육과 중국 조기유학이 보편화되어 수준 향상도 이루어졌다.

공자학원 격월간잡지

주목해야 할 부분은 바로 실용을 중시하는 중국이 호기를 놓치지 않고 중국어 세계화 전략 마련과 함께 상당한 재정적 지원을 한다는 점이다. 그 전략 중 하나는 중국교육부 직속 중국국가한판(中國國家漢辦)에서 중국어와 중국문화에 대한 이해를 증진시키고 우수 학습 콘텐츠를 제공하기 위해 2004년부터 공자학원(Confucius Institute)을 해외에 설립하기 시작하여, 현재 162개국에서 공자학원 및 학당이 문을 열고 있다. 우리나라에도 서울 공자학원 등 분원이 있다.[85]

---

85 2004년 서울에 공자학원 1호점을 설치한 후 지금까지 162개국에서 541곳의 공자학원이 운영중이다. 중국은 전 세계 주요 도시에 공자학원을 세워 문화와 언어를 전파함으로써 중국에 대한 호감도를 높이고 문화적으로 영향을 끼치려는 의도 하에서 설립되고 운영되어왔다. 하지만 미국을 위시한 서방국가들이 공자학원이 자국의 이데올로기와 중화주의 확산을 위한 도구로 활용되어 왔다는 지적이 있어왔다. 또한 민감한 정치적 이슈를 자국의 이익에 맞춰 홍보하는 기관이자 스파이 활동의 거점이 아닌가라는 의심을 하면서 폐쇄 움직임도 일

공자학원은 세계 고교 대학생 중국어대회, 중국어캠프 프로그램, 학술대회, 중국 정치와 경제 및 문화 관련 전시행사, 유학정보 안내를 실시하고 있다. 장학금 프로그램도 지속적으로 확대하여 중국에서 학위 과정을 하려는 유학생을 모집하고 있다. 중국어 교육의 저변 확대와 함께 문화 전파를 시도하는 것이다.

3) 자본주의와 사회주의 공존

사회주의 체제 속에서 정치, 경제, 사회 전반을 이끌어온 중국은 70년대 말부터 경제성장과 발전을 위해 시장경제를 도입하고 자본주의 요소를 가미하였다. 개방정책 흐름에 대한 보수 세력의 집단 저항을 잠재우기 위해 사장경제가 자본주의만의 독점이 아니다 라는 논리로 홍보하기도 하였다. 2004년 제10기 전국인민대표대회 2차 전체회의에서 사유재산을 보호하는 헌법 수정안이 통과되며, 사회주의 속에 자본주의 기본 요소가 자연스레 포용되었다.

하지만 2006년 제10기 전국인민대표대회 4차 전체회의를 앞두고, 수뇌부 사이에서 다시 자본주의와 사회주의의 체제 논쟁과 노선 갈등이 일어나면서 헌법의 사유재산 보호 원칙에 기초한 세부 시행 법률인 물권법의 제정이 보류되었다. 갈등 원인은 사유재산 범위, 행사 방법, 공증방식, 사유재산 보장 등을 구체적으로 규정하는 물권법이 제정되면 토지와 공장 등 생산수단을 공유제의 개념으로 한 사회주의 이념과 정면충돌함으로써 대립할 수밖에 없기 때문이다.

좌파 학자들은 물권법이 사회주의 부정이라는 의견을, 시장개방론자들은 중국이 개혁을 멈추지 않고 서둘러야 한다는 의견을 내놓았다. 이에 정부는 사회주의 현대화를 위한 개혁개방 확대, 외자기업 투

어나고 있는 형국이다.

자 보장과 함께 국가 경제안보도 고려한다는 방향을 제시하였다. 좌파 반격으로 인한 경제성장기조의 흔들림을 막고, 빈부격차 해소와 경제안보 강화를 통해 좌파의 목소리를 반영하겠다는 의지 표명이다.

현재의 중국 경제체제는 사회주의와 자본주의의 혼합 구조이다. 사회주의 계획경제에서 시장경제 쪽으로의 전환 시기로 볼 수 있다. 시장화는 60-70% 정도 진척되고 있지만 법률, 공상 서비스, 금융 부문의 시장화 수준은 상대적으로 늦은데, 이는 시장화가 진척되어도 제품 가격과 환율을 국가에서 통제하는 시스템이 존재하기 때문이다.

중국은 공산당 영구집권 이데올로기에 근거한 정치 논리 중심의 사회이면서도 상황에 따른 탄력적 적응력이 강하다는 특징을 갖고 있다. 공산당 독재의 사회주의라는 틀 속에 자본주의 시장경제가 공존하는 양상이다. 따라서 전체를 두루 살피는 균형감을 갖고 제반 현상을 바라보아야 한다.

중국은 사회주의 체제와 노선을 견지해오다가, 개혁개방 후 현재까지 자본주의와 사회주의라는 경계를 넘나들며 이념적 갈등이라는 위험한 곡예를 계속하고 있다. 국가 정체성 문제로 제기될 수 있는 이념과 노선 이슈가 언제 마무리될지는 미지수다. 언제까지 사회주의라는 틀 속에서 자본주의 요소를 포용하고 이론적으로 합리화 시킬 것인지, 아니면 어느 순간에 이르렀을 때 시행 중인 자본주의 체제를 공식적으로 인정할 것인지 지켜볼 일이다.

4) 안정과 균형 추구

개혁개방 후 앞만 보고 달려온 중국은 성장과 발전의 과정 속에 불안정과 불균형 상황도 맞았다. 이제 안정과 균형에 초점을 준 정책으로 점차 나아가려고 하고 있으며, 중국 학자들도 '온중구진(穩

中求進)’ 즉 안정된 가운데서 앞으로 나아가는 것이 위기를 극복하고 효과적으로 사회를 발전시킬 수 있다고 의견을 모으고 한다.

현재 상하이와 같은 대도시와 서부 내륙지역 구이저우성 간에는 엄청난 소득차를 보이고 있다. 갈등과 충돌을 해결하고 사회 안정을 도모하기 위해서는 농촌문제를 우선 해결해야 하며, 이에 중국은 균형발전론을 정책에 반영하여 동부와 서부의 균형 발전에 힘을 쏟고 있다.

또한 국유경제와 사영경제라는 두 개의 경제주체 간의 균형발전을 꾀하고자 노력하고 있으며, 이를 위해서는 내수확대가 필수적이므로 총수요 확대를 위한 정책을 지속적으로 견지하고 있다. 주민들의 수입이 저축이 아닌 소비로 이어져 소비활성화를 꾀할 수 있도록 농민수입 증대와 사회보장체계의 개선 등 소득 정책도 마련하고 있다.

금융시장 개방에 따른 외부의 불확실한 요인에 의해 예상치 못한 위기가 발생할 수 있기 때문에 새로운 금융시스템 구축을 위한 방안 마련도 강구하고 있다. 통제를 받고 있는 금융 내부의 낙후된 경영과 부실채권 문제가 통제 불가능한 외부 충격을 받았을 때는 위기가 닥칠 수 있기 때문이다. 중국 정부는 부실을 막기 위해 부실채권 규모를 파악하고 부실 정도와 규모를 공개하고 처리할 것으로 보인다.

5) 정치 개혁

중국인 대부분은 중국 사회정치의 미래를 낙관적으로 보고 있다. 사회 구성원의 마음가짐이 온화해졌고 탈양극화 시대로 접어든 단계이기 때문에 특수한 변수만 없다면 일촉즉발의 위기는 없을 것으로 내다보고 있다. 사회 각 계층의 이익과 각 지역의 이익이 이제는 다원화되어 정치적 위기나 혼란은 발생하지 않을 것으로 보고 있다. 학생들도 세속화로 인해 탈정치화 되었고 위기 발생 시 정부는 강력한 대응력을 갖추고 있기에 사회 안정 유지에는 별 문제가 없다고 보고 있다.

이를 근거로 볼 때, 중국의 정치 개혁은 다양한 의견과 요구를 해소하기 위한 정치체제의 다양화와 개인의 자유를 보장하는 민주화로의 개혁이 아니라 중국 공산당과 정부 내 관료주의, 권력부패, 봉건전제, 개인 독단 등 부정적 요소를 척결하는 방향으로 진행될 확률이 많다.

일당 체제 속에서 점진적으로 중국식 민주화는 뿌리내릴 것이다. 일당 체제 속에서 다양한 목소리가 분출되고 공산당 내에 다원주의가 실질적으로 어느 정도 형성되어 있는 상황에서, 중국의 전통사상인 현인정치(賢人政治)의 우수성을 근거로 현 체제를 유지하며 보완해나갈 것으로 예상된다.

또한 형식과 절차의 서양식 민주화가 아닌 효율적이고 실질적인 민주화를 택할 것이다. 개인의 언론과 자유 보장보다는 국가와 전체사회의 이익에 부합하면서 다수 인민들의 근본이익에 부합하는 중국 특색의 정치개혁과 민주화를 계속 추진할 것으로 예상된다.

6) 슈퍼차이나 길목

글로벌 경제위기로 세계가 휘청거리는 사이 중국은 지속적인 경제성장을 기반으로 하여 군사 · 외교적으로 그 세력을 뻗어나가고 있다. GDP는 일본을 따라잡고, 무인우주선 선저우 8호와 유인우주선 선저우 9호의 우주도킹을 시도하였으며, 항공모함 건조 발표 및 최근 미국의 달러화를 겨냥한 새로운 기축통화의 필요성을 제기함으로써 그들의 당당한 자신감을 표현하였다.

문화계도 그들의 제국 건설을 향한 포부를 드러내고 있다. 2000년 이후 과거 화려했던 당 제국 관련 영화인 '연인'(十面埋伏)(2004), '야연'(2006), '황후화'(2007), '적인걸: 측천무후의 비밀'(2010), 위진남북조 시기의 여성 영웅을 그린 '뮬란'(2020)이 연이어 제작되었으며, 드라마로는 '대당부용원'(2008), '양귀비비사'(2010)가 발표되었다. 문화계 변화는 당 제국의 화려한 문화 부활 및 제노포비즘의 표현으로서, 향후 슈퍼차이나를 향한 자신감의 몸짓이라고 할 수 있다. 2008년 베이징 올림픽의 표제인 '성당기상(盛唐氣象)'과 도우미들이 입었던 당 제복은 그들의 꿈을 더욱 절실하게 표현해주었다.

니혼게이자이 신문은 2025년 중국이 경제적으로 가장 성장할 국가가 될 것이고(50.1%), 미국, 유럽과 함께 3대 슈퍼파워가 될 것으로(49.2%) 전망하는 여론조사를 발표했다. 중국은 2100년 미국을 추월, 최강대국으로 우뚝 서겠다는 원대한 목표를 세운 상태로서, 이제 중국은 슈퍼차이나 궤도에 진입하였다고 할 수 있다.

중국은 1990년대부터 책임지는 대국외교를 천명하였고 중국 위협론(China threat)이 대세를 이루던 1990년대 말에는 '평화굴기(和平崛起)'라는 담론으로 전방위 외교를 펼치며 우호적 환경을 조성하려고 노력해왔다. 여기서 서방의 중국 위협론은 중국의 전체주의 위협론, 군사적 위협론 그리고 중국경제 도전론/ 중국 개혁실패나 인구증가, 식량위기 또는 환경오염으로 인한 전면 위기론/ 유교와 전체주의적 전통의 서방 가치관에 대한 도전이라는 중국문명 위협론 등 유형이 다양하다.

중국은 이러한 비판을 잠재울 수 있는 조치가 뒤따라야만 한다. 중국은 미국의 중국 위협론이 과장되었다는 견해를 보이지만, 중화(中禍)에 대한 우려를 불식시키는 노력이 있어야만 슈퍼차이나로 가는 데 문제가 없을 것이다. 또한 내부적인 중국 분열론에 대한 대책 마련에도 신경을 써야 한다. 중앙정부와 지방정부 간 관계가 느슨해지면서 중앙정부의 통제력 상실이라는 결과를 낳을 수도 있기 때문에 내적 갈등 요인의 해결이 슈퍼차이나로 가는 선결요건이 될 수밖에 없다. 전문가들은 중국이 슈퍼차이나로 가는 길목에서 정치민주화의 실현, 사회 양극화로 치닫고 있는 빈부격차의 해소, 소수민족 자치구 등의 통제 여부, 환경과 자원 보전을 고려한 발전전략 수립이 성공의 관건이라고 지적하고 있다. 대내적으로 경제 성장과 정치체제 간 모순과 갈등을 해결해야 하는 문제도 안고 있다.

중국이 초강대국 역할을 수행할 의지와 능력을 보여주기 위해서는 국제 기여도를 높여야 한다. 유엔 부담금은 2%로서 미국(22%)과 일본(19%)에 비해 부족하고, 대외 원조액 규모도 경제규모에 걸맞지 않다. 유엔 상임이사회 이사국으로서의 국제적 책임이 있음에도 불구하고 개선이 이루어지지 않으면 강대국으로서의 수행의지는 의문으로 남게 된다. 미국 및 일본과의 우호적 관계 유지도 핵심적 요소가 되는데, 미국과의 관계가 긴장과 대치 국면으로 가고 있는 점이 우려스럽다.

중국은 현재 강대국 위치를 굳히기 위해 적극적으로 대처하고 있다. 전 세계에 공자문화원을 설립하여 중국적 가치 전파에도 공을 들이고 있다. 중국이 향후 그들 의도대로 평화롭게 슈퍼차이나로 부상할지 아니면 견제와 갈등 국면으로 치달아 패권주의나 문명충돌로 나타날지는 여러 요소들이 얽혀있는 상황이라서 쉽게 판단 내리기는 힘들다.

얼마 전만 해도 아프리카를 방문하여 에너지 비축 전략의 일환으로 아프리카 지원을 약속했던 중국이 부분적으로 철수하고 있다는 소식이 전해진다. 증시하락과 소비지출 정체로 인한 투자 감소, 과잉투자로 인한 부담, 성장률 둔화 추세, 홍수와 폭발사고, 미국의 화웨이 등 중국 기업 제재, 코로나19 상황으로 인한 세계경제 둔화 등 악재 발생으로 중국은 험난한 장애를 만났다. 슈퍼차이나 길목에 서있는 그들의 의지와 노력을 좀 더 지켜볼 일이다.

4 중국문화

|1| 중국문화의 특징과 동이문화

|2| 한자의 기원

|3| 중국문학

|4| 대중문화예술

|5| 민속과 의식주 문화

|6| 기타 생활문화

|7| 한국 속 중국, 세계 속 중국

|8| 중국문화의 소통과 미래

| 1 |

중국문화의 특징과 동이문화

1) 중국문화의 특징

계관시인이자 소카대학교(Soka Univ.) 창립자인 이케다 다이사쿠는 "문화는 서로를 아는 힘이자, 인간과 인간을 잇는 힘이다. 문화는 인간 마음의 증명이다. 따라서 문화란 시대를 초월하고 사상을 초월하며 계승되어 가는 강인한 생명력을 가지고 있다."고 정의 내린 바 있다. 중국문화 역시 오랜 기간 축적되어오면서 강인한 생명력과 함께 다양한 다원문화(pluralistic culture)라는 특징을 보여왔다. 56개 민족이 공존하며 다양한 문화를 꽃피우듯, 고대 중국도 다민족의 다원 문화형태를 보였는데, 특히 동이문화가 중국문화 원류로서 큰 몫을 하였다.

에버하르트(Wolfram Everhard)는 상고시대에는 단일 문명은 존재하지 않았고 지방문화(local culture) 간 상호 교류만이 있었으며, 주(周) 이후 자기 동질성을 추구하기 시작했다고 말한다. 하버드대학 장광즈도 다원적 기원론을 주장하고, 국립타이완대학 전 총장 푸쓰녠은 이하동서설(夷夏東西說), 즉 서쪽 황제 중심의 화하계와 동쪽

예 중심의 동이계로 나뉜다는 설을 주장하였으며, 천명자는 동쪽 조선이 상(商)의 발상지라고 언급한 바 있다.

부연하면 선사시대는 황하문명의 서하유형고문화와 북신문화(B.C. 6500~), 앙소문화(仰韶文化, Yangshao culture B.C. 5000~B.C. 2500), 대문구문화(大汶口文化, B.C. 4300~B.C. 2500), 이를 계승한 용산문화(龍山文化, Longshan culture, B.C. 2500 전후), 양자강문명의 하모도문화((B.C. 5000~B.C. 3300), 양저문화(B.C. 3300~B.C. 2250), 발해만 요하문명의 홍산문화(B.C. 3400~)가 함께 꽃 피운 다문명 다원문화 성격을 지니며, 민족은 크게 동쪽 동이, 서쪽 화하, 남쪽 묘만이 존재하였다.

고대의 다원 문화 구조는 황제 중심의 주 민족이 은(殷)을 멸하고 중원을 차지하면서 인위적 재편이 이루어진다. 한(漢) 이후 경학자들이 한족 중심주의 논리를 강화하면서 한족 문화 중심 구조는 확고해진다. 현재 중국 내 다양한 민족과 문화를 한족 중심의 대가정에 편입하려는 경향은 과거 중화사상과 대동(大同)사상의 영향이 그만큼 크다는 것을 말해준다. 인위적 재편 속에서도 중국문화의 다원성은 신화에도 그 흔적들이 남아 있다. 중국에는 그리스 로마처럼 완전한 체계의 신화가 없고 오히려 서로 다른 계통의 신화가 공존하고 있다. 이는 상고시대는 다민족의 다원 문화 구조였음을 반영한다.

현재 중국의 사회문화는 변화와 불변의 공존, 개방 이전 시대와 21세기의 공존, 사회주의와 자본주의의 결합, 집단주의와 개인주의의 공존 등 다원 구조 형태를 보인다. 전통 화극, 경극, 상성, 민요가 대중가요와 함께 공연되고, TV에서는 1930년대 혁명극에서 중국 현대사회 부조리를 파헤치는 드라마까지 다양한 모습을 보여준다. 이처럼 중국문화는 사공을 초월하여 다양성이라는 특징을 견지해오고 있다.

2) 동이문화

고대의 다원 문화 중에서 동이계의 동이문화가 중국 문명에 적지 않은 영향을 미쳤다. 황하문명 중 하나인 용산문화 발상지인 산둥 용산진(龍山鎭) 성자애(城子崖)유적지 박물관에는 "성자애의 두 차례에 걸친 고고학 발굴은 성자애가 중국 문명시대 초기의 중요 도읍지이며, 동이족이 건립한 상당히 강성한 고국(古國) 중심이었다."라고 쓰여 있다. 동이족과 동이문화의 존재를 입증해주고 있다. 박물관이 소장한 용산문화 전 단계인 대문구문화 시기의 도자기에 태양과 새가 등장하는데, 이는 고구려벽화의 태양조 삼족오(三足烏)와 유사하다. 산둥을 중심으로 한 지역의 동이 문화가 우리와 친연성 깊음을 말해준다.

용산문화에 이은 은 왕조의 갑골문(甲骨文)과 그 후에 등장하는 문자의 배열을 보면 알타이어계인 동이계 언어의 어순(word order)인 S+O+V 형태, 명사+수사+양사, 전치사 목적어+전치사 구조가 종종 발견된다. 이 역시 동이문화가 상당한 영향력을 행사했음을 알 수 있다. 은의 터전인 은허가 위치한 허난성 안양현은 산둥과 바로 이웃하고 있는 점도 주목할 만하다.

『초사』 속 바람신 비렴(飛濂)이 '바람'의 고대 한국어이고, 중국 신화의 65% 이상이 동이계 신화이며, 태양숭배, 난생, 태양조(Sun bird) 모티프가 은의 시조의 어머니인 간적 신화와 고구려 주몽 신화에서 공히 보인다는 점에서 고대 문화 속 동이계 역할이 컸음을 알 수 있다.

동이는 회수(淮水) 근처의 박(亳), 구(舊), 고(雇)(황하 동남쪽 산둥 린쯔와 산둥 남부, 장쑤성과 안후이성 일부 지역)에서 세력을 넓히던 종족인데, 한 이후 포괄적 개념으로 의미가 바뀐다. 『설문해자』에 따르면 동이는 큰 활을 사용하는 동방민족이고, 이(夷)는 어질 인(仁)과 같은 뜻이다.『예기』에는 이(夷)는 융(戎)·만(蠻)·적(狄)에 비해 월등한 문화를 가졌다고 기록되어 있다.

주목할 부분은『설문해자』이전인 기원전 1384년에서 1325년 사이에 만들어진 은 갑골문에 동이라는 단어가 이미 등장한다는 점이다. ('東夷'의 원형은 '東尸'이며 이후 무릎 꿇고 앉아 있는 'ㄹ' 모양이 첨가됨) 즉 동이족과 은 민족은 밀접한 관계가 있음을 말해준다.

여러 견해를 종합하면, 동이족은 산둥 동남부 해안, 장쑤성, 안후이성 중부, 허난성, 북부 발해만 일대와 한반도를 무대로 하여 서로도 진출하였고, B.C. 5000년부터 수천 년간 중원에서 주도적인 활동을 하였다. 알타이어 계열의 민족으로서 난생(卵生) 신화, 신조(神鳥) 토템, 태양숭배 사상을 가진 은 민족과 고조선, 부여, 고구려 및 발해 민족을 포괄한다. 동이족은 시베리아→ 중국 북부→ 산둥 지역으로 이동하여 은의 선조가 되고, 한편으로는 시베리아→ 중국 북부→ 만주→ 한반도로 이동하여 한민족을 형성한 것으로 추측된다.

동이족의 동이문화는 첫째, 샤먼문화(shamanism) 즉 무속문화(巫俗文化), 둘째, 고구려 주몽, 서언왕, 은의 간적 신화에서 보이는 태양숭배와 조류숭배 문화, 셋째, 농사·의학·야금술·불의 문화, 넷째, 백색 숭배가 특징이다. 또한 동이계 신화 속에는 자연조화, 공존, 양성평등, 재생과 영생 사상 등이 담겨있다.

| 2 |

한자의 기원

한자의 초기 형태인 3,000여 년 전의 은 갑골문을 보면 알타이어 특징인 '주어+목적어+술어' 순으로 이루어진 문장이 많다. 또한 '文化'의 '化'의 갑골문은 사람 '人'과 숟가락 '匕(비)'가 합쳐진 형태로서 사람이 숟가락을 사용하면서 동물과는 다른 문화가 형성되었다는 의미가 담겨있다. 세계에서 숟가락을 사용하여 주식을 떠먹는 민족은 알타이어계 동이족밖에 없다. 푹 파인 모양의 중국의 탕츠(湯匙)는 국을 떠먹을 때 사용한다. 서양에도 스푼(spoon)이 있지만 수프(soup)를 떠먹을 때 사용한다. 결국 한자를 만드는 과정에서 큰 영향을 끼친 그룹은 동이계 민족이라고 보아도 무방하다. 문자를

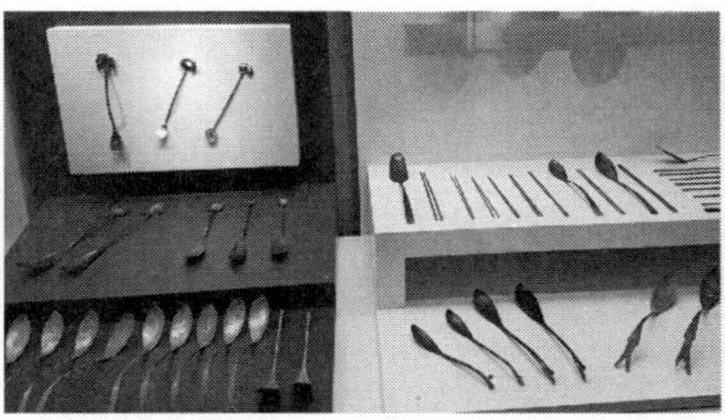

고려시대 숟가락(국립중앙박물관)

중국 탕츠

만들 때, 그 문자를 만든 장본인은 자신들의 문화와 습관을 반영하기 때문이다.

최근 발견된 갑골문보다 천여 년 이전에 만들어진 골각문(骨刻文)이 발굴된 지역이 동이족 활동무대였인 산둥성, 랴오닝성, 네이멍구자치구 지역이라는 점에서 시사하는 바가 크다.

한자와 한글의 기원이 같은 사례도 종종 발견된다. 한 예로 '낙엽(落葉)'의 '낙(落)'과 '가랑잎'의 '가랑'은 각각 고대 복성모인 'glak'에서 출발한다. 이후 전자는 'g'가 탈락된 'lak' 발음으로, 후자는 'glak'의 'gl' 사이에 'a'가 첨부된 'galak' 발음으로 변모한 것이다. 그런데 '낙'은 한자음이고, '가랑'은 한글 음이라고 분리해서 인식하고 있다. 한자를 외래의 문자로 볼 것이 아니라 적극적으로 수용할 필요가 있으며, 한자에 대한 올바른 인식과 함께 지속적인 학습이 필요하다.

한자의 중국식 발음과 우리식 발음을 비교해보면 후자에서 발음의 과학성이 입증된다. 두 발음 간 가장 큰 차이는 k, t, p 등 입성(入声, 닿소리)의 유무에 있다. 입성이란 발음 시 입 모양이 닫히면서 막히는 자연스러운 발음이다.

한 예로 '출입(出入)'이란 단어의 '입(入)'은 들어온다는 뜻으로 그 소리는 입술이 닫히면서 자연스레 막히게 된다. '호흡(呼吸)'의 '호(呼)'는 내쉬는 숨(exhale)으로서 '호'라는 발음은 몸 안의 기가 바깥으로 나가는 양상을 정확하게 표현한다. '흡(吸)'은 들이쉬는 숨(inhale)으로 '흡'이라는 발음은 바깥의 기를 몸 안으로 끌어들인 후 막아버리는 양상을 정확하게 표현한다. 산 정상에 올라 '야호!' 대신 '야홉!'이라고 외친다면 몸의 상쾌함을 느낄 수 없는 것과 같은 이치다. 우리식 한자 발음은 입성자를 보존하고 있어서 자연스럽고 과학적인 반면, 중국식으로는 '출입'을 '추루(chulu)'로, '호흡'을 '후시(huxi)'로 발음하기 때문에 소리를 통해서는 들숨과 날숨의 구별이 모호하다.

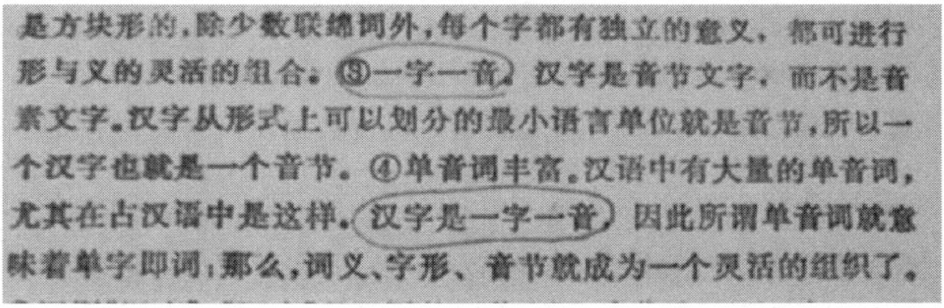

是方块形的，除少数联绵词外，每个字都有独立的意义，都可进行形与义的灵活的组合。③一字一音。汉字是音节文字，而不是音素文字。汉字从形式上可以划分的最小语言单位就是音节，所以一个汉字也就是一个音节。④单音词丰富。汉语中有大量的单音词，尤其在古汉语中是这样。汉字是一字一音，因此所谓单音词就意味着单字即词；那么，词义、字形、音节就成为一个灵活的组织了。

중국 백과사전에는 ‘한자는 일자일음이라는(漢字是一字一音)’ 원칙이 있다고 쓰여 있다. 한자 한 글자에는 한 음절의 소리가 결합된다는 원칙이다. 하지만 현재 중국식 한자 발음은 2음절이나 3음절까지 늘어나기도 한다. 일례로 한자 ‘규(叫)’는 중국어로는 ‘지+아+오(jiao)’라는 3음절로 발음된다. 한자 조어 당시의 일자일음 원칙에서 벗어난 변음(變音) 현상이 일어난 것이다.

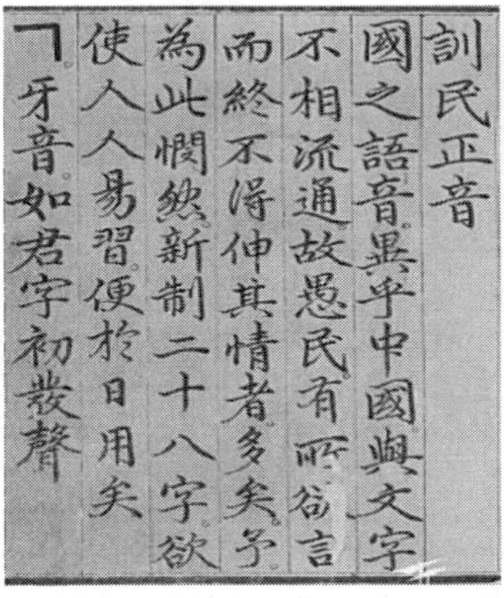

訓民正音
國之語音異乎中國與文字
不相流通故愚民有所欲言
而終不得伸其情者多矣予
為此憫然新制二十八字欲
使人人易習便於日用矣
ㄱ牙音如君字初發聲

반면 우리식 한자 발음은 일자일음 원칙을 유지하며 원형 그대로의 정음(正音)을 유지하고 있다. 우리식 한자 발음이 본래의 자연스럽고 과학적인 면모를 간직한 원형의 소리에 가깝다. 『훈민정음

(訓民正音)』의 정음은 바로 중국식 변음과 소통이 안 되어 정음을 표기하는 한글을 새롭게 만든다는 의미가 담겨있다.[86]

한국어의 70% 이상이 한자나 한자의 파생어이기에 우리에게 한자는 중요한 문자가 된다. 한글은 세계적으로 인정받는 과학적이고 쉬운 문자로서 한민족의 자랑이지만, 한자 역시 기나긴 시간 속에 우리의 축적된 문화를 반영하고 있기에 한자로 표기하지 않으면 의미가 모호해지는 단어가 많다. 한자를 외래 문자로 단정 짓는 것보다 우리말과의 관련성 연구를 통해 한자의 우리 지분을 확인할 필요가 있다.

한편 한국과 중국은 고사성어 구사에 있어서 차이를 보인다. '일석이조(一石二鳥)'를 중국에서는 '일전쌍조(一箭雙雕)'로 표현한다. 한자 용어의 의미도 차이를 보인다. '소심(小心)'은 중국에서는 '조심하다'를, '조심(操心)'은 중국어에서는 '근심하다'를, '방학(放學)'은 중국에서는 '수업을 마치고 하교하는 것'을, '약속(約束)'은 중국에서는 '구속'을, '애인(愛人)'은 중국에서는 '배우자'를 의미한다. 또한 '역(驛)－驿－駅', '광(廣)－广－広'과 같이 한국식 한자, 중국식 한자(간체자), 일본식 한자[87]의 형태도 조금씩 다르다.

---

86 『훈민정음』서문에는 '나랏말싸미 듕귁에 달아(國之語音 異乎中國)'로 기록되어 있고, 후에 이 문장을 '우리나라 말이 중국과 달라'로 해석하였다. 그런데 한자 원문의 '乎'는 '- 에서'를 뜻하므로 '우리나라 말이 중국에서는 달라'로 해석해야 한다. 만약 '중국과 달라'를 의미하려면 '異與中國'으로 표현해야 한다. 글자가 중국과 달라서 한글을 따로 만든 것이 아니라, 중국에서는 어음 즉 소리가 변음이 되어 달리 발음되기에 정음을 표기하는 방식인 한글을 창제하여 널리 알리는 것이라고 해석해야 옳을 것이다.

87 현재 사용하는 한자어 중 상당수는 중국에서 조어하였다. 하지만 일부는 일본에서 들어온 것인데, 신화(神話), 문학(文學), 철학(哲學), 물리(物理), 화학(化學), 원자(原子), 체납(滯納), 납득(納得), 번호(番號), 역(驛), 무정부주의(無政府主義) 등이 그렇다. 일본은 메이지유신 전후 서양문물과 함께 들어온 외래어를 일본식으로 조어하였다. 일본식 한자어 상당수는 중국에서도 사용되고 있다.

| 3 |

중국문학

중국에서는 시대별로 시가, 소설, 산문, 희곡 등 다양한 장르의 작품이 출현하였다. 시가는 과거제도 등의 영향으로 정통 주류문학 장르로 자리매김하고 당 왕조 때 크게 번성하였으며, 소설 역시 오랫동안 민중들의 호응을 받으며 활발하게 창작되어왔다. 여기서는 시가와 소설 그리고 문학의 원류인 신화에 대해 간략히 소개하고자 한다.

1) 중국 시가

기원전 11세기-6세기까지의 시가 305편을 담은 최초의 시가총집 『시경(詩經)』은 춘추시대 공자의 정리를 거쳐 집대성된다. 『시경』 중 주나라 민가는 당시의 생활상을 구체적으로 반영하고 자신들의 생각과 바람이 담긴 현실주의 작품으로 평가받는다. 농촌생활, 힘든 노동, 배고픔, 가난, 귀족을 위한 노역의 고통, 통치자 압제에 대한 반항의 질타, 귀족의 착취와 모순에 대한 풍유, 전쟁과 평화, 고향 생각, 애국심, 봉건예교에 대한 반항, 여인들의 비참한 운명, 애정의 환희와 상사의 고통, 사회 불합리 폭로, 행복에 대한 원망이 담겨있다. 이후 한위(漢魏) 악부 민가는『시경』민가의 진보적 현실주의 전통을 계승하였고, 당나라 이백, 두보, 백거이 작품에도 큰 영향을 끼쳤다.

『시경』에 이어 전국시대 초나라 애국시인 굴원이 유배 중 목도한 국운의 쇠퇴와 민중의 재난, 애국심과 이상사회의 파멸에 대한 정신적 고통을『초사(楚辭)』로 승화시킨다. 그중 373구의 장편 서정시「이소(離騷)」는 상징과 비유로 소인배의 질투와 박해, 고상한 정절과 이상에 대한 열망을 예술적으로 표현하고 있다.

한나라 시기에는 사부와 악부가 발전하는데, 가의의『조굴원부(弔屈原賦)』, 사마상여의『자허부(子虛賦)』, 반고의『양도부(兩都賦)』등이 있다. 민가민요인 악부민가에는 사회의 현실과 모순, 민중들의 고단한 생활이 묘사되어 있는데, 예를 들어 "15세부터 병역을 시작해 80세가 되어서야 귀가했네(十五從軍征, 八十始得歸)"라는 시구가 담긴『십오종군정(十五從軍征)』에서는 중앙집권 이후 장기적인 전쟁으로 고통을 떠안은 민중들의 심정을 폭로하고 있다.

이밖에 무명씨의『고시십구수(古詩十九首)』가 있는데, 이별의 한, 타향살이, 사부지정 등 애원과 고민이 담겨있다. 그중 견우직녀 고사를 빗대어 남녀 간 감정을 읊은「초초견우성(迢迢牽牛星)」은 건안문인들의 오언시 창작의 선구가 된다. 한말 건안 시기의 민간 창작으로서 사랑에 대한 원망(願望)을 노래한『공작동남비(孔雀東南飛)』는 걸출한 장편서사시이며, 위진남북조 시기의『목란시(木蘭詩)』는『공작동남비』와 비견되는 장편서사시로 남존여비의 사회에서 아버지 대신 남장을 하고 종군에 참가한 소녀 영웅 목란(木蘭, Mulan)의 기개와 고상한 정절을 담고 있다. 동진 시기에는 도연명이 등장하여 은거의 마음을 묘사한『귀거래사(歸去來辭)』, 농촌생활을 묘사한『귀원전거(歸園田居)』등 담백하고 청신한 전원시를 만들었다.

당나라 시기에는 율시와 절구 모두 성숙 단계에 접어들고, 당시 시인만도 1,000명이 넘고 시가 창작도 수만 편이 이르는 등 시가 문학이 최고조에 이른다. 초기 자연시 시인으로는 왕유와 맹호연이 있다. 왕유의 작품은 특히 정경융합(情景融合)의 경지에 이르러 "시 속에 그림이 있다(詩中有畵)"라는 평을 받는데, 만년에는 은거하며 불교적 이상세계를 추구하여 시불(詩佛)이라는 칭호를 얻는다.

디즈니 애니메이션 뮬란

성당 시기에는 이백과 두보가 등장한다. 낭만주의 시인 이백은 『협객행(俠客行)』, 『행로난(行路難)』에서 자부심과 호방한 기개를 표현하였고, 『몽유천모음유별(夢遊天姥吟留別)』에서는 꿈속의 선경(仙境)을 표현하는 등 낭만주의 색채를 강하게 보여주었다. "귀신을 울릴 정도(詩成泣鬼神)"라고 칭찬받는 그의 시의 특징은 『북풍행(北風行)』, 『촉도난(蜀道難)』에서 보듯 대담한 과장표현기법이다.

현실주의 시인 두보는 총 1,400여 시를 지었는데 대부분이 시대상과 생활상을 충실히 반영하고 있다. 청년기에는 『망악(望岳)』의 "둘러보니 산들이 작구나(一覽衆山小)" 구절에서 보듯 웅대한 포부와 기상이 엿보인다. 이후 장안에서의 10년은 당나라의 쇠락과 부패 속에서 민중의 고통을 체험하고 사회문제에 대한 시야를 넓히면서 양국충의 전횡을 풍자

청두 두보초당 두보상

한『여인행(麗人行)』, 관리들이 출세를 위해 장정들을 전선으로 내모는 데 대한 분노를 담은『병거행(兵車行)』등이 만들어진다. 755년 안록산의 난 이후에는 피난과 유랑생활, 가족과의 이별, 포로 생활의 비분강개를 담은『비진도(悲陳陶)』, "國破山河在, 城春草木深"으로 시작하는 장안 함락과 애국심을 묘사한『춘망(春望)』, 장안을 탈출하여 가족과의 해우를 노래한『강촌(羌村)』등이 있다.

중당 시기 민중시인 백거이는 문학은 현실을 반영하고 사회성이 있어야 한다고 주장하며, 평이한 민중의 언어로 자신의 이상과 민중의 바람을 표현한다. 장편서사시『장한가(長恨歌)』는 당명황과 양귀비의 애정고사를 소재로 한 시로서 후에 진홍이『장한가전』이라는 전기 소설로 만들기도 한다. 궁정과 낙관의 인생을 살아간 그는「대주(對酒)」에서 이렇게 노래했다.

뤄양 향산의 백거이 묘

와우각상쟁하사(蝸牛角上爭何事)
소라 등 위에서 (살고 있는 인생인데) 싸울 일이 무엇인가?
석화광중기차신(石花光中寄此身)
돌이 부딪히며 나는 불꽃에 (즉 이 짧은 인생에) 이 몸 기탁했으니.
수부수빈개환락(隨富隨貧皆歡樂)
부자건 가난한 사람이건 모두 다 즐거움이니,
불개구소시치인(不開口笑是癡人)
입을 열어 웃지 않으면 바보!

송나라 때는 4천여 수의 시를 남기며 문단을 진일보 발전시킨 소식의 『여지탄(荔枝嘆)』을 통해 민중을 괴롭히는 권위에 대항하기도 한다. 『염노교(念奴嬌) · 적벽회고(赤壁懷古)』 등에서는 시와 사의 경계를 허물고 호방한 풍격을 새로이 창조한다. 여류시인 이청조의 『취화음(醉花陰)』 등 초기 사는 경쾌한 반면, 남도 이후의 사는 망국과 가족 붕괴의 감정을 담고 있다.

5.4운동 이후 중국 현대시는 신문학 초기의 짧은 기간 동안 여러 유파가 형성되면서 다양한 국면을 형성하는데, 대표적인 유파로는 인생사실파, 자아표현파, 소시파, 신월파, 상징파, 현대파, 정치서정파, 대중시파, 칠월시파, 민가체파, 구엽시파 등이 있다.

2) 중국 소설

중국에서 '소설(小說)'이라는 용어는 전국시대 『장자(莊子)』에 처음 등장하지만, 당시에는 '소소한 이야기(small talks)', '가십거리(gossip)'를 의미하였다. 소설은 지금과 같은 문학이 아니라 초기에는 경시의 의미를 담은 용어에 불과하였다. 중국에서는 소설이라는 용어가 먼저 출현하고, 그 후 소설 작품이 나온 것이다.

소설의 기원은 고대 신화와 전설로 거슬러 올라가며, 이후 한나라의 신선고사를 거치며 소설 토양이 만들어지고, 위진남북조 지괴고사(志怪故事)와 당 전기와 변문, 송 화본, 명 공안, 명청 장편소설로 이어지면서 소설은 꽃을 피운다. 중국에서는 5.4 이전 소설을 고전소설, 이후 소설을 현대소설로 구분하고 있다.

우선 한나라 때 한 무제의 구선사상(求仙思想), 도가의 이상세계 추구가 신선고사 흥성에 한몫을 한다. 위진남북조 시기에는 문인들이 당시 기이한 이야기나 신화, 전설, 민담, 야사 등 지괴 소재를 가지고 책을 지어 명성을 얻는 풍조가 성행하면서 지괴소설이 흥성하게 된다. 장화의 『박물지(博物志)』, 간보의 『수신기(授神記)』가 대표적인 예다.

당나라 때는 전기 장르가 유행한다. 신괴소설로는 원숭이와 사람 사이에서 특정 인물인 구양순이 태어난다는 내용을 담은 『보강총백원전(補江總白猿傳)』이 있고, 검협소설로는 무협소설 『무쌍전(無雙傳)』이 있다. 이밖에 출세 못한 노생이 한단(邯鄲)의 여관에서 여옹(呂翁)을 만난 후 부귀영화를 누리는 꿈을 꾸고 세상 이치를 깨닫는다는(人生之適, 亦如是矣) 내용의 심기제의 『침중기(枕中記)』, 꿈에서 괴안국이 출현하고 성공을 이루지만 현실로 돌아와 보니 집 주위 개미굴이었고 결국 남가일몽으로 끝난다는 이공좌의 『남가태수전(南柯太守傳)』, 탐정소설인 『사소아전(謝小娥傳)』, 당 현종과 양귀비의 비극적 사랑을 그린 진홍의 『장한가전』, 백행간의 『이와전(李娃傳)』이 유명하다.

전기와 함께 변문(變文) 장르도 출현한다. 청대까지 변문에 대해 아는 사람이 없다가 실크로드 길목 둔황 막고굴에서 발견되면서 세상에 알려지게 된다. 1900년대 초 슈타인(Stein), 펠리오(Paul Pelliot), 오타니 다이카쿠(大谷)가 차례로 수거한 후 중국인의 손에 들어오면서부터다. 불교가 중국 동한 시기에 들어왔지만, 불경이 산스크리트(sanscrit)나 팔리문(pali)으로 전해지면서 언어상 어려움이 생기고 분량도 적지 않았다. 이에 문장을 대중화하는 작업이 필요하게 되면서 변문이 출현한다. 『맹강녀변문(孟姜女變文)』, 『왕소군변문(王昭君變文)』, 『오자서변문(伍子胥變文)』, 『묘법연화강경문(妙法蓮華講經文)』 등이 있다.

변문은 이후 화본(話本), 즉 산문과 압운(rhyme)의 중간인 강창문학(講唱文學)의 효시가 된다. 송나라 시기에는 경제발전과 새로운 도시

계층의 형성으로 화본이라는 새로운 장르의 백화소설이 탄생한다. 화본은 상업적 성격이 강하여 와자(瓦子)라는 장소에서 화본에 입각한 설화(說話, story telling)이 공연되었다. 북송 말기에 수도 카이펑(開封)을 중심으로 설화인(story teller)이 전문직업인으로 등장하여, 찻집 등에서 고사를 이야기해주고 돈을 벌었다. 이들이 저본(底本)으로 삼았던 것이 화본인데, 후에 그 문학적 가치를 인정받는다.

송, 원 간에는 역사 이야기를 담은 강사(講史) 유형의 화본이 등장한다. 『삼국지연의(三國志演義)』의 모태가 되는 『삼국지평화(三國誌平話)』를 위시하여, 『서유기』의 모태가 된 『대당삼장법사취경기(大唐三藏法師取經記)』 또는 『대당삼장취경시화』, 『수호전(水滸傳)』의 원형이 되는 『대송선화유사(大宋宣和遺事)』, 『봉신연의(封神演義)』의 모태가 되는 『무왕벌주평화(武王伐紂平話)』 등이 대표작이다.

명나라 시기에는 눈으로 읽는 장편소설이 본격적으로 발전한다. 대표적인 소설로는 사대기서인 『삼국지연의』, 『수호전』, 『서유기』, 『금병매』가 있다. 『삼국지연의』는 진수의 정사 『삼국지』를 소재로 하여 나관중이 편찬하였다. 이후 여러 문인의 손을 거쳐 원본과 다른 모습으로 수정된다. 『삼국지연의』는 우수하지만 70%는 사실이고 30%는 허구인 소설인데, 독자들이 허구를 사실로 믿는 오류를 범하는 경우가 종종 발생하지만, 이 소설은 지금까지도 많은 사랑을 받고 있다.

『수호전』은 송강의 모험 이야기를 나관중이 장편소설로 재구성한 것이다. 현재 전해지는 70회본 작품은 악의 정령이 풀려나자 108명의 의적이 양산에 모여 근처의 군주들을 공격하고, 후에 정부에 투항하여 외족을 물리치고 반란을 잠재우는 공로를 세우지만, 정부의 신뢰를 받지 못한 송강은 독을 마시고 죽은 후 신이 된다는 이야기다.

서유기 한 장면

『서유기』는 현장이 인도로 불경을 구하러 가는 도중에 겪는 갖가지 고난을 주축으로 한 이야기에 오승은이 영웅담과 불교설화, 민간설화 등 허구적 요소를 가미하여 재편성한 소설이다. 100회로 구성되어 있는데, 1회에서 7회까지는 화과산 큰 돌에서 손오공이 출생하여 72가지 법술을 익히고 천궁(天宮)에서 난동을 부리는 장면, 8회부터 12회까지는 현장의 등장으로부터 당태종의 지옥 탐방, 13회부터 100회까지는 요괴들과 싸우는 이른바 81난을 무릅쓰고 삼장법사가 손오공, 저팔계, 사오정과 함께 인도를 왕복하여 성과를 얻는다는 내용이다.

청나라 시기 대표적인 단편소설로는 포송령의 『요재지이(聊齋志異)』를 들 수 있고, 장편소설로는 『홍루몽(紅樓夢)』, 『유림외사(儒林外史)』를 들 수 있다. 『홍루몽』은 120회로 이루어진 장회소설로서 1회부터 80회까지는 조설근의 작이고, 뒷부분 40회는 고악의 작이다. 『석두기』로 불리다가 후에 『홍루몽』으로 이름이 바뀐다.

『홍루몽』은 당시 정치사회를 배경으로 한 명문 가정의 흥망성쇠를 그린 걸작으로 총 90만 자에 등장인물 465명으로 구성되어 있다. 남자주인공 가보옥이 임대옥, 설보채 등 여인과 대관원이라는 가씨 대가정에서 살면서 전개되는 삼각관계 이야기가 주류를 이룬다. 금릉십이채라고 불리는 12명의 여인 이야기가 생동적으로 그려져 있고, 대가정의 흥망과 인생의 희비가 감동적으로 묘사되어 있다. 군주시대를 배경으로 일어나는 귀족사회의 갖가지 비리와 모순들도 폭로하고 있다.

중국 현대문학은 1919년 5.4운동 전후를 그 출발점으로 본다. 이 시기에는 새로운 질서 모색을 위해 서구로부터 새로운 문학을 활발히 받아들였다. 첫 번째 시기는 후스의 『문학개량추의(文學改良芻議)』와 루쉰의 『광인일기(狂人日記)』가 발표된 1917-1918년부터 혁명문학론이 제기된 1927년까지로 전통문학이 부정되고 서구의 새로운 문학이 대두된 시기로서 노신 등 대표작가가 활약한다. 두 번째 시기는 혁명문학이 본격화된 1927년부터 항전문학이 대두한 1937년까지로 문학과 정치의 관계가 핵심 쟁점으로 떠오른 시기로, 마오둔, 라오서, 바진 등이 활약한다. 세 번째 시기는 중일전쟁 발발 후부터 신중국을 건립한 1949년까지로 국공 내전이 주류를 이룬 시기다. 네 번째 시기는 건국 이후 문화대혁명 발발까지의 기간으로 문학계는 혁명과 내전을 회상하고 사회주의 우월성을 선전하는 활동에 주력한다. 다섯 번째 시기는 1966년부터 마오쩌둥이 사망한 1976년까지의 문혁 기간으로 현대문학의 암흑기에 속한 시기다. 1976년 이후 현재까지는 신시기 문학 시기로 불린다.

루쉰(1881-1936)은 본명이 주수런(周樹人)으로 걸출한 작품을 남긴 현대문학 거장이다. 인간과 민주에 초점을 둔 그의 자유와 독립정신, 반항 투쟁 정신, 그리고 한 칼에 피를 보는 듯한(一刀見血) 간

결하면서도 날카로운 필치는 당시 열강 침입과 근대화 과정, 내란의 혼탁 속에서 헤매는 민중들의 우매함과 노예근성 및 피해의식을 깨우치고자 글로서 계몽적, 선구적 역할을 한다.

사오싱의 루쉰 고택

저장성 사오싱의 몰락하는 관리 집안에서 태어난 그는 어려서부터 봉건제의 폐단을 체험하면서 반봉건적 민주 사상을 갖게 되고, 18세에 난징의 학당에서 진화론 등 서구사상을 접한다. 1902년 일본으로 유학을 떠나 의학을 공부하던 중 환등기 사건을 통해 당시 우매한 중국 민중을 목격하고 이들을 구하기 위해 문학으로 전향한 후 귀국하여 교직 생활을 한다. 1919년 5.4운동을 전후하여 그는 참여의식을 갖고 최초의 현대소설 『광인일기』를 시작으로 많은 작품을 발표하며 현대문학을 주도한다. 1926년 베이징여자사범대학의 학생 소요에 연루되면서 강사직에서 물러나고, 3.18 사건 당시 샤먼(厦門)에 피신하기도 하였지만, 1927년 상하이에서 문필 생활을 재개하였고, 1930년에는 좌련(左聯) 영수로 추대되어 문학운동을 하다가 1936년 병으로 사망한다.

『아큐정전(阿Q正傳)』, 『고향(故鄉)』 등 주옥같은 백화소설 작품은 『눌함(吶喊)』, 『방황(彷徨)』, 『고사신편(故事新編)』에 수록되어 있고, 35편의 산문은 『야초(野草)』와 『조화석습(朝花夕拾)』에 실려있다. 『고향』에서는 아이들의 미래에 희망을 담아 쓴 문구는 AIIB 출범식 때 우리나라 부총리가 언급하여 화제가 되기도 하였다. “희망은 본래 없다고 말할 수도 없고 있다고 말할 수도 없다. 이는 마치 땅 위의 길과 같다. 사실 땅 위에는 본래 길이 없었지만, 걷는 사람이 많아지면 곧 길이 되는 것이다.(希望是本無所謂有, 無所謂無的. 這正如地上的路; 其實地上本沒有路, 走的人多了, 也便成了路.)"처럼, 그는 고난 속에서도 꿈에 도전하는 이들에게 희망을 보내고 있다.

3) 신화와 민간고사

중국의 신화는 몇 가지 유형으로 분류되는데, 우선 천지와 인류 창조에 관한 신화가 있다. 여기에는 태초에 혼돈 고사와 거인 반고의 천지개벽 고사, 반고가 죽은 후 그의 사체에서 만물이 생겨난다는 시체화생에 의한 인류기원 고사, 여신 여와가 흙을 빚어 인간을 만든다는 인류창조 고사가 있다. 천지가 무너지자 여와가 오색석(五色石)으로 보수하고 거북이 다리로 사극을 다시 세운다는 여와보천(女媧補天) 고사도 함께 전해진다.

둘째, 자연계 신화로는 태양의 어머니로서 열 개의 태양을 낳는 희화(羲和), 태양을 태우고 다니는 태양조 삼족오(三足烏), 달을 낳은 상희(常羲), 예(羿)가 서왕모로부터 얻은 불사약을 훔쳐 달로 달아나 두꺼비가 된 항아(姮娥), 바람 신 비렴(飛廉), 비 신 병예(屛翳), 구름 신, 번개 신, 산과 물의 신 수백(水伯)과 하백(河伯) 고사도 있다.

셋째, 영웅 신화로는 곤(鯀)이 천제의 허락 없이 자라나는 흙인 식양(息壤)을 훔쳐 홍수를 막았지만 천제의 노여움을 사서 죽임을 당하는 비극적인 결과를 낳았고, 그의 뱃속에서 나온 우(禹)가 소도(疏導)의 방법으로 치수에 성공한다는 곤과 우의 치수 고사가 있다. 아홉 개의 태양을 쏘아 떨어뜨리고 각종 흉수를 제거한다는 예의 고사도 있다.

민족 영웅시조 관련 신화로는 은나라 시조 설(契)과 현조(玄鳥)의 알을 삼켜 그를 낳은 간적(簡狄), 주나라 시조 후직(后稷)과 천제의 발자국을 밟아 감응으로 그를 낳은 강원(姜嫄) 고사가 있다. 천제(天帝)에 관한 신화로는 서방신 황제, 동방신 제준, 신농(神農)으로 표현되는 염제, 백제(白帝)인 소호 관련 고사가 있다. 비극영웅 신화로는 태양을 쫓다가 중도에서 갈증으로 죽은 과보(夸父), 염제의 딸 여왜(女娃)가 익사하여 화한 정위(精衛), 머리가 잘린 채 끝까지 창을 휘두르는 형천(刑天), 노인의 몸으로 불굴의 정신으로 산을 옮기려는 우공(愚公)에 관한 고사가 있다. 문화영웅 신화로는 혼인제도를 만든 여와, 불을 취한 수인씨(燧人氏), 의약과 농업을 발명한 신농과 후직, 집을 만든 유소씨(有巢氏), 문자를 창조한 창힐(倉頡)에 관한 고사가 있다.

넷째, 사회갈등과 전쟁 신화로는 황제와 염제의 판천에서의 전쟁에서 황제가 승리하는 고사, 황제와 치우(蚩尤)의 탁록에서의 전쟁에서 황제가 응룡과 발(魃)의 도움으로 치우를 물리치는 고사, 공공(共工)과 전욱이 제위를 다투어 싸우다 공공이 패배하자 부주산을 들이받아 천지를 기울게 한다는 공공과 전욱의 고사가 있다.

다섯째, 재생 신화로는 죽은 자가 다시 살아난다는 부활(復活) 형태의 신화로서 사람이 죽은 후 120년 후에 다시 살아난다는 무계국(無臂國)의 고사와 불사국과 불사민의 고사, 신이나 신선으로 환생(幻生)한다는 형태의 신화로서 황제가 사후에 승천한다는 고사, 다른 사람이나 동식물로 환생하거나 변형(transformation)하는 형태의 신화로서 과보가 태양을 쫓다 등림으로 화하는 고사, 여시가 요초로 화하는 고사, 치우가 단풍으로 화하는 고사, 전욱과 후직이 물고기로 화하는 고사, 항아가 두꺼비로 화하는 고사, 여왜가 새로 화하는 고사가 있다.

여섯째, 낙원과 유명세계에 관한 신화가 있다. 도광지야나 화서씨지국과 같은 이상적인 낙원 세계에 관한 고사와 종북국과 같은 비관적인 모습의 유명세계에 관한 고사가 각각 성격을 달리하며 나타나고 있다.

마지막으로 원국이인과 신괴에 관한 신화로 『산해경』에 나오는 불사국(不死國), 결흉국(結胸國), 일목국(一目人), 삼면국(三面人) 등 원국이인에 관한 고사와 용(龍), 봉(鳳), 기(夔), 비유(肥遺), 궁기(窮奇), 시육(視肉), 필방(畢方) 등 기금이수(奇禽異獸)에 관한 고사가 있다.

현존하는 중국 신화는 일관성 있는 그리스 로마 신화와 달리 서로 연관성이 없거나 체제가 다른 단편적인 신화 고사들로 구성되어 있고 그 기원도 다르다.[88] 그리스 로마 신화에서 신국의 최고 통치자 제우스(Zeus)와 같은 초월적 존재의 역할을 맡고 있는 '제(帝)'가 하나의 통일체계 속에 존재하지 않고, 황제, 제준, 염제, 소호 등 총 12명의 제가 서로 다른 신국의 우두머리로서 존재한다. 황제와 염제 간, 황제와 치우 간, 그리고 전욱과 공공 간 싸움 등 전쟁에 관한 고사와 전쟁영웅 이야기가 종종 보이는 것은 당시 민족 간 투쟁이 많았다는 반증이라고 할 수 있다.

한편 <백사전(白蛇傳)>, <축영대(祝英臺)>, <우랑직녀(牛郎織女)>, <맹강녀(孟姜女)> 고사는 중국의 4대 민간고사로서 전해지고 있다. <백사전> 고사는 백사가 변한 여주인공 백낭자와 남주인공인 허선의 애달픈 사랑 이야기고, <축영대> 고사는 양산백과 축영대 관련 고사이며, <우랑직녀> 고사는 우리의 견우직녀 이야기다. <맹강녀> 고사는 만리장성을 소재로 한 고사로서 내용은 다음과 같다.

---

88 창조신화를 예로 들면 중국에는 거인 반고(盤古)의 자연발생적 천지창조와 시체화생(屍體化生)의 인류창조 고사가 있고, 이와는 별도로 창조주로서의 여신인 여와(女媧)의 인류창조 고사가 있다.

진시황이 천하를 통일하고 외족의 침입을 막고자 만리장성을 쌓았다. 그런데 만리장성이 무너지자 대책을 강구하면서, 맹강녀의 남편인 범기량을 장성에 함께 매장하면 장성이 무너지지 않는다는 소문을 듣는다. 이에 진시황은 범기량을 노무자 명목으로 차출하여 장성 아래 다른 죄수들과 함께 매장하였다. 영문도 모르고 하염없이 남편을 기다리던 부인 맹강녀는 겨울이 되자 남편을 위해 겨울옷을 만들어 장성 공사현장으로 찾아갔다. 여기서 남편의 생매장 소식을 접한 맹강녀는 며칠 간 대성통곡을 하였고, 이에 만리장성이 무너져 내리면서 장성 속에 매장된 수많은 유골들이 모습을 드러냈다. 맹강녀는 유골 중에서 자신의 남편 유골을 찾기 위해 꾀를 낸다. 남편의 유골은 내가 흘린 눈물이 흘러들 것이라고 생각한 그녀는 유골 하나하나 뒤지기 시작했고 마침내 유골을 찾아내 고향으로 돌아가 장례를 치렀다.

| 4 |

대중문화예술

1) 경극(Peking Opera)

경극(京劇)은 우리나라 판소리나 일본 가부키처럼 중국의 공연문화 예술을 대표하는 일종의 전통 오페라로서, 영어로는 패킹 오페라라고 칭한다. 원나라 원곡에 기원을 두며 이후 명 전기로 이어지며 발전하다가, 청나라 건륭황제가 80세 생일 때 지방희 중 장쑤성 곤곡, 안후이성 휘극(徽劇), 후베이성 한극, 쓰촨성 진강(秦腔)에 베이징 궁실극과 민간극을 결합하고 현지 언어와 풍습을 가미하여 완성한다.

경극 배역은 생, 단, 정, 말, 축으로 나뉘는데, 생은 남자가 배역을 맡고 단은 여자가 배역을 맡는다. 정은 검보(瞼譜) 즉 얼굴에 분장을 한 역을 말하는데, 호방한 인물은 검은색과 수염을 달고 사나운 인물은 청색이나 흰색으로 분장한다. 말은 노생과 같은 차역을 말하고, 축은 성격이 활발한 어릿광대를 말한다. 배우들은 강과 창으로 연출하며, 상징적 동작으로 표현하기도 한다. 피리 같은 관악기, 이호 같은 현악기, 나고 같은 타악기 반주로 리듬과 분위기를 조절한다. 대표작품으로는 <백사전>, <료천궁>, <패왕별희> 등이 있다.

그중 패왕별희는 초 패왕 항우와 그의 애첩 우미인 간의 비극적인 사랑을 내용으로 하며, 영화로도 제작된 바 있다. 진이 망하자 당시 패권을 잡기 위해 항우는 한 고조 유방과 전쟁을 벌이지만, 해하의 싸움에서 사면초가로 수세에 몰린다. 항우가 "우(虞)야 우(虞)야 어찌할까?"라는 비통한 심정을 담은 해하가를 부르자 이를 들은 우미인은 자결했고, 오강으로 도망간 항우 역시 칼을 뽑아 자살한다.

패왕별희 포스터

경극과 함께 쑤저우 방언으로 비파와 돔브라 등의 악기와 함께 이야기를 공연하는 전통 희극형식의 쑤저우 핑탄(蘇州評彈)이라는 전통 희극형식이 200여 년이 지난 지금까지 유행하고 있다. 쑤저우, 상하이, 장시성과 저장성 등지에서 성행하며 현재 국가급 무형문화유산에 등록되어 있다.

2) 화극(話劇)

화극(話劇)은 중국의 공연예술 중 하나로서, 노래가 중심이 되는 중국 전통극과는 달리 서구에서 유입된 대사 중심의 연극이다. 일본 유학생들로 구성된 춘류사의 <춘희>와 <톰 아저씨 오두막> 공연을 시작으로 100년의 역사를 이어오고 있다.

1949년 신중국 건립 후에는 중국청년예술극원, 베이징인민예술극원, 중앙실험화극원 등 3개의 국립극단이 활동하면서 <갈릴레오의 생애>, <벚꽃의 시절> 등 외국작품과 중국적인 작품들을 함께 공연하였다. 2001년 중국 정부는 전통과 현대가 어우러진 연극을 발전시키기 위해 국립공연예술단체인 중국국가화극원(中國國家話劇院, NTC)을 건립한다. 여기에서 고전 방식과 실험공연 형식을 아우르면서 중국과 해외 유수의 연극을 무대화하는 공연 창작 방식을 추구함으로써 세계적으로 인정받는 양질의 연극문화를 만들고 있다. 최근에는 펑차오 극장 등 민간차원의 공연단체들이 폭발적으로 증가하면서 화극을 중심으로 한 공연예술이 활성화하고 있다.

대표작으로는 <생사장(生死場)>, <도화선(桃花扇)>, <조씨고아(趙氏孤兒)>, <절대신호(絶對信號)>, <붉은 장미 흰 장미(紅玫瑰與白玫瑰)>, <로미오와 줄리엣(羅米鷗與朱麗葉)>이 있다. 그중 레이팅(雷婷) 각색 톈친신(田沁鑫) 연출의 <로미오와 줄리엣>은 셰익스피어 원작에서 중국적 모습으로 탈바꿈되고 재해석된다. 서양 고전의 배경은 혼돈의 시대인 문화대혁명 시기로 옮겨지고 베로나의 황금 지붕은 강렬한 초록 지붕으로 바뀌어 무대를 채워나간다. 로미오와 줄리엣은 각각 홍위병의 선봉장인 노동자를 대표하는 '공련파' 가문의 아들, 군인의 자손인 '전사파'의 핵심 세력인 주 사단장의 딸로 등장한다. 이 둘은 혁명의 물줄기 한가운데 놓이지만 잔혹한 시대의 재앙 앞에서도 죽음까지 불사할 사랑으로 고통을 견딘다. 극단적 상황에서 발생하는 청춘들의 열정과 파국 과정이 문혁의 격동과 다르지 않음을 외치고 있다.

3) 대중가요

중국에서는 민족음악이라 불리는 민속음악이 전통을 이어가고 있다. 두 개의 줄을 켜는 이호(二胡), 비파, 양금, 생황, 고쟁 등이 있는데, 우리의 민속악기와 유사하면서도 소리가 독특하다. 대부분 서역에서 전해져온 악기들이다. 이후 민속음악은 대중가요에게 자리를 양보한다.

덩리쥔

중국의 대중가요 중에서도 영화와 연속극 주제곡으로 익히 알려진 <첨밀밀(甜密密)>과 <월량대표아적심(月亮代表我的心)>이 특히 steady song으로 애창되고 있다. <첨밀밀>은 인도네시아 민요에 가사를 붙인 곡으로 타이완 출신으로 80년대에 인기를 한 몸에 모았던 덩리쥔(鄧麗君)이 불러서 히트한 곡이다. 가사는 다음과 같다.

텐미미 니샤오더 텐미미 甜密密 你笑得甜密密
(달콤하게, 당신은 달콤하게 웃는군요.)
하오샹 화얼 카이짜이 춘펑리 카이짜이 춘펑리 好像花兒開在春風里 開在春風里
(봄바람에 꽃이 피듯, 봄바람에 꽃이 피듯.)
짜이나리 짜이나리 젠궈 니 在哪里 在哪里見過你
(어디선가, 어디선가 당신을 본 적 있어요.)
니더 샤오룽 저양 서우시 你的笑容這樣熟悉
(당신의 웃는 모습 이다지도 낯익은가요.)
워 이스 샹부치 我一時想不起
(잠시 생각이 나지 않네요.)
아 짜이멍리 啊 在夢里
(아! 꿈에서)
멍리 멍리 젠궈 니 夢里夢里見過你
(꿈에서 당신을 본 적 있어요.)
텐미 샤오더 둬텐미 甜蜜笑得多甜蜜
(달콤하게, 얼마나 달콤하게 웃는지.)

스니 스니 멍젠더 주스 니 是你是你夢見的就是你
(당신, 당신, 꿈에 본 사람이 바로 당신이군요.) (이어서 후렴)

<월량대표아적심(月亮代表我的心)> 가사는 다음과 같다.

니원워 아이니 유둬선 你問我愛你有多深
(당신은 내게 물었지 얼마나 깊이 사랑하는지)
워아이니 유지펀 我愛你有幾分
(내가 당신을 얼마만큼 사랑하는지를)
워디칭예전 워디아이예전 我的情也眞 我的愛也眞
(정도 진심이요, 사랑도 진심이요)
웨량다이뱌오 워더신 月亮代表我的心
(달이 내 마음을 말해주네요)
니원워 아이니 유둬선 你問我愛你有多深
워아이니 유지펀 我愛你有幾分
워디칭부이 워디아이부볜 我的情不移 我的愛不變
(정도 그대로요, 사랑도 변함없어요)
웨량다이뱌오 워더신 月表代表我的心
(달이 내 마음을 말해주네요)
칭칭디이거원 이징다둥워더신 輕輕地一個吻 已經打動我的心
(가벼운 입맞춤이 내 마음을 흔들었어요)
선선더이돤칭 랑워쓰녠다오루진 深深的一段情 讓我思念到如今
(깊은 감정 지금까지 생각나네요) (후렴)

4) 서예와 왕희지(王羲之)

중국에서는 서법(書法)으로 불리는 서예의 최고 대가는 서성(書聖) 왕희지다. 산둥 린이 출신인 그는 진(晋) 시기에 해서와 행서 및 초서 서체를 완성하였는데, 행서로 쓴 『난정집서』는 불후의 명작으로 평가받는다. 그의 서체는 전아하고 기백이 있으며, 귀족적 기품이 높다. 특히 중화의 미, 변화와 통일, 공간 감각, 이성과 감성의 조화가 그의 서체의 특징이다.

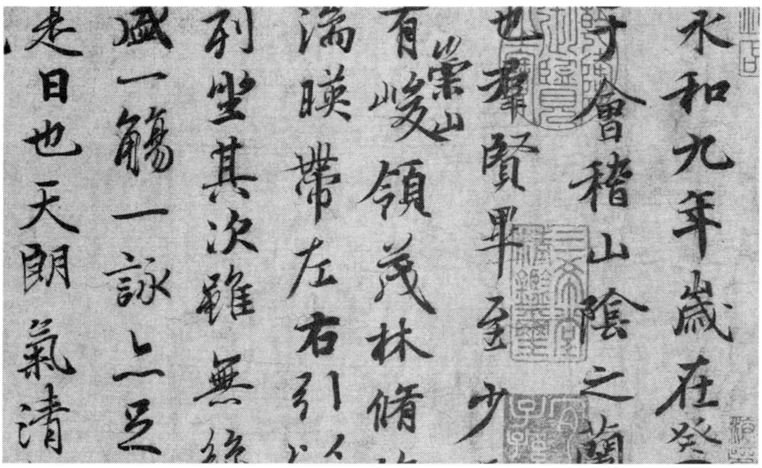

왕희지의 난정집서

왕희지는 거위를 가장 좋아했다고 전해지며, 거위가 수영하는 모습을 보고 붓을 놀리는 방법을 터득했다고 한다. 엄지는 거위의 머리, 검지와 중지는 거위의 두 날개, 무명지와 새끼손가락은 거위의 두 다리로 보고, 붓에 들어가는 손가락 힘과 쓰는 방법을 거위의 신체 부위가 수영을 하면서 나타내는 힘이나 동작과 연계시켜 풀어갔다.

왕희지 가족의 일화도 전해진다. 왕희지가 출장을 가면서 아들에게 글씨 숙제를 내주었는데, 돌아와서 아들의 솜씨가 어떤지 부인에게 물어보니, 부인은 아들의 서예 실력이 아직 보잘것없는데 다만 한 점만 남편의 글씨를 닮았다(唯有一点像羲之)고 말했다고 한다. 사실 그 점은 왕희지가 출장 떠나기 전 자신이 아들 글씨에 써넣은 점이었다. 중국 최고의 서예가 4명의 장점이 합쳐져야 비로소 왕희지체가 만들어진다고 할 정도로 유명했던 왕희지의 부인 역시 서예 안목이 상당했음을 말해주는 일화다.

서예가 또는 서예에 관심 있는 사람이 꼭 들려야 할 곳으로 시안에 있는 비림(碑林)을 꼽는다. 이곳에는 역대 명필가들의 글씨가 새겨진 비석들이 소장되어 있어서 서예나 사체, 서예 역사 연구의 필수코스다.

5) 대중운동과 아침문화

중국의 전통적인 대중운동으로는 공원이나 광장에서 이루어지는 태극권(太極拳), 사교춤인 광장무(廣場舞), 부채춤인 선무와 칼춤인 검무, 우슈(巫術)가 있다. 그중 몸 단련과 함께 남녀가 한데 모여 사교춤인 광장무을 즐기는 모습이 특이하다. 음악에 맞춰 자유롭게 광장무를 추는데 클럽에서 추는 춤이 아닌 건전한 운동으로서의 춤으로 대중화되어 있다.

태극권은 과격한 동작보다는 몸을 부드럽게 다스리는 유연성에 역점을 두기 때문에 누구나 부담 없이 배울 수 있다. 후베이성 오진궁을 중심으로 출현한 장삼품의 무당파권법이 테극권의 출발이 된다. 기 호흡과 유연한 동작, 얼굴 및 손 자극을 통한 혈액 순환 운동은 몸의 기혈을 다스리는 데 매우 효과적이라고 평가받는다. 이후

광장무

진가식 태극권

태극권은 양가식과 진가식 등으로 발전하는데, 우리 전통 무예인 선무도와 상당히 흡사하다. 아침에 공원이나 광장에서는 태극권 강사의 동작에 따라 시민들이 운동을 하는데, 무리에 끼어 따라하면 될 정도로 쉽게 접할 수 있는 운동이다. 유사 운동으로는 외단공(外段功), 당랑권 등이 있다.

'일일지계(一日之計)는 재어신(在於晨)'이라는 말처럼 하루의 활기는 아침에서 시작된다. 중국의 독특한 아침 풍경은 공원이나 공장마다 사람들이 모여 태극권, 외단공, 우슈, 선무와 검무, 광장무를 익히는 장면이다. 상하이 루쉰공원, 베이징 천단, 난징의 부자묘, 칭다오의 5.4광장 등 사람이 모일 수 있는 곳에는 어김없이 사람들이 모여 전통 운동을 즐기며 체력을 단련한다.

또 다른 아침 풍경은 한 손에 새장을 들고 산보하는 시민들의 모습이다. 암막 천으로 덮인 새장을 가져와 나뭇가지에 걸어놓고는 천을 젖혀 열어 새들에게 맑은 공기를 제공하고 동호인들끼리 새 관련 정보도 교환하며 새소리를 감상한다. 아침을 여는 중국인들의 모습은 여유롭기까지 하다.

아침 풍경 중 빠질 수 없는 모습은 다양하고 푸짐한 아침 음식이다. 14억이 넘는 인구이면서도 굶는 사람이 없다고 말할 정도로 아침마다 값싼 먹을거리인 샤오츠(小吃)로 가득하다. 음식으로 아침을 열기 때문에 곳곳이 조리 과정에서 나오는 연기와 수증기로 자욱하다. 도시 전체가 식당인 듯한 착각을 불러일으킬 정도로 중국의 아침은 풍성한 먹거리와 그 향기로 시작된다. 아침을 밖에서 해결하는 경우가 많아서, 부모가 아이를 학교에 바래다주는 길에 식당에 들러 함께 식사를 하고 등교시키는 모습은 일상적인 모습이다.

더우장

유탸오

식당들은 아침 식사로 고기나 야채 찐만두, 군만두, 찐빵과 전병, 면류, 계란 부침, 전, 콩국에 설탕을 넣어 달콤한 두유 맛의 더우장(豆漿), 각종 죽, 찻물에 간장을 넣어 삶은 차예단(茶葉蛋) 등을 차려 놓고 손님을 기다린다. 이중 더우장(豆漿)은 대표적인 아침 음식으로서 여름에는 차게 만들어 팔고 겨울에는 따뜻하게 데워서 파는데, 콩으로 만든 음식이라 위의 부담도 적고 근기가 있다. 주로 밀가루 튀김 꽈배기인 유탸오(油條)와 함께 먹는다. 손님들은 식당에서 먹기도 하고, 통에 넣어 가기도 하고, 먹으면서 출근하기도 한다. 아침 준비의 번거로움이 없다는 점이 장점이다.

죽은 우리의 죽보다 묽은 편이며, 밥알이 희소하다고 하여 시판

(稀飯)이라고 부른다. 쌀을 재료로 하여 만들지만 옥수수, 기장 같은 잡곡을 섞어 만들기도 하며, 자차이(榨菜)와 같은 짭짤한 밑반찬과 함께 먹는다. 죽의 고장은 홍콩과 광둥(廣東) 지역이다. 우리가 아침에 해장국을 많이 찾듯이 이곳에는 죽으로 아침을 시작하는 사람들이 많아 죽집이 문전성시다. 광둥저우(廣東粥)라고 불리는 죽은 생선, 새우, 소라, 게살 등 해산물이나 육류가 가득 있어서 영양죽이라고 말할 수 있다.

중국은 공식 업무 시간이 조금 빠른 편이다. 학교는 아침 7시 30분~8시에 첫 수업을 시작하고, 일반 관공서나 사무실도 8시나 8시 반이면 업무를 시작해서 11시 반이면 오전 업무가 끝나기 때문에 아침에 서두르지 않으면 일을 오후로 미루어야 할 정도다.

| 5 |

민속과 의식주 문화

1) 춘절(春節)

“돈이 있건 없건, 아무리 멀더라도 중국인은 춘절 때 모두 집에 간다.(有錢沒錢, 無關多遠, 中國人都回過年.)”라는 말이 있을 정도로 중국인에게 춘절 즉 설날은 남다른 의미를 지닌 민족 최대의 절기다. 4일간의 특별수송 기간인 춘운기간(春運期間) 중에는 연인원 30억 명이 이동을 하는데, 그중 25억 명은 차량, 3억5천만 명은 기차, 1억 명 이상은 항공과 여객선으로 이동한다.

‘일년지계재어춘(一年之計在於春)’이라는 말처럼 한 해의 시작을 ‘춘(春)’으로 묘사하듯이, 설날도 ‘춘’ 자를 넣어 ‘춘절(春節)’이라고 부른다. 1,500년 전 시작되어 잠시 중단되는 우여곡절을 거쳐 다시 현재까지 맥을 잇는 축제 기간이다. 음력 새해 아침은 ‘원단(元旦)’이라고 부르는데, ‘원(元)’은 으뜸을 뜻하고, ‘단(旦)’은 태양이 솟는 모습을 형상화한 글자로서 아침을 의미한다. 원단은 즉 1월 1일 새해 첫날 아침을 의미하는 희망찬 단어다.

설 첫날은 온 가족이 모여 새해의 안녕을 기원하며 세배를 하고 아이들에게는 세뱃돈 홍포(紅包)를 건네준다. 그리고 친척, 지인, 이웃을 찾아다니며 "새해 인사 드립니다.(給大家拜個年)"라고 하며 인사를 나눈다. 우리는 '입춘대길'을 써서 붙이지만, 중국은 '春' 자나 '福' 자를 거꾸로 붙여 놓는다. 봄 또는 복이 하늘에서 내려왔다는 의미다. 대문에 붙이는 '福' 자는 명나라 주원장이 사람을 잡기 위해 각 가정을 수색하면서 문제없는 집 대문에 '福' 자를 붙인 것에서 유래했다고 한다.

설날에 우리는 떡국을 먹지만, 중국에서는 '녠가오(年糕)'라는 설떡을 먹는다. '가오(糕)'는 중국어로 '높다'를 의미하는 '가오(高)'와 같아서, 매년 키가 쑥쑥 자라라는 염원이 담겨있다. 만두인 '자오쯔(餃子)'의 '자오(餃)'는 교체를 뜻하는 '자오(交)'와 발음이 같아서 신구가 교체된다는 의미를 지닌다고 여겨 녠가오와 함께 먹는다.

춘절은 '궈녠(過年)'이라고도 한다. 전설에 의하면 재앙을 부르는 '녠(年)'이라는 괴물이 붉은색과 큰 소리를 싫어하여 연말마다 소리가 나는 붉은색 폭죽을 터뜨려서 그 괴물을 쫓고 안전을 바라는 의식을 했다고 한다. 설날에 친지를 방문하여 음식을 나누며 정겨운 시간을 보내는 풍습은 동일하지만, 시끌벅적한 모습은 우리와 차이가 난다. 중국의 춘절 기간은 약 2주정도로 긴 편이다.

빙탕후루

월병

우리와 다른 설 풍경으로는 '묘회(廟戲)'라는 의식이 있다. 쓰촨성 농악무와 양길, 교예가 그 시초가 되는데 묘회가 거행되는 동안 사자춤 공연이 이루어지고 사람들은 간식으로 과일에 설탕물을 녹여 바른 과일사탕 '빙탕후루'를 먹는다. 고대 월지국 왕이 조공으로 사자를 증정하면서 중국에 알려진 이후 용맹의 상징인 사자의 춤이 시작되었다고 한다. 한편 베이징 시민들은 새해 첫날 조양문 동악묘에 가서 접신(接神)을 하는 풍습도 남아있다. 반면 우리의 제사의례는 중국에서 거의 볼 수 없다. 한·중 양국의 새해 풍속은 유사하면서도 차이가 있지만, 행복을 바라고 평화를 염원하는 마음은 동일하다.

2) 기타 명절

음력 1월 15일은 정월 대보름에 해당하는 원소절(元宵節)이다. 천하태평을 기원하는 연등놀이를 하기 때문에 등절(Lantern Festival)로도 불리는데, 초롱불은 길(吉)과 복(福)의 길을 밝힌다는 의미가 있다. 사원에서는 용춤과 사자춤을 공연하는 화회라는 전통 공연을 하고, 가정에서는 참깨나 콩고물을 넣은 찹쌀 알갱이인 원소 또는 탕원(湯圓)을 만든다. 원소절 후에는 폭죽과 함께 춘절의 대단원은 막을 내린다.

양력 4월 5일 전후의 청명절(淸明節)에는 성묘와 식목, 그네 타기와 연날리기 놀이를 즐긴다. 음력 5월 5일 단오절(端午節)에는 전국시대 초나라 굴원의 애국심을 기리기 위해 용주(龍舟) 경기와 종자(粽子) 먹기 풍습이 있다. 음력 7월 7일은 견우직녀 고사에서 유래한 칠석으로 손재주를 겨루는 걸교(乞巧) 풍습이 행해진다.

음력 8월 15일은 추석에 해당하는 중추절(仲秋節)로서, 가족의 단합과 친목을 다진다고 하여 단원절(團圓節)이라고도 한다. 둥근 식탁에 가족이 모두 모여 달 모양의 월병을 먹으며 일 년 중 가장 큰 보름달을 감상한다. 월병의 소에는 전통적인 사탕, 단황, 앙금 외에 멜론 등 다양한 재료가 들어간다. 음력 9월 9일 중양절(重陽節)은 양의 숫자인 9가 중복되는 9월 9일에 양기가 최고조에 이른다고 하여 지어진 명칭이다. 국화주를 마시고 중양 떡을 먹는 풍습이 내려오고 있다.

이밖에 노동절(5월 1일)과 국경절(10월 1일)이 있는데, 전통적인 명절은 아니지만 일주일간 쉬며 휴가를 즐기는 기간이다. 국경절은 중화인민공화국, 즉 신중국이 1949년 10월 1일 정식 선포된 것을 기념하는 날로서, 휴가와 여행을 떠나는 사람들로 온 대륙이 북적거린다. 한편 타이완에서는 10월 10일을 국경일로 삼고 이날 대대적인 행사를 치른다. 1911년 신해혁명 후인 1912년 중화민국을 건립한 날이기 때문에 이날은 쌍십절(雙十節)로 불린다.

3) 결혼과 장례 풍속

중국 전통 혼례는 음력 2월에 많이 거행했는데, 봄은 만물 소생의 가절로서 이때 결혼하면 다산과 풍요를 얻을 수 있다는 믿음 때문이다. 혼례 시간은 저녁에 맞추었는데, 여성의 생식원리와 동일한 달이 떠오르는 시간이자 음양이 균형을 이루는 시간이라는 생각에서다. '혼(婚)' 자가 신부가 저녁에 신랑을 맞는 모습을 나타내고, 결혼을 뜻하는 '화촉(華燭)을 밝힌다'에서 '촉(燭)'은 불을 켜고 벌레를 잡는 모습을 표현한다. 그래서 지금도 결혼식을 저녁 시간에 잡는 경우가 많다.

과거에는 다소 복잡한 혼례과정을 거쳤는데, 먼저 남자가 의사를 밝히고 여자가 허락하면 구혼을 하는 납채(納采), 여자의 성명과 생일을 묻는 문명(問名), 남자 측에서 길흉을 묻는 납길(納吉), 정혼을 선포하고 여자 측에 금전을 보내는 납징(納徵), 일자를 잡는 청기(請期), 기러기를 앞세우고 신부집에 가서 신부를 데려오는 친영(親迎)을 거친 후 마지막으로 집안에서 잔치를 벌였다.

과거에는 집안끼리의 중매나 빙금(聘金)이 오가는 매매혼이 많았지만 지금은 자유연애를 통한 결혼을 하고 있다. 결혼식도 상당히 간결하고 실질적으로 치르며, 예식장 외에도 일반식당을 빌려서 예식을 거행한다. 신부는 치파오를 입고 신랑은 정장을 한 채 손님들을 맞이하며 사탕이나 초콜릿을 건네주며, 하객은 인사를 나누고 축의금 홍포(紅包)나 선물을 전한다. 중국은 홀수보다 짝수를 중시하기 때문에 축의금도 짝수 단위로 부조하는 관습이 있다.

분위기 고조를 위해 식장 밖에서 폭죽을 터뜨리는 동안 하객들은 식장 내 둥근 테이블에 자리한다. 주례가 단상 위에서 성혼을 선포하면 각 테이블에 음식이 놓이게 되고 신랑 신부는 테이블을 돌며 축하주를 돌리며 하객들과 화기애애한 담화를 나눈다. 하객들은 가까운 친지이기 때문에 가족적인 분위기 속에서 식이 진행된다. 성혼 서약 때는 "검은 머리가 파 뿌리가 될 때까지 서로 사랑할 것을 서약한다"는 말 대신 '지금의 현생과 다음의 내생까지 영원히 부부로 살겠다(今生今世, 來生來世, 永遠結爲夫妻)'는 말로 서약한다. 악귀를 쫓는다는 믿음 때문에 신방의 초와 장식들은 모두 붉은색으로 꾸며진다.

개혁개방 이후 중국에서의 국제결혼도 늘어나는 추세이다. 베이징시 민정국(民政局) 통계에 따르면 국제결혼이 점차 증가하고 있으며 중국 여성과 외국 남성의 결혼이 대부분이지만 중국 남성과 외국 여성의 결혼 비율도 점차 높이자고 있다. 최근에는 허니문 여행을 해외에서 많이 보내며, 경제 여건이 안 되는 부부는 신혼여행을 미루고 기숙사 같은 곳에서 각각 따로 지내는 경우도 있다.

중국인들은 결혼식을 치르는 데도 실리적 경향이 강하게 나타난다. 자녀 결혼 때 빚을 내서라도 잘해주겠는가 아니면 형편에 맞게 해주겠는가라는 설문에, 대다수는 현재 상황에 맞춘다고 응답한다. 체면 때문에 빚을 내서 결혼식을 치르는 우리의 혼인문화와는 차이가 있으며, 체면 문화에서 비롯되는 허례허식으로 인한 재정 부담과 갈등으로 이혼을 택하는 사례에 대해 곱씹어보아야 할 것이다.

결혼과 함께 언급할 부분은 장례문화이다. 관혼상제의 전통 중에서 관, 즉 성인식과 제, 즉 제사의 예식은 거의 사라지고, 혼, 즉 결혼과 상, 즉 장례 예식만이 남아있다. 중국의 장례문화는 화장 및 납골문화다. 대륙을 여행하다 보면 고대 봉분 외에는 무덤을 발견하기 쉽지 않은데, 이는 근대화 이후 매장 대신 화장 후 골분을 납골당에 안치해왔기 때문이다. 타이완의 경우에는 화장 후 골분을 묻고 주변에 벽이 둘려져 있는 작은 구조물인 미니하우스 즉 즉 망자의 집을 짓는 풍습이 있다. 길가에 조그마한 무덤 집들이 옹기종기 만들어져 있는데, 대체로 부자의 무덤 집은 크고, 가난한 사람의 무덤 집은 작다.

타이완 망자의 집

4) 금기문화

중국은 금기(taboo)문화가 생활 속 깊이 침투되어 있으며, 그 유형도 다양하다. 먼저 언어적 측면에서의 금기가 있는데, 특히 병과 관련된 금기가 많다. 상대에게 이야기할 때 “안색이 좋지 않아 보이네요.”라든가 “병세가 좀 심각해 보이네요.”라는 표현 사용은 중국에서는 금기시되고 있다. 병이 있는 상대의 정서를 자극하고 의기소침하게 만들 수 있다는 생각 때문이다.

중국에서는 병문안 갈 때 사과를 들고 가지 않는다. 사과 발음인 ‘핑궈(苹果)’는 ‘병들어 죽다’를 뜻하는 ‘빙구(病故)’ 발음과 유사하기 때문이다. 상대방을 방문할 때는 배를 선물로 가져가지 않는다. 배 발음인 ‘리(梨)’가 이별을 뜻하는 ‘리(離)’ 발음과 같기 때문이다. 다만 귤과 배를 섞어서 가져가는 것은 괜찮다. 귤과 배의 중국어 발음 ‘쥐리(橘梨)’가 ‘길하다’를 뜻하는 ‘지리(吉利)’와 발음이 유사해서다.

중국인은 숫자 6과 8을 선호한다. 6과 8은 발음이 ‘루’와 ‘바’인데, 각각 순조롭고 돈을 번다는 의미의 ‘루(流)’와 ‘파(發)’와 유사하기 때문이다. 반면에 숫자 4와 7은 가급적이면 피한다. 4의 발음이 ‘쓰’로서 죽는다는 의미의 ‘쓰(死)’와 발음이 같고, 7의 발음은 ‘치’로서 화를 낸다는 의미의 ‘치(氣)’와 발음이 같기 때문이다. 9는 술을 뜻하는 ‘주(酒)’와 발음이 같아서 길상을 추구하는 분야에서는 피하는 숫자다. 이밖에 짝수를 선호하는 중국에서는 축의금은 홀수 액수를 피하고 짝수 액수로 맞추어 전달한다.

음식 금기 또한 다양하다. 이는 음식의 영양 측면뿐만 아니라 물성(物性)을 양성과 음성으로 나누어 그 음양의 배합도 중시하여 물성이 상반된 것은 함께 먹는 것을 꺼리기 때문이고, 음식물 자체가 지닌 계절성 독성도 고려하기 때문이다. 예를 들어 봄철에는 붕어를 먹지 않는데 이는 봄 붕어는 머리에 벌레가 있어 각기병을 악화시키기 때문이다. 여름에는 닭고기를 잘 먹지 않는데, 이는 닭이 여름에 독이 많은 지네를 너무 많이 먹어 독이 체내에 쌓여있는 것을 경계하기 때문이다. 음식의 자연 속성이 그대로 전해진다는 속설을 믿고 곰의 심장과 표범의 담을 먹으면 용맹해지고 늙은 암탉을 먹으면 피부가 거칠어진다는 생각도 가지고 있다. 한편 공자의 고향인 산동 취푸(曲阜)에서는 잉어(鯉魚)를 먹지 않는데, 공자 아들 이름이 리(鯉)이기 때문이다.

음식 금기 중에는 접대에 관한 것도 많다. 손님은 식탁에서 일어나 먼 곳의 음식을 집지 않고, 요리 접시를 깨끗이 비우지 않으며, 생선을 먹을 때는 뒤집지 않는다. 음식 접시를 비우는 것은 음식이 모자란다는 의미이며, 생선을 뒤집는 것은 어선이 뒤집힌다는 연상 때문이다.

주인은 풍성하게 요리를 차린 후, 손님에게 젓갈로 음식을 집어주고 술을 권하는 경주(敬酒)를 계속한다. 산둥에서는 환영 자리에 물만두를 끓여 내오지 않는다. 물만두는 환송 때만 나온다. 물만두가 산둥 방언으로 '군단바오((滚蛋包)'라고 하는데, '군단'은 '꺼져'라는 단어의 발음과 같기 때문이다. 손님은 국자를 뒤로 젖혀 놓지 않는데, 이는 재복(財福)이 밖으로 나감을 막기 위함이다. 주인은 손님보다 먼저 일어나지 않으며, 다 먹을 때까지는 빈 접시를 치우지 않는다.

후식으로 차를 마시는 경우, 차호(茶壺)의 손잡이가 손님에게 향하게 하는데, 이는 주둥이가 향한 사람은 구설에 오른다는 속설 때문이다. 또 두 사람이 하나의 배를 나누어 먹도록 하지 않는데, 이는 배를 나눈다는 의미의 '펀리(分梨)'가 헤어진다는 뜻의 '펀리(分離)'와 발음이 같기 때문이다. 상대에게 술을 권할 때는 다 비우기 전에 첨잔을 계속한다. 조금 마시고 남은 술잔에 계속 술을 채우는 식의 주법은 술잔에 술이 비면 논에 물이 마른다고 여기는 속설 때문이다.

송별 인사 시에 가시는 길 순풍처럼 순조롭기를 바란다는 의미로 "이루순펑(一路順風)"이라고 말하는데, 비행기를 타려는 사람에게는 이러한 환송의 표현을 사용하지 않는다. 혹시라도 바람이 항공기 사고를 유발 수 있기 때이다.

색깔에도 금기가 있다. 중국은 백색과 흑색을 흉색(凶色)으로 여기기 때문에 혼례와 같은 길사에는 순백색과 순흑색을 금기하고 길함을 상징하는 붉은색을 사용한다. 축의금은 '훙바오(紅包)'라고 불리는 붉은 봉투에, 조의금은 '바이바오(白包)'라고 불리는 흰 봉투에 담아 전한다. 축의금을 흰 봉투에 담아 전하면 중국인들은 당혹스러워한다.

5) 건축과 주거문화

중국 건축물은 오랜 시간이 지나면서 다양한 형태로 변모하여왔다. 중국 3대 건축물인 만리장성, 천안문, 천단의 기년전; 3대 궁중건축물인 고궁(태화전), 대묘, 대성전; 4대 궁전건축물인 고궁, 피서산장, 포탈라궁, 동파적벽; 3대 석굴인 윈강, 룽먼, 둔황 석굴; 4대 정원인 이화원, 피서산장, 졸정원, 예원; 4대 고성인 휘이저우, 리장, 랑중, 핑야오 고성; 3대 누각인 장시성 등왕각, 후베이성 황학루, 후난성 악양루, 그리고 왕묘인 진시황릉과 명 13릉, 산시성 오대산의 불교 사원과 시안의 장안성과 대안탑, 쑤저우의 호구탑 등 대표적인 건축물은 헤아릴 수 없이 많다.

중국 건축양식은 궁궐에서 민가까지 거의 모두 예제와 밀접한 관계를 맺고 있다. 중국사회는 전통적으로 씨족과 혈연의 종법 관계로 연결되어 있어서 삼강오륜과 종속 관계 개념이 건축에 담겼기 때문이다. 9천여 칸의 자금성도 칸이라는 사합원(四合院) 형태의 공간들이 결합되면서 만들어졌는데, 좌우대칭 속 남북의 긴 축선은 황제의 권력과 힘을 상징한다. 중국의 옛 성들의 남쪽 문인 남문은 손님을 맞이하는 곳으로서 예의지문으로 칭했다. 서울 남대문의 본래 명칭이 숭례문(崇禮門)인 이유도 여기에 있다.

『주역』에 근거하여 자연의 법칙과 사회질서를 조화롭게 연결한 건축도 많다. 폐쇄 구조와 객체에 치중한 서양 건축과 달리 객체의 형태와 자연과의 조화를 강조하는데, 예를 들면 궁중건축물 모두 음양오행에 근거하여 오방, 오색, 오시, 오음, 오미 등 오행에 맞추고 있다. 자금성의 색은 황색으로서 황제가 중앙에 위치함을 나타내고, 청색과 황색이 상극이기 때문에 푸른 나무가 중앙 부위에는 없다.89 중국 건축은 주로 나무를 재료로 사용하였는데, 오행 중 나무만이 생명체이기 때문에 살아있는 사람이 사는 곳에는 나무를 사용하였다.

영화 <와호장룡>의 배경이 된 안후이성 황산의 가옥들은 마당을 양(陽)으로 보아 마당 위 지붕을 뚫어 하늘로부터 양기를 받을 수 있도록 구성하였다. 하늘에서 내려오는 양기를 충분히 받을 수 있도록 마당에는 식물을 심지 않았다. 베이징 천단 기년전의 금속 꼭지가 달린 3층의 둥그런 처마는 마치 천체와 일체가 되는 듯한 느낌을 주는데, 땅 위의 건축과 하늘의 연결을 꾀함으로써 하늘에 제사 지내는 제단의 역할을 강조하고 있다.

건축 터의 기준과 인식도 엄격했는데, 주로 음양오행에 기초한 풍수사상이 건축의 입지와 배치에 적지 않은 영향을 미친다. 난징의 자금산에는 명 효릉과 장군석상, 쑨원의 묘, 오나라 손권의 묘 등이 안치되어 있다. 그 터가 동으로는 용의 형세고 서로는 호랑이 형세이기 때문이다. 시안의 진시황릉 뒤에는 여산(驪山)이 있고, 앞에는 위하(胃河)가 있으며, 오른쪽에는 황금, 왼쪽에는 옥이 많이 생산되는 곳이 위치하고 있다. 중국에서 친산근수(親山近水) 즉 배산

89 음양오행에 의하면 목(청)-화(적)-토(황)-금(백)-수(흑)로 중앙에는 노란색이 자리한다. 그래서 과거에는 황제와 공자 가족 및 사찰에서만 노란 금색 사용을 허가하였다.

임수(背山臨水)의 명당에 대한 애정과 집착이 강하다. 터가 불완전한 곳은 물길을 내거나 나무를 심어 인위적으로 풍수지리를 유리하게 만들기도 한다.

생활방식의 변화가 주거문화의 변화로 이어지기도 한다. 당, 오대 전까지는 좌식습관이 보편화되다가 명·청 시기부터 의자와 침대 등 가구가 들어오면서 입식생활로 바뀌고 내부공간과 창의 크기와 높이 등 건축물 입면에도 변화가 왔다. 무릎 꿇고 앉거나 양반다리 하는 좌식생활이 불편해지면서, X자 모양의 휴대용 나무의자를 휴대했다가 필요시에 펴서 앉는다. 한국을 처음 방문하여 좌식을 하게 되는 중국 손님은 배가 눌리고 다리에 쥐가 나서 벌 서는 느낌이라고 할 정도로 불편해한다.

사람들의 기질과 지역 환경에 따라 건축 특징이 달라지기도 한다. 강남의 장쑤성과 저장성의 가옥은 지붕 끝 부분이 하늘을 향해 솟아오른 모양을 하고 있다. 이는 남방인들의 경쾌하면서도 생기 있고 활달한 성격을 반영한다. 쑤저우 졸정원, 사자림 등에서는 강남 정원의 풍격은 정교하고 배치가 세밀한 점이 나타난다. 정자 안에서 다양한 창문을 통해 본 바깥 모습은 춘하추동과 자연현상의 변화를 느낄 수 있도록 설계되어 있는데, 작은 물건 속에서 큰 세계를 보도록 유도하는 지혜가 엿보인다. 물 위에 떠있는 듯한 정자와 회랑의 청담, 소박한 느낌은 정(靜) 속에서 동(動)을 깨닫게 한다. 강남 정원 건축문화 예술을 통해 강남인의 세심하고도 정교한 마음을 읽을 수 있다. 강남의 원림건축은 대칭구조와 현실적 속박에서 벗어나 나무와 벽돌, 그리고 석조 장식이 어우러지며 자유로운 공간을 만들어내고 있는데, 하늘과 사람이 하나라는 천인합일의 사유가 배어있다.

한편 북방지역 건축물은 규모 면에서 크고 웅장한 점이 특징이다. 과거 아방궁은 남북 50km의 거대한 규모였다고 한다. 또한 날씨가 차갑고 바람이 많이 부는 베이징과 그 주변 허베이 지역은 전통 민가양식인 사합원 구조의 가옥이 많이 남아 있다. 사방을 방이나 벽으로 둘러치고 안쪽에 정원이 있는 ㅁ 자 모양으로 원, 명, 청 시기에 많이 지었다. 조금 보수적이어서 폐쇄적인 가옥을 선호했고 흉노, 동호, 선비, 오환, 말갈, 거란, 여진 등 이민족 침입에 대한 방어심리도 작용을 했을 것이다. 추운 날씨 덕분에 캉(炕)이라는 온돌 구조도 존재한다.

푸젠성 샤먼의 토루 승계루

토루 내부

예외적으로 남쪽 푸젠성 등지에 토루(土樓)라는 둥근 또는 사각 형태의 벽에 안쪽에는 여러 층이 있고 창문이 작은 건축양식이 있다. 토루는 객가인(Hakka, 커자런)이 북방에서 피신 내려와 남쪽에 터를 잡고 외부의 침입을 막기 위해 고안한 폐쇄형 건축양식이다. 남방은 개방적 양식, 북방은 폐쇄적 양식을 선호하지만 토루는 예외적이다.

이밖에 몇몇 지역에는 특징적인 건축문화가 존재한다. 안후이성 후이저우 상인(徽商)의 가옥은 청기와와 흰색 벽이 특징인데, 장사를 하는데 있어서 절대 속이지 않고 청렴하게 하겠다는 의지가 담겨있다. 진상(晋商)과 더불어 중국 2대 명문 상인으로서의 마음가짐이 엿보인다. 이와 함께 안후이성 황산 둔계시에는 패루(牌樓) 즉 패방(牌坊)이 많이 보인다. 포상현상서방(鮑象賢尙書坊), 절효방(節孝坊), 효자방(孝子坊) 등 충신과 열녀 및 효자를 기리는 기념문인데, 그 당시 중국의 선조, 효자, 열녀에 대한 존경을 엿볼 수 있다.

중국 전통 가옥의 실내 침실에는 복(福), 수(壽), 녹(祿), 희(喜) 글자가 쓰여 있는데, 이는 현실가치를 추구하는 심리를 읽을 수 있다. 복과 장수를 바라며 대청마루의 우측 기둥에 "복여동해장류수(福如東海長流水)", 좌측 기둥에 "수비남산불로송(壽比南山不老松)"이라는 글귀를 적어놓는다. 동해 바다의 물이 오래도록 길게 흐르듯이 항상 복이 다가오고, 남산의 늙지 않는 소나무처럼 장수하기를 비는 문구다.

건축 형태는 당시 사람들의 지혜가 담겨있다. 시안의 옛 성곽은 성벽이 사각형이면서 동서남북에 각각 하나씩 돌출한 옹성(甕城)이 있는데, 적이 쳐들어오면 옹성문을 닫아 적을 가둔 후 유효거리 내에 쌓아올린 성벽 위에서 화살 공격을 할 수 있게 설계된 건축물이다. 옹성 양식은 고구려 성곽 모형에서 벤치마킹하였다는 점은 흥미롭다. 성 밖으로는 물길이 보이는데, 실은 적이 공격해올 때 기름을 흘려보낸 후 불을 질러 성 진입을 저지하기 위한 용도다. 성벽과 하천 거리는 약 120m로서 화살 유효거리를 넘어서서 방어에 유리하도록 설계되었다. 빈번했던 전쟁에 대비한 일념이 건축물에 잘 녹아들어있다.

불가사의한 건축물로는 만리장성과 함께 산시성 항산(恒山)의 현공사(懸空寺)를 들 수 있다. 지상에서 100-150m 높이의 돌산 낭떠러지 중간에 껌을 붙여놓은 듯 걸려있는 사원은 탄성을 자아내게 한다. 위진남북조 북위 시기에 도교, 유교 그리고 불교를 결합해 만든 현공사는 하늘에 가장 가까운 곳에 짓고자 하는 의도에서 만들어졌다. 오로지

항산 현공사

나무만을 사용하여 나무기둥 3분의 2를 낭떠러지 안쪽에 박고 그 기둥의 지탱하에 건축물을 올렸다. 위쪽 낭떠러지가 앞으로 튀어나와서 햇빛과 비바람으로부터 보호하는 역할을 하고 있다.

근대화 과정 중에는 아편전쟁과 난징조약, 2차중영전쟁과 베이징조약 이후 홍콩과 마카오가 영국에 할양되면서 홍콩, 마카오, 광둥 지역은 영국식 건물양식이 많이 들어선다. 신해혁명과 중화민국 건립 이후부터 태평양전쟁이 끝날 때까지는 서구열강의 침입으로 조차지가 된 상하이에 무역회사들이 진출하면서 유럽식 건물들이 들어서기 시작하였다. 산둥 칭다오는 독일의 조차지가 되면서 독일식 건축이 많이 지어졌다. 헤이룽장 하얼빈은 러시아와 인접한 관계로 하얼빈 중앙대가(中央大街) 주변으로 성당과 은행 등 러시아식 건물이 많다. 남부 푸젠성 샤먼은 구미로 이주했던 화교들이 귀향하면서 서구식 건축물을 많이 지은 관계로 이국적 모습을 보여준다.

타이완은 17-19세기에 영국, 네덜란드, 포르투갈의 진출로 다양한 유럽식 건축양식이 남아있다. 타이베이 근교 단수이의 홍마오청은 영국 빅토리아여왕 시기 당시의 건축양식으로 지었기 때문에 지금도 영국식 건축양식을 엿볼 수 있다.

중국은 고래로부터 대동사상을 간직하고 있어서 자신들이 중심이라는 사고 속에서 외래의 것을 수용하고 포용하였다. 건축도 서구 양식을 적극 수용하고 중국화 하여 정착시키려고 노력하였다.

적극적인 수용과 융합의 힘이 공존과 융합의 형태로 나타난다. 서북 간쑤성의 이슬람 사원 청진사 모습을 보면 천장은 중국식 기와 천장으로 장식하고 있다.

소수민족 거주 지역에는 나름대로의 주거양식이 나타난다. 네이멍구 초원지대에는 지지대를 세우고 천막을 씌운 '멍구바오' 또는 '게르'로 불리는 천막집이 있다. 이동하며 생활하면서도 머문 땅을 존귀하게 여겨 해치지 않고 보존하려는 자연관이 배어있다. 황토고원의 동굴 흙집은 지역 자연환경에 맞춰 겨울은 따뜻하고 여름은 시원한 토양의 특성을 최대한 이용한 주거형태다. 서남 둥족(侗族)의 고상건축은 습기가 많고 침수가 잘 되는 지역 상황과 독충의 피해를 고려하여 바닥을 지면에서 분리하여 지은 형태다. 마을마다 광장이 있어서 공동체 유대감도 보여준다.

사합원

중국의 건축문화도 도시화와 함께 변화를 겪고 있다. 전통 사합원(四合院)은 단독가구로 이어오다가, 신중국 건립 후에는 혈연관계가 없는 몇몇 가족이 고락을 함께 하며 거주하는 다세대 주택으로 바뀌었다. 베이징의 옛날 골목 후퉁(胡同)을 거닐다보면 사합원을 많이 보게 되는데, 사합원은 유가사상에 기초한 중용과 조화를 숭상하는 실학관념, 장유유서에 기초한 계급의식을 나타내는 대표적인 민가 구조다. 하지만 이후 평방(平房)이라는 이름의 공동주택으로 주거문화가 바뀌고 현대식 빌딩이 들어서면서 조화와 평등, 화해의 상징인 사합원 대신 편리하면서도 개인적인 고층아파트가 그 자리를 메우고 있다.

현대식 건물은 전통 양식과는 또 다른 풍격을 지닌다. 베이징 왕

베이징 후퉁

푸징, 상하이 푸둥과 난징루 등 번화가의 현대식 건물과 산둥 옌타이와 웨이하이 해변 휴양도시의 빌딩, 칭다오의 별장식 건물은 개성을 강하게 추구한다는 점이 특징이다. 한 예로 옌타이는 시정부에서 같은 모양의 건물을 짓지 못하도록 규제하기 때문에 건물 모양새나 구조는 다양하고, 밤이면 지붕 쪽을 향해 조명을 쏘아올림으로써 야경의 화려함을 극대화시키면서 조명과 건축의 하모니를 창조하고 있다.

6) 다양하고 독특한 음식문화

(1) 다양한 음식

중국은 음식천국이다. 두부로 만든 음식만 해도 수십 가지가 넘을 정도로 음식 종류가 많고 조리법이 다양하다. 프랑스 요리와 함께 세계 2대 음식으로 평가받는 중국요리는 환관요리의 역사라는 평가도 있는데, 남성 콤플렉스에 대한 보상심리로 음식에 탐닉하면서 요리가 발전했다고 한다. 중국의 식사 음식은 주식과 부식으로 나뉜다. 남방은 쌀이 주식이고 북방은 밀가루 음식이 주식이며, 부식은 각종 육류와 채소다. 색, 향, 미, 형과 함께 영양도 추구하기 때문에 식사법이 미학적이고 과학적이며, 풍성한 음식을 즐긴 후에는 차로 마무리한다. 보통 의식주라고 말하는데, 중국은 식에 중점을 둔 식주의라고 할 수 있다. 지금도 고복격양(鼓腹擊壤, 배를 두드리며 태평을 만끽), 이식위천(以食爲天, 먹는 일이야말로 생활의 근본)이라는 말이 자주 쓰인다.

광활한 중국은 지역마다 환경이 달라서 토산품도 각각 다르다. 경제와 문화의 차이가 생기면서 지역의 음식문화도 특징을 달리한다. 지역별로 광둥음식(廣東菜, 粵菜), 쓰찬음식(四川菜, 川菜), 산둥음식(山東菜, 魯菜), 산둥음식 영향을 받은 베이징음식(京菜), 장쑤음식(江蘇菜, 蘇菜), 후난음식(湖南菜, 湘菜), 푸젠음식(福建菜), 안후이음식(安徽菜)와 저장음식(浙江菜) 등 9대 음식으로 분류한다.

광둥음식는 광저우, 후저우, 동강 세 지역에서 형성된 음식으로서 대도시에는 빠짐없이 광둥음식점이 있고, 중국뿐만 아니라 세계적으로도 유명하다. 해산물과 기이한 재료를 이용하여 담백한 맛을 내는 점이 특징이고, 우리에게 익숙한 딤섬(點心)도 광둥음식 중 하나다.

쓰찬음식은 청두(成都), 쓰촨에서 분리된 직할시 충칭(重慶) 두 지역에서 형성된 음식으로, 매운 맛으로 생강, 고추, 산초 계열의 화초가 들어가는 것이 특징이다. 분지라는 특성상 겨울에 춥고 습하여 몸속의 습을 제거하기 위해 매운 음식이 발달하였다. 온도 유지를 위해 기름을 둥둥 띄운 빨간 매운 육수에 가재가 들어있는 사오룽샤(小龍蝦)와 수이주러우펜(水煮肉片), 마포더우푸(麻婆豆腐), 위샹러우쓰(魚香肉絲)는 어디서나 맛볼 수 있으며, 외국인들도 선호하는 음식이다.

쓰촨음식 중 잘 알려진 음식은 쓰촨훠궈(四川火鍋)다. 훠궈(火鍋)란 전골인데, 매콤한 육수에 야채와 해산물, 고기, 두부와 면류를 넣어서 익혀 먹는데 샤브샤브와 달리 얼얼하게 매운 편이다. 정통 훠궈를 먹으면 견디기 힘들 정도로 매워서 타 지역에서는 매운 맛을 순화시켜 손님에게 내놓는다. '쓰촨훠궈를 먹으며 장강삼협을 유람하는 것'을 단꿈으로 여긴다는 말이 있을 정도로 훠궈는 유명하다.

산둥음식은 지난과 자오둥 지역에서 형성된 음식으로서, 주변이 바다여서 조개류인 허(蛤), 복어인 허툰(河豚), 해파리인 하이저(海蜇), 개불인 하이창(海腸), 생선대가리인 위터우(魚頭), 조기인 황화위(黃花魚) 등 해산물로 만든 요리가 많다. 칭다오(青島)에서는 바오하이선(爆海參)과 변발 모양의 볜쯔위(辮子魚)를 즐길 수 있다. 더저우의 우샹바지(五香扒鷄)는 뼈까지 먹을 수 있도록 식감이 부드러운 점이 특징이다. 산둥지역 음식은 다소 짭짤한 편이다.

상하이 개구리볶음

상하이, 쑤저우, 항저우 등지의 장쑤 음식은 맛이 비교적 달달하고, 민물 게, 백어, 붕어 등 민물생선으로 만든 음식이 많다. 항저우의 샤오룽바오나 곰보두부조림은 일본음식처럼 살짝 달짝지근한 맛이 난다. 상하이 톈쯔팡(田子坊) 근처 왕샹러우(望鄉樓) 등 장쑤 음식점은 식감이 진짜 전복과 흡사한 식물로 만든 전복요리, 개구리볶음, 간장고기조림이 들어간 만두인 훙사오러우바오(紅燒肉包) 등 다양한 음식으로 강남의 맛을 지키고 있다.

베이징음식은 정치문화 중심지답게 각지 음식들이 모이면서 특색 있는 일품음식이 만들어졌다. 청 건륭제가 만한전석이라는 궁중음식을 만든 이후 궁중음식의 전통을 계승하고자 음식을 정성을 다해 세밀하게 만드는 데 힘을 쏟는다. 서태후는 상어지느러미에 탐닉하면서 해산물을 먹지 않던 만주족 풍습을 깨면서 식재료가 다양해졌다. 유명한 음식은 베이징오리구이 카오야(烤鴨, Peking duck)

만한전석(滿漢全席)

와 양고기 샤브샤브 솬양러우(涮羊肉)다. 바삭한 오리 껍질을 가장 맛있는 부위라 여기며 오리껍질을 얇은 전병 위에 놓고 양념장을 바른 후 채 썬 파를 넣어 쌈으로 먹는다. 베이징 양고기 샤브샤브 솬양러우(涮羊肉) 이름에는 '씻다'를 의미하는 '솬(涮)' 자가 들어가는데, 이는 고기를 육수에 살짝 씻듯이 데친 후 건져내어 양념장에 묻혀서 먹는 방식이기 때문이다.

베이징 대중음식을 맛보려면 왕푸징과 새로운 먹자골목 구이제(鬼街)에 가면 된다. 둥즈먼 앞쪽 거리로서 관들이 오가면서 귀신거리, 도깨비거리라 불리게 되었는데, 후다(胡大)가 대표적인 식당이고, 양꼬치, 양갈비, 구운 요리 등 다양한 음식을 전통가옥인 사합원에서 풍미를 즐기며 공연도 볼 수 있는 화자이위안(花家怡園) 식당도 유명하다. 중국의 외식문화 규모는 한해에 640조원으로서, 이는 90년대 생들의 사회진출로 구매력이 강화된 것과도 관련이 있다.

중국음식은 기름진 편이고 채소도 기름에 볶아서 먹기 때문에 외국인들은 익숙하지 않다고 말하는데, 중국에서 야채를 볶아 먹게 된 이유가 과거에 물이 부족했기 때문이라고 한다. 음식의 차이로 중국에서 유학하는 한국학생은 설사로 고생하고, 한국에서 유학하는 중국학생은 변비로 고생한다는 말이 있을 정도다. 중국인 교환교수들은 대부분 교내식당에서 밥을 먹고 돌아서면 바로 배고프다고 이구동성으로 말하는데, 기름진 음식을 자주 먹어서 담백한 음식은 근기가 없다고 느끼기 때문이다. 중국인들이 기름진 음식을 먹는 것에 비해 살이 덜 찌는 이유는 함께 마시는 차가 기름기를 제거해주기 때문이다.

중국의 식습관은 음식이 하나씩 나온다는 점과 먼저 주요 음식들을 먹고 마지막에 주식인 밥, 국수, 만두와 탕을 먹는다는 점이 특징이다. 식당에 아닌 집에서 편하게 식사할 때는 밥과 반찬 그리고 탕을 함께 차려놓고 먹기도 한다. 중국인의 식사시간은 비교적 긴데, 담소를 나누면서 음식을 즐기는 습관 때문이다.

중국식당에서 무엇을 주문할지 모를 때는 가장 잘 하는 요리인 자오파이(招牌)가 무엇이냐고 물으면 된다. 중국에서는 돼지고기가 소고기보다 비싼 경우가 많은데, 물소(水牛)가 많아서 소고기 맛이 그리 좋지 않기 때문이다. 소보다는 돼지, 양, 닭, 오리를 재료로 만든 음식이 많다.90 참고로 '열구(熱狗)'라고 쓰인 식당이 있는데, 이곳은 따뜻한 개고기를 파는 곳이 아니라 말 그대로 '핫도그(hot dog)'를 파는 곳이다.

90 음식 이름 속에는 재료와 요리법이 들어있다. 차오(炒)는 볶음, 카오(烤)는 구이, 정(蒸)은 찜, 자(炸)는 튀김, 주(煮)는 삶음, 둔(炖)은 푹 고음, 젠(煎)은 지짐 또는 졸임을 나타낸다. 폔(片)은 얇게 저미는 것, 쓰(絲)는 채로써는 것, 콰이(塊)는 크고 두껍게 토막 내는 것, 딩(丁)은 정육면체로 썬 것을 나타낸다. 그리고 톈(甜)은 단맛, 쏸(酸)은 신맛, 라(辣)는 매운맛, 쿠(苦)는 쓴맛, 셴(咸)은 짠맛, 써(澀)는 떫은맛을 나타낸다.

우리의 입맛에 맞는 중국음식을 나열하면 다음과 같다:

전채: 쏸니황과(蒜泥黃瓜, 오이마늘무침), 화성(花生, 짭짤한 땅콩 볶음), 피단(皮蛋, 발효된 오리 알), 하이저(海蜇, 해파림 무침), 하이다이(海帶, 다시마조림), 차예단(茶葉蛋, 찻물로 달인 달걀), 더우푸간(豆腐乾, 간장에 절여 말린 두부)

주 음식 중 육류: 궁바오지딩(宫保鷄丁, 닭고기와 고추 및 땅콩을 볶은 쓰촨 음식), 위샹러우쓰(鱼香肉絲, 채로 썬 돼지고기와 버섯, 생강을 어향 소스로 볶은 음식), 징장러우쓰(京醬肉絲, 돼지고기 채를 간장으로 볶은 안후이 음식), 장바오지딩(酱爆鷄丁, 사각으로 썬 닭고기를 볶은 베이징 음식), 충바오양러우(蔥爆羊肉, 양고기와 파를 볶아 만든 베이징 음식), 쏸양러우(涮羊肉, 얇게 썬 양고기를 육수에 데쳐 먹는 베이징 음식), 샹자주파이(香炸猪排, 소스를 뺀 돼지갈비 튀김), 양파이(羊排, 양갈비), 지파이(鷄排, 닭갈비), 주티(猪蹄, 족발), 성차이카오러우(生菜烤肉, 상추 쌈 불고기), 탕추리지(糖醋里脊)와 구라오러우(咕咾肉, 탕수육과 비슷한 음식), 다쏸러우쓰(大蒜肉絲, 파와 고기 채 볶음), 양충러우쓰(洋蔥肉絲, 양파와 돼지고기 채 볶음), 베이징카오야(北京烤鴨, 베이징 오리구이), 둥포러우(東坡肉, 삼겹살을 간장에 푹 졸인 음식), 화장거우러우(花江狗肉, 개고기 전골), 무쉬러우(木須肉, 돼지고기 채와 목이버섯, 계란 등을 넣어 볶은 음식), 허바오단(荷包蛋, 계란 프라이),

주 음식 중 두부류: 마라더우푸(麻辣豆腐, 두부에 매콤하고 진한 마라 소스를 얹은 음식)와 마포더우푸(麻婆豆腐, 마라두부보다 조금 덜 매운 두부), 자창더우푸(家常豆腐, 간장에 조린 두부), 시스더우푸(西施豆腐, 미인 서시 명칭을 딴 달콤한 두부)

주 음식 중 생선류: 더우반위(豆瓣魚, 생선 위에 중국식 된장인 더우반장을 얹은 쓰촨 음식), 탕추위(糖醋魚, 새콤달콤하게 튀긴 생선

위에 새콤달콤한 소스를 얹은 음식), 창위홍사오(鯧魚紅燒, 병어조림), 홍사오리위(紅燒鯉魚, 잉어조림), 충유리위(葱油鯉魚, 파를 얹은 잉어 기름 볶음), 하이셰(海蟹, 게 볶음), 산베이(扇貝, 조개 볶음), 스진하이셴(什錦海鮮, 해산물 모둠), 샤런차오단(蝦仁炒蛋, 새우 계란 볶음)

주 음식 중 야채류: 주차이사오단(韭菜燒蛋, 부추 계란 볶음), 시홍스차오지단(西紅柿炒鷄蛋, 토마토 계란 볶음), 쏸라바이차이(酸辣白菜, 맵고 시큼한 중국식 김치), 투더우쓰(土豆絲, 감자채 볶음), 쏸차오칭차이(蒜炒青菜, 마늘 채소 볶음), 허란더우(荷蘭豆, 녹색의 넓은 콩 껍질 볶음), 간볜쓰지더우(乾煸四季豆, 길고 둥그런 콩 껍질 볶음), 샹구유차이(香菇油菜, 버섯과 청경채가 들어간 볶음), 차오보차이(炒菠菜, 시금치 볶음), 뤼더우야(綠豆芽, 숙주나물), 차오주차이(炒韭菜, 부추 볶음), 샹구칭차이(香菇青菜, 버섯과 채소 볶음)

주식: 수이자오(水餃, 물만두), 궈티알(鍋貼兒, 군만두), 샤오룽바오(小籠包, 육즙이 많은 만두), 칭탕몐(清湯麵, 맑은 국수), 자장몐(炸醬麵, 자장면), 뉴러우몐(牛肉麵, 소고기탕면), 양저우차오판(揚州炒飯, 야채와 고기를 볶은 볶음밥), 단차오판(蛋炒飯, 계란 볶음밥), 미판(米飯, 쌀밥), 위폔저우(魚片粥, 생선살 죽), 시판(稀飯, 묽은 쌀죽)

탕: 쏸라탕(酸辣湯, 버섯, 죽순, 선지를 맵고 새콤하게 끓인 탕), 쯔차이지단탕(紫菜鷄蛋湯, 김이 들어간 계란탕), 시홍스지단탕(西紅柿鷄蛋湯, 토마토 계란탕), 단화탕(蛋花湯, 계란탕), 싼셴탕(三鮮湯, 신선한 해산물탕), 위터우탕(魚頭湯, 생선대가리 탕)91

91 이밖에 칭자오러우쓰(青椒肉絲), 후이궈러우(回鍋肉), 비무위(比木魚), 바쓰디과(拔絲地瓜), 샹쑤관빙(香酥灌餅), 쿠과(苦瓜), 카오방쯔(烤棒子), 파샤(爬蝦), 지웨이샤(鷄尾蝦), 자위탕(甲魚湯)도 먹을 만하다.

(2) 독특한 식문화

중국의 독특한 식문화 특징으로는 첫째, 중국에서도 개고기를 먹는다. 동북지역과 산둥성 칭저우, 광둥성 및 소수민족이 많이 거주하는 구이저우성 등에서 즐겨 먹는 편이다. 동물병원으로 착각할 정도로 여러 종류의 개를 그려놓은 간판을 걸어놓고 팔기도 하고, '향육(香肉)'이라고 써 붙여놓고 파는 식당도 있다. TV에서는 개고기 요리를 만드는 과정을 요리시간에 방영하기도 한다. 명나라 이시진의 『본초강목』에도 개고기 약효가 기록되어 있다. 풍습을 제거하고 신체를 따뜻하게 한다고 하여 겨울에 주로 먹으며, 차게 만들어 먹는 점이 특징이다.

거위 요리

티베트 야크 혀 요리

비둘기 튀김

우루무치 양내장꼬치

둘째, 비둘기(鴿)로 음식을 만든다. 시장에서 산비둘기를 사와서 집에서 요리해서 먹는 경우도 많다. 거위로 만든 음식도 즐긴다. 양의 내장 등을 탕에 넣고 끓인 전양탕(全羊湯)과 양꼬치도 대중화한 음식이다. 서쪽 고원 티베트 지역에서는 야크 고기 음식이 보편화되어 있다.

둔황 구육탕면

둔황의 당나귀 완자

셋째, 간쑤성, 산시성 등 강북지역에서는 당나귀 고기도 즐긴다. “하늘에는 용고기가 있고, 땅에는 당나귀고기가 있다(天有龍肉, 地有驢肉)”는 말처럼 예로부터 최고의 고기로 여겨온 것이다. 청 왕조 마지막 황제 푸이의 식단에도 보면 당나귀 요리가 항상 들어있을 정도다. 당나귀고기로 완자, 면의 소, 탕수육 등을 만들어 먹는데, 맛은 칠면조와 소고기를 합쳐놓은 듯 부드러우면서 독특하다.

넷째, 과거에는 곰발바닥(熊掌) 음식이 있었지만, 지금은 곰 포획이 금지되어 낙타발(駝掌) 음식으로 대체되었다. 낙타발은 부드러운 도가니와 힘줄의 식감이 난다. 또한 제비집, 전복, 상어지느러미 음식은 고급요리로서 식당에서는 ‘연포시(燕鮑翅)’라고 써놓고 판매한다. 최근에는 상어지느러미 대신 도미지느러미를 개량하여 사용하기도 한다. 어두육미라 하여 대가리 부위가 맛있다고 여기지만, 중국은 배 부위를 가장 맛있는 부위로 여겨 손님에게 배 부위를 우선적으로 대접한다.

다섯째, 만두전문점에서 파는 만두 종류는 상당히 많다. 시안의 교자연(餃子宴), 교자성(餃子城) 또는 덕발장(德發長) 같은 식당에서는 수십 종의 만두를 판다. 독특하게 밀가루를 발효해서 만든 톈진 구불리(狗不理)만두도 유명하다. 소 역시 부추, 고기, 생선, 새우, 개불, 배추, 달걀 등 다양하다. 만두식당에서는 접시나 개수로 가격을 책정하지 않고 무게에 따라 가격을 매긴다.

여섯 번째, 중국도 쓰촨성과 충칭, 후난성, 산시성, 장시성 등 몇몇 지역에서는 상당히 매운 음식을 선호한다. 청양고추보다 매운 쓰촨 고추를 통째로 넣어 볶거나 튀긴 음식이나 시뻘건 매운탕 육수는 상당히 맵다. 매움의 종류도 달라서 산시성 음식은 시큼하면서 맵고(酸辣), 후난성 음식은 그냥 맵고(乾辣), 쓰촨성 음식은 얼얼하게 맵다(麻辣)고 표현한다. 후난성 사오산(韶山)이 고향인 마오쩌둥은 평소 매콤한 생 고추를 밥반찬으로 즐겼고 매운 맛을 모르면 혁명을 할 수 없다고 말할 정도로 후난 사람들의 고추 사랑은 대단하다.

매미, 전갈, 귀뚜라미, 메뚜기, 애벌레 튀김

불가사리 튀김

일곱 번째, 일반적으로는 날것을 잘 안 먹지만, 산둥이나 광둥 해안지역 사람들은 새우, 해파리, 개불, 해삼 등 특정 해산물을 생으로 먹고, 대도시에서는 연어(鮭魚)회나 참치회를 즐기는 편이다. 인구에

'회자(膾炙)'된다고 할 때의 '회(膾)'는 바로 잘게 저민 날 생선을 의미하니까 중국인들은 예로부터 회를 먹어왔던 것이다. 이밖에 불가사리, 전갈, 누에애벌레(蚕), 매미 튀김도 즐긴다. 말린 불가사리를 주문하면 고온의 기름에 튀기는데, 껍질은 노가리 맛이고 안쪽은 게 내장 맛이라 우리 입맛에 맞는 편이다. 뼈 속 골수를 빨대로 빨아 먹는 음식도 있고, 오리혓바닥 튀김, 오리대가리와 오리목 조림 등도 즐긴다.

불가사리

여덟 번째, 식당의 음식값은 싼 편이며, 우리 돈 500원이면 먹을 수 있는 '삼원(三元)'식당도 있다. 중산층 이상이 이용하는 식당의 음식 가격은 우리와 별반 차이가 없지만, 내용은 훨씬 풍부한 편이다. 다만 고급식당과 달리 값싼 식당을 이용할 때는 위생에 유념해야 한다. 재료가 저렴한 편이라 직접 해 먹는 경우에 풍성하게 만들어 먹을 수 있다.

(3) 짬뽕, 기쓰면, 라면

우리는 생활 깊숙이 다가와 있는 중국 음식 이름의 의미나 어원을 잘 모르고, 때로는 그 이름조차 제대로 사용하지 않는 경우가 많다. 100여 년 전 산둥 지역 중국인들이 한반도로 이주한 후 화교로서 우리와 함께 생활하면서 그들의 고향 음식을 자연스레 전파하였고, 우리는 이들을 친숙하게 여기면서 특별히 호기심을 가지지 않았던 것 같다. 친숙한 음식인 만큼 그 어원과 유래를 올바르게 알고 오해 부분은 제대로 고쳐서 사용해야 한다.

짬뽕은 국민 음식으로 자리 잡은 지 오래지만, 이 음식이 중국식당에서 팔기 때문에 중국에서 유래한 것으로 알고 있다. 그런데 중국을 아무리 돌아다녀 보아도 짬뽕 파는 곳은 찾아보기 힘들다. 이 음식이 중국 전통 음식이 아니기 때문이다.

그 유래를 보자. 일본 나가사키에 거주하는 중국 화교 천핑순(陳平順)이 중화요리 식당을 운영하면서 가난한 중국인 유학생을 위해 육수에 야채와 해산물 및 채 썬 고기를 푸짐하게 넣고 면을 풀어 맑은 우동과 흡사한 음식으로 만들어 싸게 팔면서 시작되었다. 식당 셰프는 중국 푸젠성에서 온 남방인이라 민난(閔南) 방언을 사용하였다. 이마 당시 식당에서 이 음식을 만든 후 중국인 손님에게 '법먹어'라는 의미의 민난 방언 '자뽕'이라는 말을 썼을 텐데, 이를 들은 일본인 손님이 '어? 이 음식 이름이 잠퐁(참퐁)인가?'라고 생각하면서 이 음식 이름이 잠퐁으로 불리게 되었다고 한다.92

이후 이 잠퐁은 일제강점기에 한국을 왕래하는 일본인들이 찾으면서 중국식당에서 팔리게 되고, 음식 이름은 된소리가 가미된 짬뽕으로 바뀐다. 아울러 매콤한 맛을 선호하는 한국인들을 위해 맑은 육수 대신 고춧가루가 많이 들어간 빨간 육수로 탈바꿈한다. 중국에서는 팔지 않고 한국의 중국식당에서 파는 이 음식은 중국의 남방인이 일본에서 개발하여 만들었고 이후 한국에서 명칭이 바뀌면서 매운맛의 면 요리로 바뀐 것이다. 과연 이 음식은 중국 음식일까? 일본 음식일까? 아니면 한국 음식일까? 개개인의 판단에 맡길 따름이다.

흥미로운 점은 중국에서는 별로 먹지 않는 일본식 노란 단무지 즉 다꾸앙이 한국의 중국식당에서는 짜장면, 짬뽕, 우동 등 면 요리

92 일본어로 '한데 섞음'을 뜻하는 '잔폰(ちゃんぽん)'이라는 이름을 붙여 부르다 오늘날의 '짬뽕'이 되었다는 설도 있고, 차이나(China)의 차와 일본을 뜻하는 니폰의 폰이 합쳐져서 찬폰에서 출발했다는 설도 있다.

에 따라 나온다.93 아마도 당시 한국을 찾은 일본인이 면 요리와 함께 그들이 즐기는 다꾸앙을 요구하면서 자연스레 정착되었을 것으로 추측된다. 중국식당에서 중국 음식과 함께 단무지 즉 다꾸앙을 먹는 모습은 한국에서만 볼 수 있는 풍경이다.

다음으로 '기쓰면'은 한자어가 '계사면(鷄絲麵)'이다. 즉 닭 뼈를 우려낸 육수에 닭고기를 실(絲)처럼 가늘게 썰어 면과 함께 넣어 끓인 닭살 국수를 말한다. 그런데 이 기쓰면의 표준 중국어 발음은 '지쓰멘'이다. 그러면 '기쓰면'은 어떻게 나온 말일까? 바로 표준 중국어 발음 '지쓰'는 산둥 방언으로 '기쓰'로 발음한다. 당시 산둥인들이 들어와 만든 음식 이름에 산둥 방언이 들어간 것은 당연한 일일 것이다. 산둥인은 헤어질 때 인사인 표준음 '짜이젠(再見)'을 '짜이겐'으로 발음하듯이 '지'를 '기'로 발음한다. 면은 멘의 한국식 발음이다. 산둥 방언 기, 표준음 쓰, 한국식 발음 면이 결합하여 기쓰면이 된 것이다. 그렇다면 기쓰면은 지쓰멘 또는 아예 온전한 한국식 발음으로 '계사면'이라고 하는 것이 일관성 있는 명칭이 될 것이다.

다음으로 일본에서 온 것이라 여겨지는 라면의 유래와 어원에 대해 살펴보자. 사실 라면의 원조는 중국으로서, 1,700여 년 전에 이미 만들어졌다. 라면의 한자어 어원은 '랍면(拉麵)'이다. 즉 면을 반죽한 후 길게 잡아당겨 만든 면발을 탕에 넣어 끓인 국수다. 라면의 중국식 발음은 '라멘'이다.

후에 일본이 1833년 메이지유신 기간에 만들기 시작하여, 2차대전 후 꼬불꼬불한 인스턴트 라면으로 개발하여 대중화시킨다. 라면의 일본식 발음은 '라멘'이다. 우리나라에는 1960년대에 들어와 '라면'

93 단무지인 다꾸앙은 일본 효고현 지방의 한 거사가 사철에서 무를 재료로 하여 절임음식을 만들었는데, 음식 이름을 짓는 과정에서 이 음식을 처음 만든 다꾸앙거사(澤庵居士)가 자신의 이름을 따서 지었다고 한다.

이라는 이름으로 대중화되었다. 우리가 먹는 라면은 일본으로부터 직접적인 영향을 받았지만, 본래는 중국에서 시작되었고 발음은 중국어의 '라(拉)'와 '멘'의 한국식 발음인 '면'이 결합하여 이루어졌다.

란저우 우육라면

중국에서 일컫는 라면은 잔치국수 면발처럼 면이 꼬불꼬불하지 않고 곧으며 육수는 소고기가 덩어리 채로 들어가고 매콤한 양념이 들어가 색깔이 벌겋다. 소위 우리가 말하는 라면은 중국에서는 팡볜몐(方便麵) 즉 방편면으로, 편리하게 즉석에서 만들어 먹는 면이라는 뜻이 담겨있다. 그래서 중국 학생이 한국에서 라면을 시켰는데 꼬불꼬불한 라면이 나와서 당황했다고 하는 이야기를 듣게 된다. 라면이라고 하는 용어의 의미가 중국은 곧고 매콤한 소고기탕 면이고, 우리는 꼬불꼬불한 즉석 면이며, 일본은 두 가지 면을 모두 포함하고 있다.

몇 가지 중국 관련 음식 이름의 유래와 어원을 살펴보았다. 이제는 명칭을 바꾸어 제대로 사용해야 할지, 아니면 그동안의 습관대로 그대로 사용해야 하는지 한 번쯤 생각해보아야 할 문제가 아닐까?

(4) 자장면, 짜장면

자장면(炸醬麵)의 한국식 발음은 '작장면'이 된다. '작(炸)'이란 폭발한다는 의미지만, 요리할 때 기름에 튀긴다는 의미로도 쓰인다. 기름에 튀기는 요리방법이 '작(炸)'이고, '장(醬)'은 중국 된장을 의미하니까 장을 튀기고 볶아서 면에 얹는 음식이 자장면의 본뜻이다.

자장면은 세월이 흐르면서 국민 음식으로 자리 잡았다. 모 기관에서 선정한 한국을 대표하는 이미지 100선에 들어가기도 하고, 중국에 여행 가서도 같은 맛의 자장면을 찾을 수 없기에 자장면은 한국화한 음식이라고 여기기도 하였다.

최초의 자장면 식당 공화춘

윈난성 국물자장면

그렇다면 자장면은 과연 한국 음식일까? 결론적으로 자장면은 원래 중국 음식이다. 산둥반도를 탐방하여 자장면 원류를 추적한 TV 프로그램이 방영된 적도 있는데, 결국 자장면은 원래 중국 음식으로서 존재해왔다.94 후에 우리나라 화교들이 캐러멜(caremel) 성분 등

94 중국 측 기록에 따르면, 자장면은 중국 10대 면 요리에 속하는 전통 면이다.. 베이징에서 기원하여 산둥, 톈진, 허베이성, 랴오닝성, 지린성 등 북방 지역에 전파되었다. 채소 고명과 자장을 면에 비벼 만든다. 오이, 참죽나물, 콩나물, 녹두, 황두를 썰어 삶아서 고명으로 준비해둔다. 다음으로 고기, 파, 생강을 기름으로 볶은 후 황장이나 춘장을 넣어 튀기듯 볶아서 자장을 완

을 첨가하며 한국인 입맛에 맞춘 달짝지근한 자장면이 나왔지만, 중국식 춘장이나 황두장을 사용하기에 맛의 변화를 준 당사자도 중국인이며, 주재료 역시 우리나라에서 대체 개발한 재료가 아닌 중국 된장인 춘장을 사용하기 때문에 중국 음식이라고 볼 수 있다.

인천 차이나타운에서 자장면이라는 산둥의 면 요리가 항구 노동자인 쿠리(苦力)에게 팔리다가 1930년대에 공화춘(共和春)[95]이라는 식당을 중심으로 판매되면서 우리나라에 이름이 알려지기 시작하였다. 이후 1948년 영화장유라는 식품 회사를 차린 화교 왕쑹산(王松山)이 한국인을 위해 중국 춘장에 설탕을 가열하여 만든 끈끈한 갈색 물질인 캐러멜을 혼합한 '사자표 춘장'을 개발하였고, 이후 6.25 전쟁 후 미국의 밀이 지원되면서 값싼 밀가루와 짜장 소스가 만나면서 자장면은 대중화된다.

이러한 자장면은 산둥 지방이나 베이징, 남쪽의 항저우 등을 위시한 지역의 웬만한 식당에서 주문하면 나오며, 타이완에서도 파는 곳이 상당히 많고 그 종류도 다양하다. 윈난성 다리에서 파는 자장면은 특이하게 국물이 들어있다. 네이멍구나 베이징의 몇몇 음식점에서 파는 자장면 맛은 우리식 자장면과 흡사하다.

중국 대륙의 자장면은 주로 고기를 잘게 다진 소가 들어가며 다소 짭짤하며 양도 적은 편이다. 면발은 다소 가늘고 설익은 듯한 느낌이며 작은 그릇에 담아 나온다. 반면 한국식 자장면은 달짝지근하고 소는 감자나 고기를 크게 썰어 넣어 양이 많으며 전분이 들어

성한다. 면을 익힌 후 건져내어 자장을 붓고 채소 고명을 얹으면 자장면이 완성된다.

95 자장면을 최초로 판 곳은 인천 중구 북성동 차이나타운 내 공화춘(共和春)이라는 식당이다. 원래의 식당이 있던 건물은 현재 전시관으로 활용되고 있고, 공화춘이라는 간판을 달고 운영하는 식당은 차이나타운 내 식당가에 위치한다. 짜장면박물관에 가면 자장면의 탄생과 그 역사를 알 수 있다.

가서 윤기가 흐르고 식감이 쫀득쫀득하다. 면발은 다소 두껍고 반죽이 잘 되어있으며 푹 익혀서 큰 그릇에 나온다. 한국에 체류하는 중국인들은 자신들의 자장면과는 달리 단맛이 강하다고 느껴 처음에는 좋아하지 않는 편이지만, 여러 번 맛을 본 후 익숙해지면서 상당히 즐기는 편이다.

한때 자장면의 음식 명칭에 대해 한차례 혼선이 있었다. 그동안 오랫동안 불러온 '짜장면'을 어느 날부터 정확한 한글 철자 표기에 맞지 않으니 '자장면'으로 호칭토록 교육부에서 추진한 것이다. 물론 이러한 한글 표기법은 중국어 단어의 한글 표기 시 규칙에 따라 된소리를 피하게 되면서 발음이 변경된 것이다.

다양한 중국식 자장면

올바른 철자로의 변경은 중국어 원음에 더 가깝게 해야 그 의미가 살아나는 것인데, 자장면의 원음은 '자지앙미엔'('자'는 권설음)

으로서, '짜장면'이나 '자장면' 모두 실제 원음과 차이가 나기는 마찬가지다. 굳이 정감 어린 발음인 '짜장면'을 '자장면'으로 바꾼다는 것은 혼란만 부추길 뿐 실효성이 없는 조치다. 아예 우리식 한자음인 '작장면'으로 바꾸자는 얘기도 나왔다. 다행히 자장, 짜장 모두 표준어가 되었다.

7) 젓가락 문화

음식이 발달한 만큼 음식을 전달하는 젓가락 문화도 발달하였다. 중국은 튀김 음식이 많고, 옆으로 음식을 전해주는 관습 때문에 젓가락이 긴 편이다. 중국학자의 젓가락 관련 글을 간략히 소개해보자.

중국 음식과 함께 젓가락도 유명해졌다. 젓가락 용도는 무궁무진하다. 헤집고, 잡고, 줍고, 튀기고, 심지어는 춤도 추고 점까지 친다. 불과 일곱 치의 나무 막대기가 이렇게 다양하게 쓰인다는 게 신기하지 않은가? 중국 사람들은 손을 중시했으며, 그로 인해 일찍부터 손 문화가 발달했다. 박물관에 가보면 정교한 유물이 많은데, 예를 들어 상아로 만든 공이 있는데, 그 공속에는 또 다른 공이 있다. 아홉 개의 공이 있는데, 흔들면 제각기 구르는 소리가 요란하다. 조그마한 쌀 한 톨에 수십 자의 한자를 새긴 것도 있다.

식문화에 있어서 한국은 반찬 담는 그릇이 제각각이고 크기도 작아 젓가락이 길지 않지만, 중국의 그릇은 대부분 커다란 접시이고 음식이 멀리 있어서 편하게 잡기 위해 자연스레 긴 젓가락을 사용하게 되었다. 젓가락 길이는 사람의 키에 비례하는데, 중국 내에서도 후난성 사람들의 키가 제일 크기 때문에 젓가락도 제일 길다.

원래 중국에서는 젓가락을 '箸'라고 쓰는데 발음은 '주'다. '주'는 '住'와 발음이 같은데, 중국에서 '住'라고 하면 '거주하다' 또는 '살다'의 뜻이 있지만 어떤 동작의 '정지(stop)'를 의미하기도 한다. 젓가락이 널리 사용되기 시작한 명나라 시기에 강이 많이 수상가옥이 많은 남방 사람들은 물고기를 잡고 살았기에 배가 잘 나아가지 않으면 안 되었다. 그런데 매일 사용하는 젓가락을 '주'라고 하니 '住'와 같게 들렸으므로 듣기 거북하였고, 이에 배를 빨리 몰자는 뜻의 '콰이(快)'와 음이 같은 '콰이(筷)'를 사용하여 젓가락을 지칭하기 시작하였다. 그래서 지금도 중국 사람들은 젓가락을 '콰이쯔(筷子)'라고 부른다.

젓가락에 얽힌 이야기도 많다. 『유림외사(儒林外事)』에 보면 범진(范進)이 과거에 급제하자 군수가 식사 대접을 하는데, 범진은 산해진미를 앞에 두고도 먹으려 하지 않자, 재빨리 눈치 챈 군수가 은수저를 상아 수저로 바꾸었지만 마찬가지였다. 이에 대나무 젓가락으로 바꾸자 먹기 시작했다. 범진은 상아 수저가 사치스럽다고 여겼던 것이다.

젓가락 때문에 죽은 사람도 있다. 한나라 때 주아부(株亞夫)는 성격이 몹시 급한 신하였는데, 내란에서 공을 세웠지만 국정에서는 천자 경제(景帝)와 의견이 맞지 않았다. 그는 병을 핑계로 사직하였는데, 이를 괘씸하게 여긴 경제가 그를 식사에 초대했다. 주아부가 가보니 고깃덩어리만 있고 젓가락이 없었다. 모욕을 느낀 그는 그길로 하직하고 나왔고, 그것을 구실로 경제는 그를 죽이고 만다.

젓가락이 영광의 상징이 된 예도 있다. 양귀비와의 사랑으로 유명한 현종에게는 송경(宋璟)이라는 명재상이 있었다. 한번은 현종이 그에게 금으로 된 젓가락을 하사했는데, 송경은 무슨 영문인지 몰라 어쩔 줄 몰라 하자 현종이 "경의 품행이 젓가락같이 곧아서"라고 했다고 한다.

재미있는 일화도 있다. 1989년 구소련의 서기장 고르바초프가 베이징을 방문했을 때 다. 덩샤오핑이 친절하게 젓가락 사용법을 고르바초프에게 가르쳐 주었다. 놀랍게도 고르바초프는 정확하게 사용했지만 막상 덩샤오핑은 음식을 떨어뜨리고 말았다. 젓가락에 대한 몇 가지 일화만 알고 있더라도 식사시간이 좀 더 풍요롭고 즐거워지지 않을까?

이상과 같이 중국 젓가락은 유서가 깊고 그 쓰임새도 다양했다. 중국 젓가락은 길고 나무젓가락이나 뿔 젓가락이 있지만 우리는 중국에 비해 짧고 쇠 젓가락을 주로 사용한다는 점에서 차이가 있다. 한국식 쇠 젓가락을 처음 접하는 중국인들은 습관이 되지 않아 무겁다고 말한다. 중국은 젓가락을 사용하여 주식을 먹지만, 한국은 주로 숟가락을 사용하여 주식을 먹는다. 중국 숟가락은 '탕츠(湯匙)'라고 하여 국을 떠먹거나 음식을 덜어 먹을 때, 또는 음식을 올려놓고 먹을 때 사용할 뿐이다. 모양새도 작은 국자처럼 움푹 파여 있다. 그래서 중국은 젓가락 문화이고 우리는 숟가락 문화다.

8) 음주문화

(1) 중국 술

지역마다 특색 있는 토속주가 생산된다. 고속도로를 지나다 보면 지역 명주를 홍보하는 술병 그림 간판들이 세워져 있는데, 술과 지역이 연결되어 있어서 병 모양만 보아도 어느 지역 술인지 알 수 있을 정도다. 지역별 술로는 베이징 훙싱얼궈터우주(紅星二鍋斗酒), 산둥성 취푸 쿵푸자주(孔府家酒)와 쿵푸옌주(孔府宴酒), 지난 바오투취안(趵突泉), 장쑤성 사양 양허다취(洋河大麯), 구이저우성 마오타이진

마오타이주(茅台酒), 산시성 펀양현 싱화촌 펀주(汾酒)와 주예칭주(竹葉淸酒), 저장성 사오싱의 황주 사오싱주(紹興酒)와 뉘얼훙(女兒紅), 쓰촨성 우량예(五糧液), 랑주(郎酒), 취안싱다취(全興大麯), 타이완 진먼 진먼다취(金門大麯), 광둥성 광저우 우자피주(五加皮酒) 등 다양하다. 중국 술은 도수가 높아 술잔이 작으며 기름진 음식에 어울린다.

마오타이주는 1970년대 미국과 중국 간 핑퐁외교의 화해 무드 속에 닉슨 미국 대통령이 방중하여 중국 지도자와 함께 마신 술로 유명하다. 현재 우량예, 수이징팡(水晶坊), 주구이(酒鬼)와 함께 중국 최고의 술로 각광 받고 있다. 댜오위타이(釣魚臺) 국빈주 마오타이주는 전통 기술로 만들어 공급하고 있으며 장향형의 53도 술로서 부드럽고 향기가 은은하다. 한때 마오타이주가 불룸버그가 집계하는 세계 사치품 주가지수 1위에 오른 것이 이를 방증한다.

사오싱 뉘얼훙

대륙과 타이완에서는 사오싱주도 인기가 많으며 그 역사가 오래되었다. 적황색을 띠고 있고 15도 정도로 청주와 비슷하며 세계 술품평대회에서 상을 받기도 하였다. 처음 맛보는 사람들은 간장 색깔과 한약 냄새로 친해지기 쉽지 않다. 사오싱주 중에 뉘얼훙(女兒

紅) 술이 있다. 이곳에서는 딸을 낳으면 이 술을 담아 마당에 묻어 놓았다가 딸이 시집갈 때 이 술을 꺼내 잔치를 벌인다고 한다. 주예칭주는 40도가량의 술로서 소흥주에 대나무 잎을 넣어 빚어서 색이 노랗고 독특한 향이 난다. 이 술은 입안에서 단 맛이 한참 머무는 특징이 있다.

중국 술은 크게 백주(白酒), 황주(黃酒), 노주(露酒)로 나뉜다. 백색 투명한 백주는 수수, 옥수수, 밀, 벼 등 곡물을 발효시켜 증류한 술이다. '빼갈(白乾兒)'(원음은 바이갈)이라고 부르는 고량주(高粱酒)는 색이 하얘서 백주로 통칭한다. 얼궈터우주, 쿵푸자주, 양허다취, 펀주, 마오타이주 등이 이에 속한다. 400년 역사의 전통술인 고량주는 지하에서 추출한 맑은 약수와 양질의 고량(高粱) 즉 수수를 주원료로 빚어 만드는데 술의 당도, 순도, 개운함, 향기가 독특하다. 일반적으로 40도로 만드는데, 주량과 취향에 맞춰 28도, 34도, 53도, 56도, 62도 등 다양한 도수의 술이 출시되고 있다. 병 포장으로 판매하지만 시장에서는 항아리에 각종 고량주를 담아놓고 무게를 달아 판매하기도 한다. 중국술이 독한 이유는 음식이 기름져서 균형을 맞추기 위해서다. 독하지만 순도가 높기 때문에 취기가 깔끔하게 가시는 개운함이 특징이다.

황주는 막걸리처럼 발효시킨 술로 독하지 않으며 사오싱주와 뉘얼훙이 여기에 속한다. 노주는 술에 약재를 넣어 증류시켰기 때문에 향이 독특하다. 주예칭주와 우자피주가 이에 속한다.

중국은 지역마다 자신만의 맥주를 생산하고 있어서 그 종류가 다양하다. 칭다오의 칭다오맥주, 베이징의 옌징맥주, 하얼빈의 하얼빈맥주는 잘 알려져 있고 쉽게 구할 수 있다. 하지만 기타 맥주들은 그 지역에서만 유통되기 때문에 접하기 힘들다. 산둥 웨이하이의

라오반(老板, Boss), 지난의 중더(中德)와 크리처, 칭다오의 진마이야(金麥芽), 간쑤성 란저우의 쉐화(雪花), 랴오닝성 다롄의 다롄간피(大連乾啤), 후베이성의 체로(Chero), 산시성의 시베이랑(西北狼), 네이멍구의 싸이베이펑(塞北風)과 쉐루(雪鹿), 허난성 카이펑의 캉리(康力), 안후이성 황산의 윈하이(雲海), 구이저우성의 마오타이(茅台), 윈난성의 다리(Dali)와 펑화쉐웨(風花雪月) 등이 대표적이다.

(2) 음주문화

중국의 음주 초대문화는 식당에서 엿볼 수 있는데, 우선 구색을 갖춘 식당 테이블 위에 기본적으로 와인 잔과 소주 잔 절반 크기의 고량주 잔이 자리마다 놓인다. 음식이 나오기 시작하면 종업원들은 테이블을 돌며 큰 잔에는 맥주 또는 포도주를, 작은 잔에는 고량주를 따른다. 손님끼리 술을 서로 따라주기도 하지만, 공식적인 술자리에서는 주인과 손님 모두 가만히 앉아 있고 종업원이 돌면서 잔 비우기 무섭게 술을 채운다. 술 따르는 번거로움 없이 편안하게 음주할 수 있는 점이 장점이다. 초대자는 식사 중간에 잔을 들고 환영사와 덕담을 하며 세 차례에 걸쳐 건배를 제의한다. 건배 제의는 이후 초대자의 부인이나 남편, 또는 직장 선후배가 돌아가며 각 세 차례씩 건배를 제안한다.

자기 술잔은 돌리지 않고 끝까지 사용하며, 술 따를 때는 술병을 두 손이 아니라 한 손으로 따르는 것이 관례다. 술이 잔에 남아 있어도 계속 첨잔을 하는데, 이는 논에 물이 없어 바닥이 보이면 좋지 않듯이 잔도 항상 채워 있어야 한다는 생각 때문이다. 두 손으로 잔을 들어 술을 받고 잔이 차면 위로 약간 올리면서 됐음을 표시하는 우리와 달리, 중국인들은 잔을 테이블 위에 그냥 놓아둔 채 상대방이 잔에 술을 따르는 것을 기다렸다가 잔이 차면 손가락으로 테이블을 몇 번 톡톡 두드림으로써 됐다는 표시와 감사의 표현을 동시에 전한다.

건배하는 경우에 서로의 잔을 부딪치는데 멀리에 있어서 잔을 직접 부딪칠 수 없는 경우에는 잔으로 테이블을 톡톡 치면서 팩스 보낸다는 의미의 "촨전(傳眞)"이라고 말한다. 산둥지역에서는 잔을 부딪칠 때 자신보다 연배인 경우, 상대에 대한 예의를 갖추기 위해 자기 잔을 상대 술잔보다 낮게 댄다. 표현을 과장하면 서로 예의 갖춘다고 경쟁적으로 잔을 낮추다가 땅바닥까지 몸을 숙여 잔을 맞추는 경우도 있다.

주당이나 술고래를 중국어로는 바다와 같은 양을 마신다고 하여 '하이량(海量)'이라는 표현을 쓰기도 하고, 술 귀신이라는 의미의 '주구이(酒鬼)'라고 칭하기도 한다. 주당들은 취하지 않으면 집에 돌아가지 않는다는 의미로 '부쭈이부구이(不醉不歸)'를 외치며 술을 마신다. 보통은 고량주를 마시기 때문에 다음날 "어제 몇 병 마셨어"라는 표현을 쓰지 않고 "어제 몇 냥 마셨어"와 같이 무게나 부피 단위로 표현한다.

중국의 음주문화는 건전한 편으로, 대부분의 술자리가 일차에서 끝난다. 식당에서 음식을 천천히 먹으면서 이야기로 시간을 보내는데, 술은 음식을 위한 반주이며 식사를 마치면서 음주도 끝낸다. 길거리에서 비틀거리는 취객을 중국이건 타이완이건 찾아보기 힘들다. 고량주를 마시던 풍조에서 이제는 적포도주와 백포도주를 마시는 인구가 늘고 있고, 맥주를 선호하는 계층도 늘어나고 있다.

중국은 술자리에서 주인이 손님에게 술을 권하는 것이 상례인데, 특히 북쪽이 남쪽보다 적극적으로 술을 권하는 편이다. 북쪽은 기질이 호방하여 술 잘 마시는 사람을 선호하는 편이지만, 이는 사회생활을 하는 일반인의 경우에 해당한다. 2차, 3차 가는 일도 드물고 그러한 개념도 거의 없다. 대학생들은 음주를 별로 하지 않으며, 여대생의 경우 더욱 음주를 멀리한다. 대학가에서 학생들이 취하여 비틀거리거나 고개를 숙이고 앉아 있는 그런 모습은 찾아보기 힘들다.

중국인들은 저녁에 음식과 함께 반주를 하는 정도로 음주 생활이 실용적이며 건전한 편이라 아침의 해장 문화도 거의 찾아보기 어렵다. 중국의 아침은 피어오르는 김 속에 만두, 국수, 콩국, 전병 그리고 도시락 음식을 파는 조그마한 가게들로 가득하다. 과한 음주문화 때문에 해장국이나 해장 음료 같은 해장먹거리가 발달한 우리와 대조적이다.

9) 차 문화

(1) 중국 차

녹차는 정신이 맑게 하고 면역력 강화에도 도움이 된다. 씁쓸하면서 떫은 듯한 맛 뒤에 따라오는 달콤함은 문자 그대로 고진감래(苦盡甘來)의 인생을 느끼게 한다. 중국 차는 이미 1,500년의 역사를 지니고 있다. 황하 물이 탁해서 생수로 마실 수 없기에 일찍부터 차가 발달했다는 이야기도 있다.

차는 수확 계절에 따라 춘차(春茶), 하차(夏茶), 추차(秋茶), 동차(冬茶)로 나뉜다. 춘차와 동차의 질이 좋은 편이며, 춘차 중에서도 새순을 따서 만든 찻잎을 최고로 친다. 만드는 과정에 따라서는 미발효차 즉 청차(淸茶), 반발효차, 발효차 즉 숙차(熟茶)로 나뉜다. 이와 별도로 꽃이나 꽃향기가 들어간 화차(花茶)와 압축해서 만든 긴압차(緊壓茶) 또는 전차(磚茶), 그리고 기능성 차가 있다.

미발효차 즉 청차 중에는 저장성 항저우가 원산지이며 청명절

직전에 따는 용정차(龍井茶), 장쑤성 쑤저우 지방의 소라 모양의 벽라춘차(碧螺春茶), 산둥성 라오산의 녹차, 안후이성 황산의 모봉차(毛峯茶)가 있다. 반발효차로는 타이완의 오룡차(烏龍茶) 즉 우롱차, 푸젠성 무이차(武夷茶)와 철관음(鐵觀音)이 있다.96 발효차로는 타이완 르웨탄의 홍차와 안후이성 기문(祁門) 홍차, 윈난성 보이차(普洱茶)가 유명하다. 화차로는 재스민향이 나는 말리화차(茉莉花茶), 눈에 좋다는 국화차(菊花茶)가 대표적이다. 긴압차는 찻잎을 찐 후 눌러서 벽돌이나 동그란 떡처럼 단단한 상태로 만든 후 발효시키는 차로서 변비와 다이어트에 효능이 있다. 기능성 차로는 잎이 하얀 백차(白茶), 노인들의 폐를 보양한다는 자보차(滋補茶), 살을 빼 주는 감비차(減肥茶), 궁중 차인 팔보차(八寶茶), 혈압에 좋다는 하이난다오의 씀바귀의 긴 잎을 말아 건조시킨 일엽차 즉 고정차(苦丁茶)가 대표적이다.

황산 모봉차

일상생활의 필수품인 차는 슈퍼나 백화점에서 쉽게 구할 수 있고, 찻집에서도 구매할 수 있다. 찻잎은 선물용으로 포장하여 팔기도 하고, 손님들이 직접 향을 맡아보고 선택할 수 있도록 종류별로 큰 소쿠리에 담아놓고 팔기도 한다. 찻잎은 무게로 계산하는데, 가격은 한 근에 우리 돈 몇 백 원부터 몇 십만 원까지 차이가 난다. 찻잎의 품질을 구별하는 방법은 먼저 향을 맡아보고, 다음으로 입

96 항저우 용정차를 투명한 잔에 담는 이유는 담긴 첫 잔은 냄새를 맡고, 두 번째 잔은 마시고, 세 번째 잔은 관상용으로 보기 위해서다. 푸젠성의 대홍포(大紅袍)가 타이완으로 건너간 후 변모한 반발효차인 우롱차는 카테킨 성분이 적고, 일반 찻물 온도보다 낮은 100도 이하의 물을 사용하여 우려내는 점이 특징이다. 홍차인 정산소종차는 영국에서 벤치마킹해간 차로 유명하다.

안에서 향이 얼마나 오래 머무는지와 몇 차례나 우려내어 먹을 수 있는지를 보고, 마지막으로 잎의 모양과 탄력성을 보는 것이다.

차의 효용은 종류에 따라 다르지만, 일반적으로 정신을 맑게 하고, 기름진 음식의 소화에 도움을 주며, 숙취, 피부 미용, 다이어트에 좋고, 항산화 및 항암 효과도 있다고 알려져 있다. 일부 차는 위장에는 자극을 줄 수 있어서 빈속에 마시는 것은 피해야 하며, 식어버린 차는 몸에 도움이 되지 않으므로 따라버리고 다시 우려내어 마시는 것이 좋다.

차를 담는 다기로는 장쑤성 이싱(宜興)의 자사도기(紫砂陶器)가 유명하다. 이싱 다기는 밑바닥에 이싱 마크가 새겨져 있고, 품명, 등급, 제작자, 제작 시기가 사진과 함께 기록된 보증서도 발급한다. 좋은 다기는 뚜껑 소리가 낭랑하다. 찻집에 가보면 다기들이 때가 낀 것처럼 누리끼리한 경우가 많은데, 다기에 낀 때는 일반 때가 아니라 찻물에 배인 것이다. 중국 사람들은 일부러 다기가 오래되었음을 나타내려고 찻물 때를 지우지 않고 살짝 헹구어 다시 사용한다.

(2) 차 문화

고급 찻집에 가면 정식으로 차를 마시는 다도 코스를 즐길 수 있다지만, 일반 사람들은 다도나 다례에 매이지 않고 편하게 마신다. 차 마시는 방법은 뜨거운 물로 찻잎을 한번 우려낸 후 그대로 버리고, 다시 찻물을 우려내어 찻잔에 따라 마시는데, 차의 품질에 따라 여러 차례 우려내어 마실 수 있다. 첫 번째 우려낸 물을 버리는 이유는 첫 잔에 섞일 수 있는 찻잎의 먼지를 제거하고, 잔을 따뜻하게 데우기 위함이다. 첫 번째 잔보다 두세 번째 잔이 더 깊은 맛을 내기 때문이기도 하다.

식사 후에 차 마시는 것을 즐기지만, 출근 때 뚜껑 달린 병에 차를 넣어 다니면서 계속 재탕하여 마신다. 기차, 시외버스 그리고 호텔에는 뜨거운 물이 항상 공급되는 이유다. 찻집에서 차를 마실 때는 호박씨나 땅콩 또는 달콤한 과자 등과 곁들여 마신다.

일상생활 속에서 차와 함께 하는 이유는 다도의 정신을 중요시하기 때문이다. 차는 중국의 전통적인 유불선의 화해와 화합처럼 화(和)가 담겨있고, 수양을 통해 심신의 정화를 느끼게 하는 정(靜)도 담겨있으며, 차의 향기와 맛에서 희열과 즐거움을 느끼는 이(怡)가 담겨있다.

중국차의 장점은 다음과 같다. 중국차는 역사가 유구하고 품질이 특출 나서 사해에 이름 날린다.(中國茶葉, 歷史悠久. 品質超群, 名揚四海.) 침이 생기고 갈증이 해소되며 정신이 맑아 생각이 자유로워진다.(生津解渴, 提神益思.) 음식을 소화시키고 느끼함을 제거하며 건강하게 살을 빼 준다.(消食除膩, 健美減肥.), 해를 거듭할수록 장수하며 건강을 증진시킨다.(延年益壽, 增進健康.)

| 6 |

기타 생활문화

(1) 폭죽문화

폭죽은 일상생활에서 중요한 몫을 차지한다. 연말연시, 춘절, 추석 등의 절기에는 어김없이 폭죽이 터진다. 춘절부터 원소절까지의 보름간은 마치 전쟁터 속에서 생활하는 듯한 착각이 들 정도로 끊임없이 터진다. 명절, 결혼식, 개업식, 집들이 같은 길일(吉日)에도 폭죽 소리는 어김없이 등장한다.

귀신이나 도깨비를 쫓고 길상을 바라는는 축귀초복(逐鬼招福)의 믿음이 폭죽문화를 만들었다. 악귀가 싫어하는 굉음으로 악귀의 재앙을 쫓는다는 생각을 지닌 중국인들은 소음을 이상하게 여기지 않고 즐겁게 받아들이고 있다. 폭죽에는 화약이 연이어 터지는 연환포(連環砲), 바닥에서 튀어 오르듯 터지는 폭죽, 하늘을 향해 날아가며 굉음과 함께 터지는 폭죽 등 그 종류가 다양하다. 다양한 종류만큼 편포(鞭炮), 포죽(炮竹), 폭죽(爆竹), 화포(火炮) 등 이름도 다양하다.

폭죽으로 인한 화재와 사상자 발생이 이어지면서 일부 도시 지역에서는 폭죽을 금지하고 위반 시에는 벌금을 물리기도 한다. 2019년

축제 때 폭죽 폭발로 5명이 숨지는 등 인명사고와 대기오염 문제가 발생하자 규제를 강화하는 추세다. 하지만 중국인의 관습을 바꾸기 힘들고 무시할 수만도 없어서 농촌 지역이나 도시에서는 지정된 장소에서 지정된 시간 내에서 폭죽을 터뜨리는 것을 허용하고 있다.

(2) 입시와 대학문화

중국은 학년이 시작되는 가을학기 입학을 위해 천만 명의 수험생들이 7월 7일부터 사흘간 총칼이 아닌 연필과 지우개로 입시지옥이라 불리는 입시전쟁을 치른다. 그래서 입시를 '7.7사변'이라고 부른다. 입시는 어느 나라나 수험생과 학부모에게는 지옥이자 전쟁이다. 입시한파로 수험생과 학부모가 고생하는 한국과 달리 중국은 40도가 넘는 입시 폭염으로 고생한다. 수험생은 더위에 땀 흘리며 시험에 몰두하고 학부모는 밖에서 연신 부채질로 더위를 식히며 시험 종료를 기다리는 모습이 특이하다.

최고의 명문 베이징대학이나 칭화대학의 실질 경쟁률은 2만 대 1이라는 말이 있을 정도로 명문대 입학은 어렵다. 한국도 명문대 진학은 어렵지만 대학 총 입학정원이 50만 명 전후의 수험생보다 많아 진학에는 큰 문제가 없는데, 중국은 2020년 현재 약 1,070만 명의 수험생이 응시하였는데, 일반대학의 입학정원은 370만 명, 전문대학은 330만 명에 불과하다. 그래서 중국의 대학 신입생의 학력수준은 전반적으로 높고, 베이징이나 상하이 소재 4년제 대학의 신입생 입학성적은 기타 지역 출신 학생에 비해 높다.

중국 대학은 대부분 국립이므로 대학 입시는 국가교육위원회가 주관하여 '전국통일입학시험(高考, The National College Entrance Examination)'을 치른다. 문혁 기간에는 잠시 중단되기도 했지만 1952년부터 지금까지 이어져 오고 있다. 중국은 이 시험을 통해 신입생을 선발한다.

필기고사 및 실시고사 장면

문과계 시험과목은 정치 · 국어 · 수학 · 역사 · 지리 · 외국어이고, 이공계 시험과목은 정치 · 국어 · 수학 · 물리 · 화학 · 생물 · 외국어이며, 보통 750점이 만점이다. 수험생이 자신의 점수를 고려하여 지망대학을 몇 군데 선택하면, '초생위원회(招生委員會)'와 대학의 학생 모집 담당 직원이 공동으로 학생을 선발한다. 이때 성적 외에도 '지덕체'를 참고하기 때문에 성적만으로 합격하는 것은 아니다. 건강한지 또는 사상 문제는 없는지, 고등학교에서 어떤 사회활동을 했는지를 보게 되는데 이것이 당락에 큰 영향을 미친다.

각 대학의 합격자 수는 성, 직할시, 자치구, 특별행정구별로 미리 정해놓는다. 베이징대학의 경우 입학정원 중 3,000명을 지역별로 배분한다. 베이징이나 상하이 같은 대도시의 수험생이 다수를 차지하지 않도록 하고, 소수민족 학생들이 대학에 입학할 수 있도록 하기 위한 배려에서다. 이 제도 덕분에 중앙과 지방의 격차가 크게 벌어지지 않고 지방의 우수한 인재도 질 좋은 교육의 기회를 누리고 있지만, 아직은 베이징과 상하이 지역 학생들의 명문대 진학률이 높다.

시험은 학생들의 호구 소재지에서 각각 치르며 성마다 시험지가 다르다. 그래서 대입능력시험인 가오카오(高考)가 쉬운 지역으로 가족이 주거지를 옮기는 경우도 있고, 명문고에 입학하기 위해 명문 중학교에 입학하려고 한다. 중학교는 지역구에 따라 배분하기 때문에 학구방 즉 우수 학군 부동산이라는 말이 생겼고, 유명 초등학교와 중학교 주변 주택 가격은 상당히 비싸다. 사교육 열풍으로 학원 다니는 학생들이 늘어나고, 경쟁 시기도 중학교, 초등학교, 유치원까지 내려가고 있다.

치열한 경쟁을 치르는 대학 입시가 연쇄반응 하면서 초등학교와 중 고등학교의 학업 부담도 상대적으로 커진다. 초등학교 1학년의 경우, 방과 후 서너 시간 동안 숙제를 해야 완성될 정도로 일과 중 학습 시간이 차지하는 비율이 상당히 높다. 치맛바람도 거세서 자녀의 명문대 입학을 위해 부인이 남편과 헤어져 아이와 함께 학군 좋은 곳의 초대소 등에 머물면서 고액의 숙비를 지불하며 생활하는 경우도 있고, 입시 난을 피해 싱가포르 등에 엄마와 아이가 체류하며 지내고 남편은 중국에 남아 기러기 아빠로 생활하는 경우도 많다. 최근에는 기러기 아빠의 자살 등 충격적인 기사가 보도될 정도로 중국의 교육 과열현상이 일어나고 있다. 입시 계절이 다가오면 신문에서는 아이들이 공부하다가 기절하거나 집단으로 졸도했다는 기사나 부모들도 수면장애로 작업능률이 현저히 떨어지고 신경도 날카로워져 사소한 일에도 시비가 붙는다는 기사는 일상적인 일이 되었다.

칭화대 졸업식 풍경

대입 관문을 뚫고 입학을 하면, 이제는 취업과의 전쟁이 시작되면서 대학 수업도 고등학교처럼 긴박하게 이루어진다. 입시지옥을 뚫고 나오자마자 지옥 공부가 시작되는 것인데, 중국은 전반적으로 수업 자체가 철저하고 빡빡하게 진행된다. 교수 휴강, 학생 결석, MT나 체육대회 등 행사를 핑계로 요청

하는 단체휴강은 찾아보기 힘들 정도로 수업은 성실하게 진행된다. 세 번 무단결석하면 그 과목의 학점이 나오지 않고, 개인 사정으로 결석하는 경우에도 결석사유서를 제출해야 하지만 기준 시수를 초과하는 경우 퇴학 등 불이익을 당할 수 있다. 5분 이상 지각은 결석으로 간주되고, 5분 이내에 왔어도 두 차례 지각이나 조퇴를 하면 결석 한 번으로 계산한다.

아침 8시에 1교시가 시작되기 때문에 중국 학생들은 일찍 자고 일찍 일어나는 습관이 몸에 배어있다. 기숙사는 소등시간이 있어서 일찍 자야만 한다. 캠퍼스 분위기는 차분하고 무언가를 골똘히 외우고 공부하는 학생으로 가득하며, 늦게까지 음주나 낭만을 즐기는 모습은 찾아보기 힘들다.

중국 학생들은 열심히 공부하는 편이다. 학습 시에는 어학이건 수학이건 소리 내어 암송하는 방식을 선호한다. 축제나 술판 대신 남녀 구분 없이 배구, 농구, 테니스를 즐기는 등 생활체육이 활발하다. 교내에서는 자전거를 이용하고 대부분 기숙사 생활을 하기 때문에 통학 시간을 절약한다 학생들은 자발적으로 자기 구역을 설정해놓고 청소를 하는 등 봉사활동의 보람도 만끽하고 있다.

중국 학생의 검소한 생활과 건실한 학습 태도는 적극적으로 배워야 할 부분이다. 교환교수로 한국에 온 한 중국인 교수는 중국 학생은 어려운 상황에서도 잘 극복하면서 학습에 열중하는 장점이 있고, 한국 학생은 독립적이고 자주적이며 활달하다는 장점이 있다고 이야기한다. 자유롭고 독립적이며 진취적인 기상이 중국 학생들의 검소함과 끝까지 진지하게 노력하는 특징과 결합하면 더욱 알찬 대학생 형상이 구현되지 않을까 생각한다.

(3) 붉은색 문화

톈안먼광장 중심에 설치된 오성기(五星旗)는 바탕이 붉어서 홍기(紅旗)라고 부른다. 홍기는 중국의 붉은색 문화를 상징적으로 보여주며, 붉은색의 100위안짜리 지폐도 붉은색 문화가 생활 속 깊숙이 침투해 있음을 보여준다.

붉은색은 희소식이나 경사가 있을 때 어김없이 등장한다. 결혼식 때는 모든 것이 붉은색으로 장식된다. 신부의 붉은 옷과 신랑의 붉은 리본, 붉은색의 식장 내부 장식, 붉은 북과 붉은 사자, 경사를 알리는 붉은 색 '희(囍)' 자와 잔치의 흥을 돋우는 붉은색 폭죽이 물결친다. 청첩장도 붉은색이지만 하객 축의금 봉투인 '홍바오(紅包)'도 붉은색이다. 흰색봉투를 사용하는 우리의 관례와는 다르다. 봄이 오면 붉은 종이에 '춘(春)' 자를 써서 거꾸로 붙이는데, 이 역시 흰 종이에 입춘대길(立春大吉)을 써서 붙이는 우리와는 다른 풍습이다.

부동산 매매나 월세 거래를 할 때는 게시판 벽에 '홍바오((紅報)'라는 붉은색 전단지를 붙여놓는다. 붉은색 명함도 종종 사용되고, 고량주 술병 바깥에 '주(酒)'라고 쓰인 붉은색 종이가 붙어있는 경우도 많다. 백화점, 사무실, 공장, 회사의 개업식 때는 붉은색의 장식과 테이프로 장식한다. 학교는 붉은색 바탕의 종이에 희소식이 담긴 공고문을 붙여놓는다. 중국 음식을 보아도 탕수육 같은 붉은색 요리가 의외로 많다.

붉은색을 애용하는 이유는 붉은색이 악귀를 쫓고 복을 가져다준다는 믿음 때문이다. 유치원생이나 초등학생의 옷차림을 보면 목에 붉은색 머플러를 착용한다. 여기서 붉은색은 공산주의와 혁명을 상징하는 것으로 보인다. 예전에 창장 범람으로 많은 이재민이 발생했을 때 정부와 각 사회단체에서 성금과 구호품을 전달하는 모습을

TV에서 방영하였는데, 각각 커다란 붉은 색종이에 단체명과 액수를 적어 이재민에게 전달하는 장면이 보였다. 실직자, 소년소녀가장, 불우이웃에게 전하는 성금도 붉은색 종이로 포장한다. 희로애락을 붉은색과 함께 하는 모습에서 붉은색이 생활에서 차지하는 비중이 높음을 느낄 수 있다.

(4) 중의(中醫)

중국에서 중의원(中醫院), 중의(中醫), 중약(中藥)은 한의원, 한의(사), 한약에 해당한다. 중의원은 대부분 중의약대학이나 일반대학 부설로 운영되는데, 정부로부터 상당한 지원을 받고 있다. 중의는 전설상으로는 신농(神農)과 황제(黃帝) 시대부터 시작되었다고 하지만, 역사적으로는 화타(華陀)와 편작(扁鵲)까지 거슬러 올라간다.

중의원 진료는 내과, 외과, 종양과 등 수십 가지로 세분되어 있고 과별로 중의약대학 교수들이 전문 진료를 한다. 침과 안마인 추나(推拿)로 열을 내리거나, 척추디스크나 맹장염도 수술 없이 치료하기도 하는 등 다양한 치료법이 있으며 중의와 양의 결합 치료도 하고 있다. 신체 부위별 '치료(cure)' 개념이 강한 양의와 정신과 육체를 하나의 유기체로 보고 '돌봄(care)' 개념이 강한 중의가 서로 발전적으로 접목한다면 의술은 더욱 진보하리라는 생각에서일 것이다.

중의는 몸 상태에 대한 환자의 말을 경청한 후, 질문을 하면서 혀의 상태를 관찰하고 맥을 짚는다. 처방은 보름치 보약을 지어주는 식이 아니고 며칠 분을 지어주고 과정을 지켜보면서 약을 중감하며 조절한다. 기본적으로는 음양오행, 즉 목(木, 肝, 東, 靑), 화(火, 心, 南, 赤), 토(土, 脾, 中, 黃), 금(金, 肺, 西, 白), 수(水, 腎, 北, 黑)의 오행과 상생(相生)과 상극(相剋) 원리에 근거하여 진맥 후 몸 상태의 변화에 맞추어 치료한다.

중의가 환자에게 처방전을 주면 환자는 처방전을 가지고 전문 약재상으로 향한다. 건 약재만 구입해서 집에서 다릴 수도 있고, 탕약이나 환으로 만들어 가져갈 수도 있다. 처방전이 환자의 손에 들어있어서 어떤 약재들이 얼마큼 처방되었는지 모두 공개된다. 환자의 알 권리가 보장되어있는 셈이다. 약재상은 약재를 담으면서 약재 이름과 양을 상세히 알려준다. 甘草(甘, 平, 補脾益氣 調和諸藥), 桂枝(辛, 甘, 溫, 發汗解肌, 助陽化氣), 枸杞子(甘, 平, 補腎益精, 養肝明目), 金銀花(甘, 寒, 清熱解表, 涼血止痢), 黨參(甘, 平, 補中益氣, 健脾益肺) 등과 같이 약명과 효능을 기록한 종이를 넣어 성분을 알 수 있게 돕는다.

약재 가격 역시 저렴한 편이다. 수입 중국 약재는 질이 떨어진다는 평이 있는데, 이는 이익을 위해 수입상들이 값싼 약재를 수입하기 때문이고, 현지의 약재는 가격에 따라 질이 천차만별이며 얼마든지 질 좋은 약재를 구할 수 있다. 한약 성약을 판매하는 곳으로는 베이징 동인당(同仁堂)을 들 수 있는데, 고궁 근처에 본점이 있으며 우황청심환, 기국지황환, 신장과 간에 효과가 있는 육미지황환으로 유명하다. 중국은 녹용을 주로 가루로 만들어 복용하는데, 성인은 3g 정도 복용한다. 동북지방 꽃사슴 즉 매화록(梅花鹿) 새순을 고급으로 쳐주고 있다.

(5) 교통문화 및 기타

중국의 대표적인 교통수단이라고 하면 항공, 선박, 열차, 버스, 택시, 승용차, 자전거 중에서 단연 열차를 꼽을 수 있다. 드넓은 대륙 곳곳에 수많은 인파를 수송하는 데 열차만큼 효율적이고 편리하며 안전한 수단은 없기 때문이다. 중국여행은 기차여행이라고 말할 수 있을 정도로 기차를 이용하여 여행하는 시간이 많다. 다만 열차표는 평상시에도 여행객이 많아 구매가 쉽지 않고 인기가 많은 구간 차표는 더욱 구하기 어려워서 인터넷을 통한 예매가 필수적이다. 아울러 차표 구매 시에는 신분증 번호를 입력해야 하고, 터미널 진입 시에는 신분증 제시가 필요하다.

열차는 보통열차(K), 쾌속열차(T) 등을 운행해왔지만, 2008년 베이징과 텐진 간 고속철(D, G) 둥처(動車)가 개통된 이후 현재까지 3만 km 이상의 고속철도가 깔리고 시속 350km의 고속철이 전 대륙을 달리면서 고속철을 이용하려는 승객이 폭발적으로 늘어나는 추세다.

표 가격은 어른과 어린이로 나누지 않고, 일반표에 해당하는 전표(全票)와 반표(半票)로 나누어 책정한다. 전표나 반표는 나이가 아닌 키(120cm나 130cm)로 기준을 삼아 판매한다. 매표소나 열차 칸에는 줄자가 그려져 있어서 애매한 경우 아이를 여기에 세워서 키를 잰다.

일반 열차 형태는 조금 딱딱한 의자에 앉아서 가는 경좌(硬座)와 비교적 푹신한 의자에 앉아서 가는 연좌(軟座) 두 종류가 있다. 침대차의 경우 경와(硬臥)와 연와(軟臥)가 있는데, 연와 내에서도 4인 1실과 2인 1실이 있다. 가격은 경좌나 경와보다 연좌와 연와가 비싸다. 식당 칸에서는 정식요리, 도시락, 과일, 차 등 풍성한 먹거리를 판매한다.

열차 여행은 대륙의 광활함을 체험할 수 있는 좋은 기회가 된다. 동남쪽 상하이에서 서북부 내륙 우루무치까지 열차로 가다 보면 온종일 평야만 볼 때도 있다. 장거리인 만큼 침대칸이 있는 열차가 발달하였고, 10시가 되면 자동으로 소등되어 잠을 청하기에 좋다.

택시는 소형택시에서부터 중형, 대형택시까지 종류가 다양하고 지역에 따라 기본요금(起步價)과 주행요금이 다르다. 한국의 택시요금보다는 싼 편이지만 베이징이나 상하이 등 대도시의 택시요금은 우리와 비슷하다. 대략 기본요금이 1,800원 전후이며 1km당 400원 전후로 가격이 올라간다. 차 내부 상태는 보통이고, 기사들은 양보를 잘 하지 않고 경보기를 눌러 대는 것이 일상화되어 있어 다소 시끄러운 편이다. 인터넷의 발달로 스마트폰으로 카카오택시 앱에 해당하는 디디추싱을 통해 택시를 부른다. 중국에서는 택시를 추쭈처(出租車)라고 부르지만 타이완은 지청처(計程車), 홍콩은 댁시(的士)라고 부르는 등 지역에 따라 차이가 있다. 아직은 작은 도시에 가면 소형 오토바이를 개조해서 뒷좌석을 만들고 천으로 뚜껑을 만든 영업용 삼륜차나 인력거가 있는데, 목적지를 말한 후 미리 가격 흥정을 하고 나서 탄다.

중국의 전통적인 교통수단은 자전거다. 중국인들은 한 살 때부터 자전거 위에서 큰다고 할 정도로 자전거는 그들의 손과 발이다. 출퇴근 때에 끊임없이 쏟아져 나오는 자전거 물결을 보면 자전거가 중국인의 생활의 일부임을 알 수 있다. 중국에는 자전거 전용도로가 있고 일반 도로에서도 자전거 통행 수량이 많아 이용이 안전한 편이다.

자전거를 구매할 때 자전거 면허증을 발부받고 번호판을 달아야 하며 위반 시 벌금을 물게 된다. 오토바이 역시 면허증이 있어야 하며 무면허 운전으로 걸리면 오토바이를 몰수당하고 벌금도 문다.

중국에는 지역에 따라 영업용 자전거를 운영하는 곳도 있는데, 뒷자리에 두 사람 정도 탈 수 있는 좌석을 설치하고 그 위에 덮개를 씌운 형태다. 도착지를 말하고 값을 흥정한 후 승차한다.

공공 교통수단인 버스 즉 궁자오처(公交車) 역시 그 종류가 다양하다. 크기에 따라 소형 버스인 샤오바(小巴), 중형 버스인 중바(中巴), 대형 버스인 다바(大巴)가 있으며, 버스와 버스가 연결되어 있는 이중 버스, 이층 버스, 전차, 바퀴로 굴러가는 무궤전차(無軌電車) 등이 있다. 중국의 버스는 지역에 따라 차장이 동승하여 돈을 받고 표를 주기도 하며, 자율버스처럼 승객이 승차하면서 돈을 기계에 넣는 버스도 있다. 버스요금은 버스 종류에 따라 1위안 즉 180원 또는 2위안 즉 360원으로 저렴하다. 승객이 벨을 누르지 않아도 모든 정류장에서 정차하며 한국의 버스보다는 천천히 달리는 편이다.

최근에는 학교 내 자전거 주차장이 자가용 주차장으로 변하고 있다. 그만큼 자가용이 넘치면서 교통체증 현상을 빚기도 한다. 주차장과 교통문제가 중국의 골칫거리로 떠오르고 있다. 음주운전도 심각한 수준이었으나 단속이 엄격해지면서 음주운전이 줄어드는 추세다.

중국의 교통 관행상 택시, 버스, 승용차, 트럭 할 것 없이 중앙선을 넘어 반대 차도를 이용하여 추월하기 때문에 처음 중국을 여행하는 경우에 아찔한 느낌을 받는다. 또한 일방통행이라 하더라도 거꾸로 차가 오는 경우도 있고, 횡단보도를 건널 때 앞쪽에서 좌회전해서 들어오고, 옆에서는 우회전해서 들어오기 때문에 보행 시 주의해야 한다. 보행자들도 교통질서를 무시하고 무단 횡단하는 경우가 다반사이다.

고속도로는 전국적으로 잘 뚫려있고, 주로 직선 형태의 도로로 닦여있어서 상당히 쾌적한 편이다. 고속도로 중 베이징에서 우루무치까지 연결된 고속도로는 길이가 거의 4,000km 정도로 길다.

이밖에 중국의 독특한 문화 양태를 소개하면 다음과 같다. 우선 책을 독송할 때 중국인은 머리를 시계방향 또는 그 반대 방향으로 돌리면서 책을 읽는다. 세수할 때 세면대에 수건을 넣어 적신 후 그 수건으로 얼굴을 닦는다. 두 손으로 수건을 쥔 후 동그라미 원을 그리듯이 세안을 한다. 손으로 물을 떠서 얼굴을 위아래로 씻는 우리 모습과는 다르다. 우리나라 남성 대부분은 주머니에 손을 넣고 다니는 데, 중국 남성들은 주머니에 손을 거의 넣지 않고 다닌다.

편지를 쓸 때 편지봉투 중간 아래에 보내는 사람 주소를, 왼쪽 위에 받는 사람 주소를 적는다. 우리와 정반대라서 자칫 편지 배달 착오가 생기기도 한다. 또한 시험 답안지가 정답일 때는 우리는 동그라미를 치지만, 중국에서는 체크(√) 표시로 정답 또는 예스임을 나타낸다.

| 7 |

한국 속 중국, 세계 속 중국

1) 한국 속 중국문화

한국 속에 중국문화가 집중적으로 자리하고 있는 곳은 바로 중화가(中華街) 즉 차이나타운이다. 현재 차이나타운은 몇 가지 형태로 존재한다. 1882년 임오군란 당시 명성황후의 요청으로 조선에 파견 온 청의 우창칭 군대를 따라 상인들이 입국한다. 이들이 최초의 화교라고 볼 수 있으니 그 역사는 130년이 넘는다. 19세기 말 강화도 조약을 시작으로 인천과 부산의 청나라 조계지에 노동자들이 대거 유입된다.

이들은 주로 산둥 교동 지역 사람들로서 인천 중구의 항구 마을인 북성동 조계지에 인천 차이나타운을 형성하면서 자연스레 당시의 산둥지역의 문화가 정착된다. 청나라의 전통문화가 들어온 셈인데, 그중에서도 자장면이라는 산둥의 면 요리가 항구 노동자에게 팔리다가 1930년대에 공화춘이라는 식당을 중심으로 판매되면서 이름이 알려지기 시작하였다. 자장면과 함께 공갈빵도 차이나타운의 대표 간식거리로 자리를 잡았다. 인천 차이나타운은 과거의 산둥 지방문화가 남아 있으며, 이러한 연유로 중국 산둥 지방정부와 린이시 정부에서 산둥 출신의 공자와 왕희지의 동상을 기증하여 건립하는 등 교류 증진을 꾀하고 있다.

한편 우리나라의 화교들은 거의 모두 대륙 출신이지만 국적은 중화민국 즉 타이완이다. 화교학교 역시 타이완에서 파견된 교사들이 운영하며 이들로부터 타이완 문화를 습득하였다. 차이나타운을 가보면 타이완의 특산인 사탕수수 주스 등을 팔고 간체자가 아닌 번체자를 사용하는 등 타이완적 문화 요소가 여전히 남아있다.

따라서 인천 차이나타운의 특징은 과거 청나라의 정통 중국문화와 산둥의 지역문화, 그리고 타이완 문화가 섞여 있는 모습을 보이고 있다. 이러한 유형의 차이나타운은 부산 초량동에도 있으며, 여기에 중국식당과 화교학교 등이 남아 있다. 산둥, 화교, 100년, 산둥성+타이완, 자장면, 공갈빵, 번체자, 사탕수수가 이 지역 키워드라고 할 수 있다.

안타까운 화교 역사도 있다. 만주에서 중국 당국의 조선인에 대한 탄압과 일제의 이간책으로 발생한 만보사건은 우리나라에서 화교에 대한 반감을 증폭시켜 200여 명이 살해되고 화교 경제가 초토화된 화교 배척사건이다. 이후 박정희 정부 이후 화교의 재산권 및 사업에서의 제한을 둠으로써 화교들의 생활은 개선되기 힘든 상황을 맞는다. 이후 이들은 타이완, 중국, 남미, 미국 등으로 이주함으로써 현재 우리나라에 거주하는 화교 수는 많이 줄어들었다.

한편 1992년 한중 수교 후인 90년대 말부터 내한한 중국의 조선족 동포들과 한족은 현재 100만 명을 넘어섰다. 이들 중 일부는 방값이 저렴한 구로구 가리봉동이나 영등포구 대림동 중앙시장(대림역 12번 출구 쪽)에 또 하나의 차이나타운을 형성한다. 원조 조선족 동포 차이나타운은 가리봉동이었는데 2000년대 들어 재개발계획이 발표되면서 사람들이 대림동으로 옮겨왔다. 시간이 지나면서 조선족 동포를 포함한 중국인 인구가 100만 명을 넘어서며 이들이 집중적으로 거주하는 지역이 형성되어왔다.

현재 대림동 차이나타운은 6만여 명의 조선족 동포와 한족이 거주하는데, 주로 동북지역 출신이 많으며 인천 차이나타운과 달리 중국식 양꼬치, 배이징 오리구이, 쓰촨 마라탕, 전병, 마라샹궈, 바오쯔, 옌볜 피 순대 등 현재 중국인들이 선호하는 향이 진한 음식들과 동북 조선족의 음식을 판매한다. 매년 대림동한중문화축제주간이 열린다.

이러한 유형의 차이나타운은 경기도 안산과 성남 태평로의 중앙시장, 울산의 온산공단 식당가 등에서도 볼 수 있으며, 현재의 중국음식과 함께 조선족 동포가 선호하는 동북지역의 음식을 맛볼 수 있다. 조선족 동포, 30년, 동북 음식+조선족 음식, 간체자, 현재의 중국, 동북지역 모습이 이 지역의 키워드라고 할 수 있다.

또 하나의 유형은 중국 관광객을 위해 조성된 차이나타운이 있다. 대표적인 예로 제주 바오젠 거리나 인천 영종도의 중국 식당가 등을 들 수 있는데, 여기에는 중국인을 위한 중국음식과 함께 K-뷰티와 의류 및 생활용품을 판매하고 있다.

서울의 빈관 간판

종로 동묘

이처럼 우리나라에는 차이나타운이 각각 특성을 지니며 여러 형태로 일상생활 속에서 공존하고 있다. 울산대학교 근처 상가에도 중국식당이 늘어나는 추세다. 연길 양꼬치, 불꽃 훠궈, 길림 양꼬치, 하오츠마라탕, 마라탕훠궁푸, 삼천리양꼬치 등 다양한 중국식당이 꾸준히 생겨나고 있고, 동네 게시판에는 중국어로 된 구인광고가 종종 눈에 띈다. 학교 근처 편의점에는 즈푸바오(支付寶), 웨이신즈푸(微信支付), 유니온페이 사용이 가능하다. 서울의 강남에는 중국인을 위한 성형외과인 정형외과(整形外科) 간판이 즐비하고, 종로 길가에는 중국의 모텔이나 호텔에 해당하는 빈관(賓館)이라는 간판이 보인다. TV에는 중국드라마 방영도 활발하다.

한편 서울 한복판에서 과거의 중국문화 흔적을 쉽게 찾아볼 수 있다. 서울 창경궁 경내에는 팔각칠층석탑(Octagonal Seven-story Stone Pagoda, 1470)이 세워져 있는데, 이는 명나라 때 만들어져 우리나라에 들어온 것이다. 덕수궁 지역에는 고종 황제가 1897년 하늘에 제사를 지내던 환구단이 있는데, 이는 베이징의 천단과 흡사하다. 서울 중심 종로에는 동묘(東廟)가 있는데, 이는 동관왕묘(東關王廟)의 줄임말로서 임진왜란 시기에 나라를 구하기 위해 전쟁신 관우를 모신 사당이다. 서울 용산구에 위치한 중앙박물관에는 투루판의 천불동 벽화와 둔황의 벽화 및 이스타나고분의 여와복희도가 보관되어 있고, 당 왕조의 당삼채도 전시되어 있다. 이처럼 우리나라에는 현재의 중국문화와 과거의 중국문화가 공존하고 있다.

2) 세계 속 중국문화

중국이 대국화하면서 해외에 투자를 늘리고 있고, 아울러 중국 관광객의 해외여행으로 인해 세계 여러 나라에 중국문화가 정착되거나 차이나타운이 형성되는 추세다. 몇 가지 예를 들면 다음과 같다.

러시아 공항 내 스타벅스

러시아 상트페테르부르크 공항에 도착해서 들어가면 클레임 지역에 영어, 러시아어와 함께 중국어 안내 문구가 함께 보이면서, 유니온 페이 중국 신용카드 홍보 전광판이 눈에 들어온다. 이어서 스타벅스가 내방객을 맞이하는데, 중국어로 환영의 패널이 문 앞에 놓여있다. 시내버스 외관에는 중국어로 중국인 관광객에게 할인행사를 한다는 문구가 쓰여있다. 다시 서쪽 발트삼국 중 하나인 에스토니아 탈린 중심에는 베이징반점(北京飯店)이 성업 중이며, 메뉴는 중국 정통요리로 채워져 있다. 리투아니아의 시내에도 상점 여러 곳에 중국어로 환영의 문구가 걸려있고, 9Dragonai 중국음식점 등이 성업 중이다.

우즈베키스탄의 수도 타슈켄트의 박물관에는 실크로드 교류 과정에서 오고 갔던 물건 중에 중국 진시황 병마용 몇 점, 한 왕조 시기의 동경(銅鏡)과 중국 실크가 전시되어 있다. 시내에는 차이나타운까지는 아니지만 장쥔(將軍) 레스토랑 등 중국식당과 발마사지업소, 중국 식품 상점이 눈에 띈다.

요코하마 주가카이

가까이 일본에는 효고현 고베에 차이나타운 난킨마치(南京町)가 있다. 미나모토마치역에서 내려 걸어가다 보면 차이나타운 입구인 장안문이 나온다. 안으로 들어서면 상점들과 만두와 딤섬 등을 파는 식당들이 즐비하다. 그 중간에 난킹마치라는 정자가 만들어져 있다. 또한 도쿄에서 가까운 거리에 위치한 가나가와현 항구도시 요코하마(橫浜)에는 주가카이(中華街) 즉 차이나타운이 나온다. 비교적 큰 규모의 타운으로 안에는 중국 베이징의 중심 상가이자 먹거리 골목이 왕푸징(王府井) 거리가 있고, 현재 중국을 그대로 옮겨놓은 듯한 식당과 음식점이 즐비하다. 다롄 훠궈, 베이징 오리구이 양저우 볶음밥(揚州炒飯) 등 현재 중국에서 맛볼 수 있는 음식들을 판매하고 있고, 보이차 등 중국차도 판매중이다. 다만 음식 맛은 일본식으로 변화하여 담백하고 달짝지근하며, 매운 소스 맛이나 짙은 향이 덜한 편이다.

유럽이나 미국에도 차이나타운이 예전부터 형성되어 있다. 그중 미국 하와이 오아후섬 호놀룰루시에는 예부터 중국, 일본, 한국에서 이주해온 이주자들이 정착하면서 자신들의 타운이 시 중심지에 식당들을 중심으로 만들어졌다. 이 외에도 동남아 태국이나 베트남에도 차이나타운이 형성되어 있다.

3) 중국문화 표기 오류

오래 전부터 이어져온 화교 음식, 이후 한중 수교 후 들어온 조선족 동포들과 중국인들이 이주해오면서 전파한 중국 동북지역 음식, 그리고 중국 관광객과 유학생들이 들어오면서 생겨난 양꼬치, 궈바러우, 마라탕, 훠궈, 딤섬 같은 현지음식들이 일상생활 속에 자리 잡고 있다. 그런데 이러한 음식들의 표기 오류가 적지 않다. 표기 오류 상황을 살펴보고, 그 원인과 수정 방안을 생각해봐야 할 때다.

우선 산둥 화교의 음식은 언급하거나 표기하는 과정에서 산둥 방언이 표준어와 섞이는 현상이 일어난다. 튀긴 닭고기에 뜨거운 기름과 채소가 들어간 간장소스를 뿌린 유린기(油淋鷄), 전분을 입힌 닭고기에 고추, 설탕, 간장, 식초를 넣어 볶은 깐풍기(乾烹鷄), 닭고기를 튀겨 맵게 볶아낸 라조기(辣椒鷄), 향라기(香辣鷄), 닭살이 육수에 들어간 면인 기쓰면(鷄絲麵) 등은 산둥 방언과 표준어가 뒤섞인 예다. 닭 '계(鷄)'는 중국어로 '지(ji)'이지만 산둥 방언으로는 '기(ki)'로 발음하는데, 음식 이름에 이러한 산둥 방언 발음이 섞인 것이다. 유니짜장 역시 본래의 발음은 다진 고기와 채소가 들어간 부드러운 면인 러우니짜장(肉泥炸醬)으로서 러우(肉)가 방언 유로 발음되고 있다.

최근 쓰촨식 음식인 마라탕이나 궈바러우 등이 우리나라에 들어오면서 음식 이름을 한국어로 음역하는 과정에서 식당을 운영하는 중국인, 조선족 동포, 한국인 등 다양한 계층이 공식 외래어 표기방식에 따르지 않고 제각각 음역한 명칭을 사용함에 따라 표기가 서로 불일치하거나 틀린 경우가 적지 않다.

화교가 운영하는 식당에는 류산슬로, 한국인이 운영하는 식당에는 유산슬로 다르게 표기하는 경우가 많다. 또한 식당에서 류산슬

(유산슬)과 경장육슬, 어행육슬로 표기된 음식 이름의 정확한 음역 표기는 각각 류싼쓰(溜三絲, 우리식 발음 류삼사), 징장러우쓰(京醬肉絲, 우리식 발음 경장육사), 위샹러우쓰(魚香肉絲, 우리식 발음 어향육사)이다. 여기서 '슬'의 한자어는 '사(絲)'로서 중국 표준발음은 '쓰'이다. 식재료를 실처럼 길게 썰어놓은 모양을 뜻하는데, 이 '쓰' 발음이 '슬'로 잘못 표기되고 이를 오류라고 인식하지 않고 너나 없이 표준어처럼 사용하고 있는 상황이 당황스럽다.

음식 이름 중에 일관성 없이 한국식 발음과 중국식 발음을 섞어서 표기하는 경우나 정확한 표기가 이루어지지 않는 경우가 있다. 현재 중국식당에 표기된 음식 메뉴 중 향라육(향라새우, 향라대하), 쏸라분, 마라향궈, 마라우육면 등의 표기가 종종 발견된다. 중국어 표준음 음역 표기는 각각 샹라러우(香辣肉, 우리식 발음 향랄육), 쏸라펀(酸辣粉, 우리식 발음 산랄분), 마라샹궈(麻辣香鍋, 우리식 발음 마랄향과), 마라뉴러우몐(麻辣牛肉麵, 우리식 발음 마랄우육면)이다. 중국식 발음 표기인 라, 쏸라, 마라, 궈, 마라에 한국식 발음 표기인 향, 육, 분, 향, 우육면이 뒤섞여 일관되지 않은 표기가 이루어진 것이다.

이밖에 중국어의 한글 표기방식에 있어서 약간의 오류가 있는 음식 이름이 있다. 최근 인기 있는 탕수육과 흡사한 쓰촨식 찹쌀탕수육 꿔바오로우, 꿔바로우의 정확한 음역 표기는 궈바오러우(鍋包肉, 우리식 발음 과포육), 궈바러우(鍋巴肉, 우리식 발음 과파육)다. 다진 새우를 식빵에 넣어 튀긴 멘보샤의 정확한 음역 표기는 멘바오샤(麵包蝦)이다. 난자완자, 고기완자 등 고기를 다져 동그랗게 만든 어묵 형태의 음식 이름의 정확한 표기는 완쯔(丸子)이고 한국식 발음은 환자(丸子)인데, 발음이 섞여 완자로 잘못 표기하고 있다.

중국 6대 면 음식으로서 사람이 지고 다니면서 파는 자차이, 생강, 마늘, 식초, 간장, 고추기름 등을 넣은 매운 맛의 쓰촨 탄탄면이 있다. 정확한 발음은 단단면(擔擔麵, 우리식 발음 담담면)인데, 약간 부정확한 발음으로 표기하고 있다.

조선족 동포나 중국인이 운영하는 식당에서 한국의 공식 외래어 음역 표기법을 인지하지 못하고 음식 명칭을 부정확하게 표기한 예로는 서울 대림동 중앙시장의 육즙이 가득한 만두인 항주쑈룽보우가 있는데, 정확한 표기는 항저우샤오룽바오(杭州小籠包, 우리식 발음 항주소롱포)다. 우리식 발음으로 표기하고자 했지만 부정확하다. 또한 음식명 원남전통쌀국수와 건물명 복무대로는 운남(雲南)전통쌀국수와 복무대루(服務大樓)의 표기 오류다.

중국 고량주 명칭 중에 잘못 표기 또는 발음하고 있는 예로는 연태고량이 있다. 이는 옌타이구냥(烟臺古釀)의 정확한 한국식 표기나 발음은 연대고양인데 연태고량으로 잘못 사용하고 있다. 고양(古釀)의 고량으로의 발음도 문제지만, 옌타이의 우리식 발음이 연대인데 연태로 표기 또는 발음하는 오류를 범하는 점은 더욱 문제다. 옌타이의 번체자는 연대(烟臺)이고 간체자는 연대(烟台)이다. '台'는 '태'와 '대' 두 가지로 발음하지만, 연대의 '대' 자의 본 글자가 '臺'이기 때문에 대로 발음해야 옳다. 대만, 첨성대, 태종대의 '대'를 '태'로 발음하지 않는 것과 같다. 간체자 글자를 원형으로 간주하여 태로 발음하는 오류를 범하고 있는 것이다.

옌타이구냥(연대고양)

| 8 |

중국문화의 소통과 미래

1) 커뮤니케이션 특성

중국문화를 이해하고 중국인과 제대로 소통하기 위해서는 한국과 중국의 문자와 언어 표현, 동작 표현, 습관 및 사고방식의 차이에서 오는 오해를 최소화해야 한다. 중국의 문자, 언어, 비언어 커뮤니케이션 특성을 살펴보면 다음과 같다.

(1) 문자와 언어 커뮤니케이션

문자 표현으로 이루어지는 커뮤니케이션에 있어서, 우선 한자어의 의미의 차이가 존재함을 인식해야 한다. 대표적인 단어를 열거하면 다음과 같다: '小心,' '操心,' '放心,' '放學,' '點心,' '工夫,' '快樂,' '約束,' '講堂,' '洗手,' '乾杯,' '衛生綿,' '東洋,' '白飯,' '歌曲,' '氣氛,' '汽車,' '方便,' '一番,' '客氣,' '經理,' '中學,' '階段,' '試驗,' '一定,' '工作,' '饅頭,' '招待,' '打算,' '服役' 이러한 단어들의 중국식 의미와 한국식 의미 사이에는 다소간의 차이가 있다.

한자 고사성어의 표현방식에 있어서도 차이가 있다. 예를 들어 한국에서의 일석이조(一石二鳥) 성어는 중국에서는 일전쌍조(一箭雙雕)로, 한국에서의 배산임수(背山臨水) 성어는 중국에서는 친산근수(親山近水)로, 한국에서의 용두사미(龍頭蛇尾)는 중국에서는 호두사미(虎頭蛇尾)로 표현한다. 고사성어의 표현상의 차이를 알아야 소통이 원활하다.

언어 커뮤니케이션의 특성으로는 우선 호칭하거나 언급함에 있어서 평어체를 사용한다. 연장자와의 대화 시에도 경어체를 사용하지 않고 평어체를 사용한다. 경어체는 'please'를 뜻하는 '請'과 '너'의 높임말인 '당신'을 뜻하는 '您' 정도이다. 때로는 대화 시에 미안함을 느끼기도 하고 예의 없어 보이기도 하지만, 평등주의 속에 격식을 따지지 않고 자유롭게 의사를 표현한다는 점을 인식해야 한다. 경어체가 없기에 예의바른 감정 전달을 위해 '謝謝(감사합니다)', '對不起(미안합니다)', '請(please)' 어휘를 많이 쓰도록 독려하는 캠페인을 벌이기도 한다.

또한 중국어는 언어 표현이 단순명료하다. 경어체를 사용하지 않고, 조사 활용이나 어미변화도 거의 없으며, 같은 의미를 전달하는 표현법이 단순하다. '식사하세요.', '진지 드세요.', '진지 잡수세요.', '밥 먹어라', '식사하시겠어요.', '은', '는', '이', '가' 등 동일한 의미 전달에 있어서 상대에 따라서 또는 어감에 따라 다양한 표현이 존재하는 한국어 표현과는 달리 상당히 단순하고 명료한 표현이 중국어 특징이다. 복잡함보다는 단순함, 간접적이기보다는 직접적인 성향이 반영된 표현이다. 경어체의 사용, 한자어의 동시 사용, 어미와 조사의 복잡성 등으로 인해 언어 구사 시 조심스레 접근하는 우리와 대조적이다.

중국의 언어 커뮤니케이션의 특징 중 하나는 당황할 정도로 직선적인 대화를 구사하는 경우가 많다는 점이다. 자연스럽게 상대의 수입에 대한 직설적으로 질문하기도 한다. 반면 상대의 병세에 대한 표현은 상당히 간접적인 편이다. "안색이 좋지 않다", 또는 "병이 낫기 힘든 병이다"라는 표현 등은 상대에게 잘 사용하지 않는다.

또 다른 특성으로는 대동사와 다의적 어휘 활용 빈도가 높다는 점이다. 한국어나 영어의 언어 표현에 있어서 대충 뭉뚱그리는 경우가 있다. 예를 들면 "자장면 때리자", "전화 한 통 때리자", "잠 좀 때리자", "골 때린다"와 같이 '때리다' 표현으로 구체적인 표현을 대신하는 경우가 있다. 영어에서는 대동사 'do'나 "길을 떠나다"의 "hit the road", "잠자리에 들다"의 "hit the sack", "공부를 하다"의 "hit the books"와 같이 'hit'로 구체적인 동사 표현을 대신하는 경우가 있다.

중국어 커뮤니케이션의 경우 이러한 용법이 다른 외국어에 비해 상당히 많다. 동사의 예를 들면 '쭈어(做)', '쭈어(作)', '간(幹)', '다(打)', '가오(搞)' 등은 각각 다양한 의미를 내포하고 있다. 중국어는 시제 또한 불분명해서 과거인지 현재인지 아니면 미래인지 구별하기 힘든 면이 있다.

서양의 예스(Yes)와 노(No)라고 하는 시비(是非)가 분명한 논리적, 직선적 개념이 아니라 넉넉하고 여유 있는 음양 조화의 원의 개념을 갖고 있기 때문이다. 다소 비논리적인 커뮤니케이션은 나중에 시비를 다시 가려야 하는 일을 만들기도 한다.

언어 커뮤니케이션에 있어서 "메이스(沒事)"라는 상용어 활용이 많다. "No problem", "That's O. K."와 같이 "괜찮다"는 의미로 쓰인다. 상대방이 무안할까 봐 배려하는 의미로 사용하기도 하지만 상황에 따라서는 그 반대의 상황에서 사용하기도 한다. 병원에 가면 진료를 기다리는 유아들이 입고 있는 바지는 가랑이 쪽이 트여 있어서 언제 어디서나 소변을 볼 수 있게 되어 있다. 한 아이가 대기실에서 소변을 보자 간호사가 투덜거리며 치우는데 아이 엄마는 아무렇지도 않은 듯 "메이스"라고 말한다. 구매한 물건에 하자가 있어서 교환하러 가면, 상점 주인이 대수롭지 않게 "메이스"라고 말한다. 남은 괜찮지 않은데 상대가 얼버무리며 괜찮다고 말하는 상황이 적지 않다.

"큰 차이가 없다", "대강 비슷비슷하다", "대충 되다"라는 의미의 "차부둬(差不多)"라는 말을 자주 사용한다. 음식 맛이 어떤지 물어도, 목적지 도착이 멀었는지 물어도, 내 노래 실력이 어떤지 물어도 "차부둬"라고 답하는 경우가 많다. 대충 표현하기를 좋아한다. 대충 얼버무리고 뭉뚱그리는 태도의 언어 커뮤니케이션 반영이라고 할 수 있다.

'좋다'를 의미하는 '하오(好)'를 자신의 의사와 상관없이 남발하는 경우도 많다. 이것도 좋고 저것도 좋다는 식으로 생각하여 되는 줄 알고 방심하다가 나중에 시간을 끌거나 거절하는 등 예상 밖으로 일이 전개되는 경우가 종종 발생한다. 반면 해주어야 할 일은 미루면서 자신들의 요구사항은 빨리 해 달라고 채근하기도 한다. 그들의 뭉뚱그리는 언어 표현 뒤에 감춰진 의미를 잘 탐색하여 대응할 필요가 있다.

대동사를 포함한 다의적 어휘의 활용에는 도교 영향을 받은 중국인의 뭉뚱그리는 기질이 깔려있다. 이러한 기질은 수천 년 역사를 이어오면서 다양한 민족과 문화를 통합하여 대국을 유지해가는 원동력으로 작용한 것도 사실이다. 공자의 대동(大同) 사상은 예스(Yes)와 노(No)의 대립이 아닌 상호 조화로써 이질적 문화를 빠르게 동화시켜 왔다고 말할 수 있다.97

(2) 비언어 커뮤니케이션

한편 비언어 커뮤니케이션의 특성으로는 우선 물건을 던지는 행위가 일상화되어 있다는 점이다. 예를 들어 담배를 멀리 던져주는 행위는 무례함의 표현이 아니라 친근감의 표시다. 담배를 권하면서 거리가 떨어져 있는 사람에게 휙 던져서 준다. 시장이나 마트에서 거스름돈을 줄 때도 던져주며 어떤 때는 눈 내리듯 흩뿌리기까지 한다. 처음 겪는 사람들은 당황하거나 무시당하는 느낌을 받지만 이것도 무례한 행위가 아니라 중국인의 습관일 뿐이다.

인사에 있어서는 고개를 숙이지 않는 특성이 있다. 친한 사람을 만났을 때 손을 흔들거나 손가락을 폈다가 오므리며 반가움의 인사를 표현한다. 가까이에 있을 때는 악수로 인사를 대신한다. 학생이 선생님을 만나도 고개를 숙이지 않고 손을 흔드는 것이 결례가 아니다. 다만 두 손을 모아 공손한 자세를 취하며 인사말을 교환하는 경우는 있다.

이밖에 식사를 할 때는 젓가락으로 쌀밥을 먹는다. 이때 밥그릇을 들고 먹는 게 일상이다. 숟가락 모양의 탕츠는 탕을 뜰 때 사용한다. 밥을 국이나 탕에 말아먹지 않고, 가급적 따뜻한 물이나 음료를 마신다. 테이블 위에 음식 접시가 많이 놓여있는 상태에서 또 다른 접시를 올릴 때는 접시 사이에 얹어놓고 먹기도 한다. 이가 빠진 접시도 아무렇지 않게 사용하고, 보행 중에 식사하는 것도 일상이다.

돈을 계산하는 방식도 독특해서, 마트에서 60위안어치 사면서 100위안짜리 지폐를 내면, "거스름돈 40위안입니다."라고 하지 않고 60위안에 덧붙여 70위안, 80위안 하면서 100위안까지 잔돈을 채

---

97 '하지 않았나?' 또는 '했나?'에 대한 답이 'yes'나 'no'로 시작하는 경우는 드물고, '했다' 또는 '안했다'로 바로 답하는 경우가 많다. 'yes'와 'no'의 경계가 불분명하다.

우는 방식으로 계산한다. 흡연의 경우에도 위아래 구분 없이 자유롭게 소위 맞담배를 태운다. 사제 간에도 함께 담배를 피운다.

중국인은 특히 나이가 많은 경우 언행에 있어서 실수를 좀처럼 인정하지 않는다. 중국과의 교류 시에 중국 측 파트너의 실수나 오류가 발생해도 좀처럼 인정하지 않는다. 자신을 비판하면 장래는 끝나고 자아비판을 당했던 왜곡의 역사 영향 때문으로 보인다. 그러한 심리가 모르쇠 또는 떼쓰기로도 나타난다. 유원지에서 돈을 지불했는데도 받지 않았다고 떼를 쓰거나, 물을 사서 병뚜껑을 여는 데 이미 열린 상태임을 발견하고 이의를 제기해도 자신은 모른다고 잡아뗄 때가 있다. 중국과의 교류 시에는 항상 문서상으로 기록을 남겨야 한다.

한편 거꾸로 중국인이 보기에 이색적이라고 느낀 한국의 생활문화를 살펴보면, 양국 문화의 차이와 함께 상호 소통을 위한 정보를 발견할 수 있다. 우선 중국인 유학생은 학교 주변 식당에 들어가서 메뉴판 속 라면을 시켰는데, 긴 면이 아닌 꼬불꼬불한 면이 나오는 것을 이상하게 여겼다고 한다. 중국에서 라면은 일반적인 소고기 잔치국수를 말하기 때문이다. 식탁이 둥근 중국과 달리 긴 사각형을 사용해서 멀리 떨어진 음식을 집는 데 불편함을 느낀다고도 한다. 입식이 아닌 좌식문화가 익숙하지 않다고도 말한다. 입식문화를 가진 중국에서는 신발을 신고 실내를 다니는데, 한국에서는 실내에 들어갈 때 신발을 벗고 들어가는 경우가 많아서 당황스럽게 느낀다.

그들은 한국음식이 좀 매운 편이라고 생각하며, 깻잎 맛이 처음에는 익숙하지 않다고 말한다. 중국에서는 쓰촨성 등 일부 지역을 제외하고는 일반적으로 우리보다는 덜 맵게 먹으며, 우리가 고수인 샹차이(香菜)에 적응하기 힘들 듯이 중국인도 향이 강한 깻잎 맛에 적응하기 쉽지 않기 때문이다. 중국에서는 따뜻한 음료를 마시는데 한국의 식당에서는 겨울에도 찬물을 제공하는 점에 대해 당황함을 느낀다. 중국에서는 아침에 죽을 주로 먹는데 한국에서는 찌개나 탕, 국 등을 먹는 것도 특이하다고 생각한다. 중국의 대학생들 특히 여학생들의 경우 술집에 거의 가지 않는 데 비해 한국에서는 음주문화가 발달하고 대학문화 속에도 음주가 깊이 자리하고 있는 점에서 차이가 많다고 느끼고 있다.

내한한 중국인들은 직선인 중국의 고속도로와 달리 커브길이 많다고 느낀다. 평지가 많은 중국에서는 고속도로가 주로 직선으로 쭉 뻗어 있는 반면, 한국은 지형의 특성상 커브길이 적지 않기 때문이다. 정류장마다 정차하는 중국과 달리 벨을 누르지 않으면 정차하지 않는 한국의 버스 정차문화도 이상하게 여긴다.

한국에는 동네마다 명동, 삼산동처럼 '동(洞)' 자가 들어가는데, 이 글자는 한자로 동굴이라는 뜻이라 중국인들은 처음에는 동네마다 동굴이 있는가 하고 생각했다고 한다. 중국은 숙비를 계산할 때 침대 숫자로 계산하는데, 한국은 방의 숫자로 계산하는 점에서 다름을 느낀다고 한다. 인사법에 있어서 중국은 윗사람에게도 손을 흔들어 반가움을 표시하거나 악수를 하는데, 한국에서는 윗사람이나 선배에게는 고개를 숙여 깍듯이 인사하는 점을 특이하게 생각한다.

한국과 중국의 문화상의 주요 차이를 대략 종합하여 정리하면 다음과 같다.

	한국	중국
1	결혼식에 흰 봉투 사용	결혼식에 빨간 봉투 사용
2	체면문화가 강함	실용문화가 강함
3	여름에 보양식을 따뜻하게 섭취 / 자장면 맛이 닮 / 소, 돼지, 닭고기 위주 / 어두육미 / 날 음식도 섭취	겨울에 보양식을 차갑게 섭취 / 자장면 맛이 짬, 물짜장면 있음 / 돼지, 양, 오리, 닭, 당나귀, 낙타, 모둠벌레 / 생선 뱃살 선호 / 끓인 음식 선호
4	여성이 주로 요리	남성이 주로 요리
5	남성 버스기사 많고, 남성 시장보기는 적은 편	여성 버스기사도 많고, 남성 시장보기도 많은 편
6	음주문화는 차수 바뀌며 음주 / 원샷과 폭탄주 선호 / 술 받을 때 손으로 잔을 들기	음주문화는 주로 1차로 끝남 / 첨잔 / 술 받을 때 테이블 위에 잔을 놓기
7	성격이 다소 급하고 빨리 처리하려 함	성격이 다소 느긋하고 기다림에 강함
8	흥정에 약함	흥정을 즐김
9	저녁문화가 강함(식사, 음주, 클럽, 상점 영업)	아침문화가 강함(체조, 운동, 아침 외식)
10	등산 선호	체조와 댄스 선호
11	효도 중시 조상숭배(성묘, 경로사상, 제사)	의리 중시 유교적 잔재 사라짐
12	의복은 세련되면서 단조로운 편 / 속옷과 내복을 겉옷과 구분	의복은 다소 촌스럽지만 개성적인 편/속옷과 내복도 의복 일종으로 간주
13	기업 집합주의	기업 개인주의
14	학연, 지연, 혈연 강조	혈연 유대 강함
15	서비스정신 강한 편	서비스정신 약한 편
16	사회 권위주의 약화	사회 권위주의 강함
17	위계질서가 강한 편	평등주의가 강한 편
18	기다림의 시간 짧음	기다림의 시간 김
19	음주문화 관대	흡연문화 관대

16	사회 권위주의 약화	사회 권위주의 강함
17	빠른 생활리듬	슬로우 생활리듬
18	도박 적은 편	도박 많은 편
19	위생관념 강한 편	위생관념 적은 편
20	양성평등 개념이 비교적 덜 강한 편 / 여성의 가족 내 의사결정권이 비교적 강하지 않은 편	양성평등 개념이 비교적 강한 편 / 여성의 가족 내 의사결정권 강함, 부부 대부분 직장다님
21	숟가락 문화(숟가락으로 주식을 떠먹음), 쇠 젓가락 사용	젓가락 문화(젓가락으로 주식을 떠먹음), 나무나 플라스틱 젓가락 사용
22	여학생은 재기, 농구, 배구를 선호하지 않는 편	여학생은 재기, 농구, 배구를 선호하는 편

2) 중국문화, 현재와 미래

국제화 시대에는 양식을 먹을 때 포크는 어떻게 잡고 어떤 순서로 먹는지 등에 관한 격식이나 사람들이 모인 장소에서 어떤 에티켓을 갖추어야 하는지 등에 관한 룰(rule)을 의식적 또는 무의식적으로 강요받는다. 국제적 감각 기준은 왜 서구의 관습이라는 잣대로 만들어져야 하고, 아시아적 관습이나 가치가 기준이 되지 못할까?

이는 서구문화의 힘의 논리 때문일 것이다. 구미 열강들이 동양보다 먼저 19세기 산업혁명을 통한 산업화와 근대화를 통해 힘을 키웠고, 자유민주주의 기반 아래 선진기술을 무기로 동양을 식민지화하고 세력을 확대해온 결과다. 미래학자 엘빈 토플러의 '문명의 충돌' 관점에서 보면, 역사의 흥망성쇠는 문명 간 대결 속에서 약한 문명은 파괴나 흡수되고 강한 문명이 중심에 서는 적자생존 법칙이 작용하는 것이다.

그렇다면 향후 중국문화의 가치가 주요 기준이 되는 세계질서 형성 가능성은 없을까? 역사학자 아놀드 토인비(Arnold Toynbee)는 『Study of History』에서 세계 역사의 흥망을 고찰한 결과 앞으로의 세기는 고등불교와 같은 동양의 정신문명이 세계를 이끌어갈 것이며, 특히 중국, 한국, 일본 베트남이 이끌어갈 것이라고 예견하였다. 물질적 힘의 대결(Hard Power)이 아닌 정신과 생명의 힘의 대결(Soft Power)이 되고 항구적 평화정착 속에 대결이 아닌 대화, 반목이 아닌 타협과 공존 속에서 선의의 경쟁을 한다고 내다봤을 때, 자연과의 조화나 인간성 회복에 초점을 맞추는 동양의 정신문명은 그 중심 역할을 할 수 있을 것이다. 중국의 정신문화도 일정 부분 역할을 할 것으로 예측된다.

중국을 지탱해온 사상적 에너지인 유가사상, 도가사상 그리고 외래 불교사상은 공존과 견제 속에 하나의 커다란 정신 유산으로 민중 속에 자리 잡았다. 근대화 과정 속에서 자본주의와 물질 만능, 과학지상주의, 개인주의 사상이 수용되면서 전통의 가치가 퇴색되고, 1949년 마오쩌둥의 신중국 건립 이후 유가 사상은 공산주의 사상에 의해 급속도로 붕괴되면서, 외풍(外風)을 막을 수 있는 사상으로서의 힘이 있는가에 대해 대륙을 중심으로 활발히 논의되고 있지만, 미래에 유가사상이 자리 잡을 수 있는 가능성에 대해 탐색 단계에 있는 것만은 사실이다.

향후 중국이 세계 평화와 공존에 이바지하기 위해서는 제한적이나마 유가 전통 중 양호한 면면을 계승 발전시켜야 할 것이다. 역사적으로도 17, 18세기의 계몽주의자들이 인간과 이성을 존중하는 유가 사상에서 그 영감을 얻은 바 있으며, 근래 많은 학자들이 중국 전통문화에 대해 긍정적인 평가를 내리고 있다.

그중 인본주의와 인간 간 조화 사상의 계승이 주목을 끈다. 사람은 서로 의지하고 지탱해야만 유지된다는 의미가 담긴 '인(人)', 사람과 사람 사이를 뜻하는 '인간(人間)' 두 사람이 서로 사랑하며 공존하는 의미가 담긴 '인(仁)', 세 사람이 어깨를 나란히 하는 형상인 '세(世)'에는 인간세상의 공존을 우선시하는 사고가 담겨있다. 아울러 유가의 천인합일설(天人合一說), 도가의 무위자연설(無爲自然說)은 인간과 자연과 우주를 합일체로 보는 세계관으로서 고대인의 사유방식 결집체인 신화 속 세계관과도 상통한다는 점에서 눈길을 끈다.

인간을 근본 지향점으로 하면서도 인간 간, 그리고 인간과 자연 간 관계를 중시하는 것은 대승불교에서 설하는 연기론(緣起論) 사상과도 일맥상통한다. 인간과 인간, 인간과 우주는 서로 연계됨으로써 존재한다는 공생(共生)의 철학이 담겨있다. 인간을 소우주로 보기에 대우주와 동일한 법칙이 적용되며, 따라서 인간의 생명이 대우주 생명과 맞먹는다고 하는 불법의 생명 존엄 사상과도 흡사하다. 인간과 자연을 이분화하지 않는 중국의 전통 사상은 환경 문제 해결책 모색에도 시사하는 바가 크다. 인간과 주변의 자연환경이 둘이 아니라는 불법의 의정불이(依正不二) 사상과 같은 맥락이라는 점에서 흥미롭다.

시공을 초월하여 중국문화의 본질은 다원문화(plural culture)다. 수평적 시각과 수직적 시각의 관점에서 보아도 그 본질이 나타난다. 상고 시대 중국 문명은 황하 문명이라는 단일 문명에서 출발한 것이 아니라 여러 민족이 여러 지역에서 다양하게 꽃피웠고, 현재도 한족과 55개 소수민족의 다양한 문화의 틀 속에서 그 체제를 유지하고 있다. 주목할 점은 이러한 문화 구조가 유지될 수 있는 배경에는 다소간의 갈등과 곡절을 거치면서도 대동(大同) 사상이라는 유가적 원천의 힘이 깔려있다. 한족 문화와는 다른 만청(滿淸) 문화가 수백 년간 존재했음에도 현재 한족 문화 속에 완전 용해된 사실이 그 단적인 예다.

중국이 향후 세계 평화, 공존, 융합이라는 대명제를 수행하려면 내부 이슈를 우선 해결해야 한다. 문화적 측면에서는 전통의 보수와 현대의 개방이라는 이원화 속에서의 충돌 완화 문제, 중국문화와 세계문화 간의 갈등과 융합 문제, 주도문화와 아류문화 그리고 반문화 간의 갈등과 융합 문제, 상층문화와 대중문화의 충돌과 융합 문제를 해결해야 한다. 현실적 측면에서는 정치 민주화, 경제와 실업, 사회개혁, 소수민족과의 융화 문제를 해결해야 한다.

이러한 문제가 원만히 해결된다면 내부적으로는 다원적 공존 문화에서 다원적 균형 문화로 연착륙하면서, 그 안정적 힘과 우수한 전통 사상을 기반으로 글로벌화 하는 세계문화 속으로 진입할 수 있는 호기를 잡을 수 있다.[98] 그렇지 않을 경우, 혼란과 국력 약화라는 결과 속에 세계 문화 중심축에서 리드할 수 있는 기회를 잃을 것이다.

다원문화를 수천 년간 유지해 온 대륙의 노하우는 마침 다양성 포용의 시대에 주도적 역량을 발휘할 수 있는 저력이 되었다. 다만 동화 사상 이면의 한족 중심의 중화사상과 국수주의라는 염려스러운 면이 있기에 중화 패권주의라는 예기치 않은 결과를 낳을 수 있다는 점을 항상 주시해야 한다. 강한 중국이 현실화되었을 때 국가 이기주의가 주변국을 힘으로 간섭하려는 최악의 시나리오를 염두에 두어야 한다.

---

98 기원전 3세기 진의 문자통일 등을 통한 일원적 문화형태나 마오쩌둥 시대의 문화대혁명 같은 획일적 문화형태는 다원적 사회에서는 재출현하기 어렵고 현대화의 요구에도 부합하지 않을 것이다. 역사적으로 당·송 시기부터 청 말까지 중국문화는 다원적 균형 상태를 성공적으로 유지해온 경험이 있기에 다원적 균형형태로 가리라는 예측을 할 수 있다.